古典文獻研究輯刊

三八編

潘美月・杜潔祥 主編

第 59 冊

宋元明清文獻研究(上)

陳 開 林 著

國家圖書館出版品預行編目資料

宋元明清文獻研究（上）／陳開林 著 -- 初版 -- 新北市：花
木蘭文化事業有限公司，2024〔民 113〕
序 4+ 目 2+240 面；19×26 公分
（古典文獻研究輯刊 三八編；第 59 冊）
ISBN 978-626-344-762-2（精裝）
1.CST：文獻學 2.CST：中國文學 3.CST：研究考訂
011.08   112022627

ISBN-978-626-344-762-2

9 786263 447622

古典文獻研究輯刊
三八編　第五九冊　　　　　　ISBN：978-626-344-762-2

宋元明清文獻研究（上）

作　　者　陳開林
主　　編　潘美月、杜潔祥
總 編 輯　杜潔祥
副總編輯　楊嘉樂
編輯主任　許郁翎
編　　輯　潘玟靜、蔡正宣　美術編輯　陳逸婷
出　　版　花木蘭文化事業有限公司
發 行 人　高小娟
聯絡地址　235 新北市中和區中安街七二號十三樓
　　　　　電話：02-2923-1455／傳真：02-2923-1452
網　　址　http://www.huamulan.tw 信箱 service@huamulans.com
印　　刷　普羅文化出版廣告事業
初　　版　2024 年 3 月
定　　價　三八編 60 冊（精裝）新台幣 156,000 元　　　版權所有・請勿翻印

宋元明清文獻研究(上)

陳開林 著

作者簡介

陳開林（1985～），湖北麻城人。2009 年畢業於重慶工商大學商務策劃學院，獲管理學學士學位（市場營銷專業商務策劃管理方向）。2012 年畢業於湖北大學文學院 獲文學碩士學位（中國古代文學先秦方向）。2015 年畢業於華中師範大學文學院，獲文學博士學位（中國古代文學元明清方向）。現為鹽城師範學院文學院副教授、江蘇省「青藍工程」優秀青年骨幹教師培養對象。主要研究元明清文學、經學文獻學。完成江蘇高校哲學社會科學基金項目「錢穆佚文輯補與研究」（2017SJB1529），在研國家社科基金後期資助「《古周易訂詁》整理與史源學考辨」（21FZXB017）。出版《〈全元文〉補正》《劉毓崧文集校證》《〈周易玩辭困學記〉校證》《〈純常子枝語〉校證》《杜詩闡》《陳玉澍詩文集箋證》《詩經世本古義》《〈青學齋集〉校證》《〈讀易述〉校證》《陸繼輅集》《〈曝書亭集詩注〉校證》，並在《圖書館雜誌》、《文獻》、《中國典籍與文化》、《古典文獻研究》、《圖書館理論與實踐》、《中國詩學》等刊物發表論文百餘篇，另有「史源學考易」系列、元明清《春秋》系列、明清《詩經》系列、清代別集系列等待刊。

提　　要

　　本書為著者近年論著選集，分為上下兩編。上編選錄著者已發表論文 24 篇。下編 3 篇，原為著者擬撰書稿，後因故未克蕆事，故各錄一章，以存為學之跡。書中各篇所研究之對象為宋元明清典籍，以及今人所編典籍與宋元明清有關者，故名《宋元明清文獻研究》。就部類而言，涉及經史子集四部；就內容言，有校勘、輯佚、辨偽、補闕、辨誤、考訂等。各篇寫作發表時間前後相差將十年，今匯為一集，以期於相關研究略有補益。

江蘇高校「青藍工程」資助

序 言

　　一晃七月將盡，一晃年近四十了。想想自己，從小學一路讀到博士畢業，然後進入高校工作，算不到什麼波瀾壯闊，但就一個從大山裏走出來的窮孩子而言，多少有點不太尋常。自己周邊的夥伴們，要麼限於家庭經濟條件，被迫輟學；有的囿於自身原因，主動退學。有的小學沒有讀完，有的初中沒有讀完，進入高中的已屬少數。而我呢，高一春節那段時間，也曾覺得自己讀書也讀不出個名堂，滋生了強烈的輟學念頭，後來才漸漸平復。然後一步步，完成了餘下的學業。

　　由於小時候資源的匱乏，除了教材，幾乎沒有見過其他的書。到了高中，學校有圖書館，校外有書店，一個如饑似渴的少年像突然發現了寶藏一樣，拼命的看書。那年頭，真的是所謂的書蟲了。課外呢，喜歡寫一些文字，如詩歌、散文、小說什麼的，當然都很稚嫩。大學稀裏糊塗的讀了市場營銷專業，文學的書雖然課外也看，但受專業的限制，終究還是要少很多，畢竟不能喧賓奪主。那幾年，也偶而寫寫詩，在學校校報上先後刊發了十幾多首。剛去重慶的時候，不太喜歡那個城市，於是寫了篇《搞不懂的重慶公交車》。多年以後，我才知道這篇文章刊發在《經濟》2006 年第 12 期，也是我第一篇上知網的文章。

　　讀研之後，學校並沒有強行發表論文的要求。（後來就不一樣了，據說論文發表和畢業是掛鉤的。）加之自己也不怎麼懂論文的撰寫，所以平常只是單純的看書，並未撰寫論文。後來因為評獎的原因，才和楊葵葵合作寫了兩篇小文。現在開來，實在過於簡單。

　　到了博士階段，學校必須要發表兩篇 C 刊才能畢業。（全國大部分高校都

是如此。近幾年，由於某些原因，多所學校的標準有些下調。）而這也是很多博士延期的主要原因。那麼怎麼辦呢？文章也不會寫，也找不到選題，博一上學期的我頗有些沮喪。就像我在《全元文補正·後記》裏所寫：

> 博士入學之後，就在思考論文選題的問題。為此還打印了一大疊期刊目錄，翻檢了許久，然而「踏破鐵鞋無覓處」，總也沒能找到滿意的題目。所謂滿意，當時的感覺就是自己能夠愉快地做，而且還得有一點學術價值。有那麼一陣子，每晚躺在床上，在深夜裏思考這個問題，輾轉反側，難以入睡。寢而不寐，成了生活的常態，為此一度還開始懷疑自己，覺得自己不是那塊做學問的料兒，選擇讀博絕對是一個錯誤的決定。

我曾向戴老師說「讀博是一個錯誤」，戴老師卻說：「你不讀博，還能幹啥？」讓我哭笑不得。於是怎麼讀，就成了下一步思考的問題。後來寫了一篇《全宋文》輯佚的論文，投給了當時還是核心刊物的《古籍整理與研究》（現在早已淪為普刊了。），紙質投稿，由於沒有經驗，只郵寄了裸文，卻忘掉了自己的聯繫地址和聯繫方式。後來在《西華師範大學學報》2014 年第 6 期發表了一篇《劉咸炘〈呂氏春秋〉研究述要》，很意外的收到了 380 元稿費，讓我興奮不已。就這樣，後來文章越寫越多。還有一次，猛然在知網看到華師一位博士一年發了十篇文章，於是想試試自己能不能做到，就這樣，2015 年發表了論文 17 篇，2016 年發表了論文 30 篇。

參加工作後，繼續沿襲讀博的勁兒，2017 年發表了論文 17 篇，2018 年發表了論文 23 篇，2019 年發表了論文 14 篇。自 2020 年，由於主要精力在於寫書，加之 C 刊發表困難，而學校考核不承認普刊，除了刊物約稿之外，我基本不寫論文了，所以發表數量就只有個位數。

從博士階段發表論文至今，不覺已有一百餘篇，主要集中於宋、元、明、清、民國時期，大都和文獻有關。而這起因則和個性有關。我在《全元文補正·後記》裏曾提到，在我覺得讀博是一個錯誤的時候，非常苦惱，因為找不到選題，擔心不能畢業，「直到有一天，我在翻檢《群書考索》尋找賦論材料時，偶然發現了一篇葉適的佚文，真可謂意外的收穫。在給戴老師彙報時，他就讓我寫成文章。由於學術寫作缺乏訓練，寫成的初稿，老師明顯不滿意。因我本科學習的是管理學，沒有文學理論的修養，再加上我興趣廣泛，喜歡看雜書的毛病，老師便建議我做文獻考辨」。從此之後，我基本算是古

典文獻學方向的博士，而不太像古代文學方向的博士了。

編選這部小書，是去年春節期間，因為陽了之後，無力從事其他新的工作，於是排比舊文，以成此編，算是對過去幾年求學的一個總結。本書共選錄已刊稿 24 篇，未刊稿 3 篇。已刊稿涉及到輯佚、辨偽、考訂等，其中述論類的不選，如劉咸炘系列等；輯佚類僅選葉適、錢謙益的三篇，關涉《全宋文》、《全元文》、清代名家佚文系列等概不入選。另外，《經義考》系列、近代名家系列擬單獨結集，亦不收錄。未刊稿係曾經擬寫的三部書，後因故中輟，限於精力，以後也無力賡續。此外，曾經還做過一本《〈目耕帖〉「易經」卷疏證》，也爛尾了，限於篇幅，此不闌入。已刊文字，事後發現所論不無闕失或失誤之處，但此次均據發表的原樣，未加修正，以存舊跡。如有補正，則於文末補充說明。

目次

上編：已刊稿

《王荊文公詩箋注》引詩正訛續補

李壁《王荊文公詩箋注》五十卷，以徵引繁富、內容豐贍而著稱，極具文獻價值〔註1〕。然而，箋注所援引的部分材料，在徵引時有欠精審，以致存有訛誤。其中，就李壁注中的引詩作為考察對象，卞東波、任群先生均作過相關的考訂，以辨析其中存在的問題。卞東波先生《〈王荊文公詩注〉引詩正訛》文中指出了三十三則引詩有誤〔註2〕，其後，任群先生又續考了七十六則引詩之訛〔註3〕。本文遍考李壁注中的引詩〔註4〕，新發見了百餘則訛誤，茲分為十一類，予以條辨，排比成文，以就正於方家。

一、先唐人之間詩互誤

1. 卷一《夜夢與和甫別如赴北京時和甫作詩覺而有作因寄純甫》（5頁）注引「《詩》：『孟夏草木長，繞屋樹扶疏。』」

按：李壁注中，單稱《詩》均指《詩經》而言。此詩出自陶淵明《讀山海

〔註1〕 卞東波《南宋李壁〈王荊文公詩注〉中宋代文獻輯佚與考證》，《中國典籍與文化論叢》第十輯，北京大學出版社，2008年版，第162～182頁；卞東波《宋人注宋詩中的宋代文學史料——以南宋李壁〈王荊文公詩箋注〉為例》，《宋代詩話與詩學文獻研究》，中華書局，2013年版，第162～195頁。

〔註2〕 該文見《古典文獻研究》第十三輯，鳳凰出版社，2010年版，第138～144頁；又見卞東波《宋代詩話與詩學文獻研究》附錄二，中華書局，2013年版，第191～195頁。

〔註3〕 任群《增補〈王荊文公詩李壁注〉引詩正訛七十六則》，《中國韻文學刊》，2012年第2期，第88～93頁。

〔註4〕 本文有關《王荊文公詩箋注》的文本、頁碼均據高克勤先生點校本，上海古籍出版社2010年版。

經》，見《文選》卷三十。此處當作「陶詩」為是。

2. 卷二《四皓二首》其一（45頁）注引「鮑照詩：『泄雲已漫漫，夕雨亦淒淒。』」

按：出自謝朓《敬亭山詩》，原作「渫雲已漫漫」，見《文選》卷二七。

3. 卷三《用前韻戲贈葉致遠直講》（65頁）注引「梁徐陵《兩頭纖纖歌》：『膈膈膊膊雞初鳴。』」

按：《古兩頭纖纖詩》共二首，此為其一，載《藝文類聚》卷五六、陳祚明《采菽堂古詩選》卷四，作者為無名氏，不言徐陵作。許逸民先生《徐陵集校箋》亦未載此詩。

4. 卷五《謝公墩》（114頁）注引「謝靈運詩：『生存華屋處，零落歸山丘。』」

按：出自曹植《箜篌引》，見《文選》卷二七。

5. 卷五《和耿天騭同遊定林寺》（116頁）注引「顏延年詩：『蕭此塵外軫。』」

按：出自殷仲文《南州桓公九井作》詩，見《文選》卷二二。此句後人詩中頗有徵引，如宋代孔平仲《文選集句寄慎思交代學士慎思遊岳老夫守舍敘述遊舊慎問交承與夫捨舟登陸之策俱在此矣》、黃庭堅《陳吉老縣丞同知命弟遊青原謁思禪師予以簿領不得往二公雨久不歸戲作百家衣一首二十韻招之》等。

6. 卷六《明妃曲》「庚寅增注」（160頁）引「陸雲《感離》詩：『髣髴想容儀，歔欷不自持。』」

按：出自左芬《感離詩》，見歐陽詢《藝文類聚》卷二九、馮惟訥《古詩紀》卷四十。另外，黃葵先生點校本《陸雲集》（中國古典文學基本叢書本）中並無詩題為《感離》者。

7. 卷八《東門》（210頁）注引「應瑒詩：『調笑輒酬答。』」

按：出自謝靈運《擬魏太子鄴中集詩八首》其六《應瑒》，見《文選》卷三十。此乃謝靈運擬應瑒之作〔註5〕，而非應瑒原作。

〔註5〕程千帆《玉谿詩〈離亭賦得折楊柳〉二首說》稱：「逮士衡創格，擬古始多。謝客《鄴中集》，託建安而追成八章；江郎《雜體詩》，效古今而亦得卅首（見《文選》卷三十及卷三十一）。」見程千帆著《古詩考索》，武漢大學出版社，2008年版，第354頁。

8. 卷十五《牛衣》（388 頁）注引「淵明《歸去來詞》：『登東皋以舒嘯。』又：『種苗在東皋。』」

按：「種苗在東皋」，出自江淹《雜體詩三十首》之二二《陶徵君潛田居》，見《文選》卷三一，乃江淹擬陶淵明之作。

9. 卷十六《送董伯懿歸吉州》（398 頁）注引「王仲宣《贈文叔良》詩曰：『賦詩連篇章。』」

按：王粲《贈文叔良》乃四言詩，見《文選》卷二三。此詩出自劉楨《贈五官中郎將詩四首》其四，亦見《文選》卷二三。

10. 卷十六《強起》（411 頁）注引「顏延年詩：『幽人不能寐，耿耿夜何長。』」

按：出自樂府詩《傷歌行》，原作「優人不能寐」。此詩作者，《文選》卷二七、郭茂倩《樂府詩集》六二、左克明《古樂府》卷十、沈德潛《古詩源》卷三均作無名氏，而徐陵《玉臺新詠》卷二、歐陽詢《藝文類聚》卷四二題為魏明帝曹叡。黃節《漢魏樂府風箋》卷十四稱此詩乃古辭，「作魏明帝辭誤」〔註6〕。

11. 卷十八《招同官遊東園》（445 頁）注引「又陳思王《贈友》詩：『眷我二三子。』」

按：出自江淹《雜體詩三十首》其五《陳思王曹植贈友》，曰：「眷我二三子，辭義麗金縢」，見《文選》卷三十。而曹植《贈丁翼詩》，有句云：「吾與二三子，曲宴此城隅」，見《文選》卷二四。

12. 卷三八《藏春塢詩獻刁十四丈學生》（970 頁）注引「靈運詩：『漆園有傲吏，萊氏有逸妻。』」

按：出自郭璞《遊仙詩十九首》其一，見《文選》卷二一。

13. 卷四七《晏望驛釋舟走信州》（1282 頁）注引「鮑照《敬亭山》詩：『上干蔽白日，下屬連回溪。』」

按：出自謝朓《敬亭山詩》，原作「下屬帶回溪」，見《文選》卷二一。

14. 卷四八《靈山》（1299 頁）注引「靈運：『凌波採水玉。』」

按：出自江淹《雜體詩三十首》其一七《郭弘農璞遊仙》，原作「凌波採水碧」，見《文選》卷三一。

〔註6〕黃節箋釋，陳伯君校訂《漢魏樂府風箋》，人民文學出版社，1958 年版，第 167 頁。

二、先唐人詩誤作唐人詩

1. 卷四《移桃花示俞秀老》（82 頁）注引「李白詩：『桃生露井上，李樹生桃傍。蟲來齧桃根，李樹代桃僵。』」

按：出自樂府詩《雞鳴》，見沈約《宋書》卷二一、歐陽詢《藝文類聚》卷八六、郭茂倩《樂府詩集》卷二八。

2. 卷五《酬王濬賢良松泉二詩》其一（118 頁）注引「杜子美：『魚戲新荷動。』」

按：出自謝朓《遊東田》，見《文選》卷二二。

3. 卷二二《題雱祠堂》（516 頁）注引「李郢詩：『方池含水思，芳樹結風哀。』」

按：李郢為唐人，唐宣宗大中十年（856 年）登進士第。此詩實出自李那〔註7〕《奉和重適陽關》，見《文苑英華》卷二四〇、馮惟訥《古詩紀》卷一三七、陸時雍《古詩鏡》卷二九。

4. 卷三六《送郊社朱兄除郎東歸》（905 頁）注引「杜詩：『□車如青袍。』」

按：出自何遜《與蘇九德別詩》，詩曰「春草似青袍」，見馮惟訥《古詩紀》卷九三、陸時雍《古詩鏡》卷二二。而杜甫《送重表侄王砯評事使南海》詩，曰：「春草隨青袍」，見《全唐詩》卷二二三。

5. 卷三八《次韻舍弟賞心亭即事二首》（953 頁）注引「杜詩：『倚劍望八荒。』」

按：出自江淹《雜體詩三十首》其二九，原作「倚劍臨八荒」，見《文選》卷三一。而杜甫有《又上後園山腳》詩，曰：「矯首望八荒」。

6. 卷四八《題玉光亭》（1308 頁）注引「牛奇章詩：『珠玉會應成咳唾，山川猶覺露精神。』」

按：牛奇章即隋代牛弘，曾進爵奇章郡公，傳見《隋書》卷四九。而此詩實出自唐代牛僧孺《席上贈劉夢得》，見計有功《唐詩紀事》卷三九、《全唐詩》卷四六六。

〔註7〕逯欽立《先秦漢魏晉南北朝詩·北周詩》卷一題署「李昶」。詩後有案語，曰：「逯按：此詩《詩紀》署李那。編入隋詩。今改列於此。」參逯欽立《先秦漢魏晉南北朝詩》，中華書局，1988 年版，第 2325 頁。

三、唐人詩誤作先唐人詩

1. 卷六《明妃曲二首》其一（141頁）注引「古樂府《明妃曲》：『一上玉關道，天涯去不歸。』」

按：出自李白《王昭君二首》其一，見《全唐詩》卷一六三、王琦《李太白全集》卷四。

2. 卷八《東門》（210頁）注引「古樂府：『楊白花，風吹渡江水。坐令宮樹無顏色，搖盪春光千萬里。』」

按：出自柳宗元《雜曲歌辭·楊白花》，見郭茂倩《樂府詩集》卷七三、并見《全唐詩》卷二六與卷三五三。

3. 卷二四《次韻景仁雪霽》（586頁）注引「《選》詩：『春從沙際歸。』」

按：謝朓《和徐都曹出新亭渚詩》，詩曰「風光草際浮」，與此稍有關聯，載《文選》卷三十。此詩實出自杜甫《閬水歌》，詩曰「更復春從沙際歸」，見《全唐詩》卷二二〇。宋代張孝祥《菩薩蠻》（蘼蕪白芷愁煙渚）中亦有「春從沙際歸」句。

4. 卷三四《次韻再遊城西李園》（862頁）注引「古詩：『帝城春欲暮，喧喧車馬度。』」

按：出自白居易《秦中吟十首》其十《買花》，詩題一作《牡丹》，見《全唐詩》卷四二五。

5. 卷四一《答韓持國芙蓉堂二首》（1063頁）注引「古詩：『月沒教星替。』」

按：出自李商隱《李夫人三首》其一，見《全唐詩》卷五四〇。

6. 卷四二《北陂杏花》（1084頁）注引「古詩：『悲妾似花身。』」

按：出自杜荀鶴《春閨怨》，見洪邁《萬首唐人絕句詩》卷十九、《全唐詩》卷六九三。

7. 卷四六《促織》（1256頁）注引「古詩：『長安醉眠客，豈知新雁來。』」

按：出自唐代雍陶《秋館雨夜》，見《全唐詩》卷五一八。

8. 卷五十《永壽縣太君周氏挽詞二首》其二（1376頁）注引「《選》詩：『繆通金閨籍。』」

按：杜甫《送李校書二十六韻》詩，曰：「顧我蓬屋姿，謬通金閨籍」，見《全唐詩》卷二一八。而謝朓《始出尚書省》詩，曰：「既通金閨籍，復酌瓊筵醴」，見《文選》卷三十。李壁注中，「繆」或為「既」之誤。

四、唐人之間詩互誤

1. 卷一《招約之職方並示正甫書記》「庚寅增注」（27頁）引「韓詩：『欲濟無舟梁。』」

按：「欲濟無舟楫」，出孟浩然《望洞庭湖贈張丞相》，見《全唐詩》卷一六〇。另外，漢代秦嘉《贈婦詩三首》，其二有「河廣無舟梁」之句。

2. 卷二《法雲》（37頁）注引「元微之詩：『年年秖是人空老，處處何曾花不開』。」

按：出自白居易《與諸客攜酒尋去年梅花有感》，見《全唐詩》卷四四三。

3. 卷八《送鄭叔熊歸閩》（193頁）注引「張道士詩：『恨無一尺捶，為國笞羌夷。』」

按：出自韓愈《送張道士》詩，而非張道士所作，見《全唐詩》卷三四五。

4. 卷八《休假大佛寺》（196頁）注引「韓詩：『解帶圍新竹。』」

按：出自柳宗元《夏初雨後尋愚溪》，見《全唐詩》卷三五二。

5. 卷八《寄朱氏妹》（200頁）注引「王昌齡詩：『北風吹五兩，誰是潯陽客。』」

按：出自李頎《送劉昱》，見《全唐詩》卷一三三。

6. 卷八《鳳凰山二首》其二（207頁）注引「白詩：『結交杜陵輕薄子。』」

按：出自李頎《緩歌行》，見《全唐詩》卷一三三。

7. 卷九《葛蘊作巫山高愛其飄逸因亦作兩篇》其一（231頁）注引「李白《將進酒》：『吹龍笛，擊鼉鼓。』」

按：出自李賀《將進酒》，非李白《將進酒》，見《全唐詩》卷三九三。

8. 卷九《葛蘊作巫山高愛其飄逸因亦作兩篇》其二（231頁）注引「杜詩：『杳藹深谷攢青楓。』」

按：出自韓愈《杏花》，原作「杳杳深谷攢青楓」，見《全唐詩》卷三三八。

9. 卷十一《騏驥在霜野》（285頁）注引「唐崔頻詩：『種荷玉盆裏，不及溝中水。養雞黃金籠，見草心歡喜。』」

按：出自盧頻《東西行》，原詩作「見草心先喜」，見《唐詩紀事》卷六十、《全唐詩》卷七一九。

10. 卷十三《吳長文新得顏公壞碑》（318頁）注引「又懷素《書》詩：『通

神筆法妙玄門，親入長安謁至尊。』」

按：出自亞樓《對御書後一絕》，原詩作「通神筆法得玄門」，見《全唐詩》卷八百五十。

11. 卷十六《酬沖卿月晦夜有感》（395 頁）注引「張昌齡詩：『暗塵隨馬去。』」

按：出自蘇味道《正月十五夜》，詩題一作《上元》，見《全唐詩》卷六五。

12. 卷十六《明州錢君倚眾樂亭》（403 頁）注引「李德裕詩：『仙女是董雙成，漢殿夜涼吹玉笙。』」

按：出自李白《桂殿秋》其一，原作「仙女下，董雙成，漢殿夜涼吹玉笙」，見《全唐詩》卷八百九十。

13. 卷十八《躍馬行》（449 頁）注引「退之詩：『因風想玉珂。』」

按：出自杜甫《春宿左省》，見《全唐詩》卷二百二十五。

14. 卷十八《寄題眾樂亭》（455 頁）注引「王維詩：『夏木轉黃鸝。』」

按：出自李嘉祐殘句，王維《積雨輞川莊作》據此演化為「陰陰夏木囀黃鸝」。見潘德輿《養一齋詩話》卷四。

15. 卷二三《雨中》（556 頁）注引「李白詩：『暫閒滋味勝長閒。』」

按：出自白居易《和裴相公傍水閒行絕句》，原作「偷閒氣味勝長閒」，見《全唐詩》卷四六二。

16. 卷二四《寄深州晁同年》（577 頁）注引「太白詩：『初莚哀絲動豪竹。』」

按：出自杜甫《醉為馬墜諸公攜酒相看》，原作「初筵哀絲動豪竹」，見《全唐詩》卷二二二。莚、筵形近而致誤。

17. 卷二四《自白土村入北寺二首》其二「庚寅增注」（599 頁）引「王昌齡詩：『萬影皆因月，千聲各為秋。』」

按：出自劉方平《秋夜泛舟》，見《全唐詩》卷二五一。

18. 卷二五《次韻張子野秋中久雨晚晴》（610 頁）注引「杜詩：『日下西山陰。』」

按：出自宋之問《題張老松樹》，原作「日落西山陰」，見《全唐詩》卷五一。

19. 卷二八《種山藥》「補注」（699 頁）引「白詩：『玳瑁筵中懷裏醉。』」

按：此乃李白《對酒》，非白居易之詩，見《全唐詩》卷一八四。

20. 卷二八《上元次沖卿韻》「庚寅增注」（700頁）引「杜牧詩：『儌巡司隸很如羊。』」

　按：出自柳宗元《古東門行》，原作「儌巡司隸眠如羊」，見《全唐詩》卷二十。

21. 卷三一《與微之同賦梅花得香字三首》其三（777頁）注引「李義山《桃花》詩：『脈脈無言度幾春。』」

　按：出自廟杜牧《題桃花夫人》，見《全唐詩》卷五二三。

22. 卷三一《四月果》（779頁）注引「唐張仲素《閨怨》：『閒花落遍青苔地，盡日無人誰得知。』」

　按：出自王涯《春閨思》，詩題一作《閨人春思》，原作「閒花落盡青苔地」，見洪邁《萬首唐人絕句詩》卷第十八、高棅《唐詩品匯》卷五十一、《全唐詩》卷三三五。

23. 卷三四《春寒》（861頁）注引「令狐楚詩：『紫禁香如霧，青天月似霜。』」

　按：出自張仲素《思君恩》，見《全唐詩》卷三六七。

24. 卷三五《法喜寺》（873頁）注引「李端詩：『歌歇雲初散，簷空燕尚存。』」

　按：出自於武陵《過侯王故第》，見《全唐詩》卷五九五。

25. 卷三五《金陵懷古四首》其三（886頁）注引「許渾詩：『玉樹歌殘王氣收。』」

　按：出自包佶《再過金陵》，原作「玉樹歌終王氣收」，見《全唐詩》卷二〇五。

26. 卷三六《送靈仙裴太博》（910頁）注引「柳集：『黃髮相看萬事休。』」

　按：出自劉禹錫《重答柳柳州》，見《全唐詩》卷三六五。

27. 卷三七《題正覺相上人籜龍軒》（938頁）注引「羅鄴詩：『籬外清陰接藥闌，晚風交戞碧琅玕。子猷死後知音少，粉節霜筠謾歲寒。』」

　按：羅鄴為羅隱之族弟。此詩出自羅隱《竹》，見《全唐詩》卷六百六十四。

28. 卷三七《清明輦下懷金陵》（939頁）注引「王維詩：『柳塘春水慢。』」

　按：出自嚴維《酬劉員外見寄》，見謝榛《詩家直說》卷二、《全唐詩》卷二百六十三。

29. 卷三七《奉招吉甫》（943 頁）注引「老杜《寄杜員外》詩：『松醪酒熟傍看醉。』」

按：出自郭受《寄杜員外》，題注曰：「員外垂示詩，因作此寄上。」原作「松花酒熟傍看醉」，見《全唐詩》卷二百六十一。郭受所稱「員外垂示詩」，即指杜甫《至衡州酬郭十五判官》詩。

30. 卷三八《登小茅峰》（957 頁）注引「楊凝式《步虛詞》：『紫府與玄洲，誰來物外遊。』」

按：出自韋渠牟《步虛詞十九首》其一十八，並見《全唐詩》卷一十八與卷三一四。

31. 卷四一《歌元豐五首》其五（1033 頁）注引「吳融詩：『鵝湖山下稻粱肥，豘穽雞棲對掩扉掩扉。』」

按：此詩題為《社日》，原作「豚柵雞棲半掩扉」。此詩於《全唐詩》中凡三見：卷六百，題張演作，注曰「一作王駕詩」；卷六百九十，題王駕作，注曰「一作張演詩」；卷八百八十五，題張蠙作，注曰「一作張演詩」。

32. 卷四三《蔣山手種松》「庚寅增注」（1106 頁）引「白居易《和李相公任兵部日移四松》：『右相歷兵署，四松皆手栽。』」

按：出自陶雍《和兵部鄭侍郎省中四松詩》，見《全唐詩》卷四百八十八。劉禹錫亦有《和兵部鄭侍郎省中四松詩十韻》，見《全唐詩》卷三百六十三。

33. 卷四四《午枕》（1151 頁）注引「陳陶詩：『迎風騷屑千家詩，隔水悠揚午夜鐘。』〔註8〕」

按：出自陳羽《梓州與溫商夜別》，原作「迎風騷屑千家竹」，見《全唐詩》卷三四八。

34. 卷四四《九日賜宴瓊林苑作》（1153 頁）注引「杜詩：『夕陽臨水釣。』」

按：出自劉長卿《過前安宜張明府郊居》，見《全唐詩》卷一四七。

35. 卷四四《隴東西二首》其一（1157 頁）注引「歐陽詹詩：『忽如隴頭水，坐作東西分。』」

按：出自孟簡《詠歐陽行周事》，歐陽行周即歐陽詹，見《全唐詩》卷四七三。

〔註8〕清綺齋本《王荊文公詩箋注》作「陳羽詩：『迎風騷屑千家竹，隔水悠揚午夜風。』」高克勤先生整理本，以清綺齋本參校，此處失校。參李壁《王荊文公詩箋注》，中華書局，1958 年版，第 590 頁。

36. 卷四五《題金沙》（1219 頁）注引「杜詩：『直須添竹引龍鬚。』」

按：出自韓愈《題張十一旅舍三詠》其三《蒲萄》，原作「莫辭添竹引龍鬚」，見《全唐詩》卷三四三。

37. 卷四七《杏花》（1261 頁）注引「唐任珪《戲郡守》詩：『入門堪笑復堪憐，三徑苔荒一釣船。』」

按：李壁乃沿襲計有功《唐詩紀事》卷七一之說〔註9〕，實則此句乃盧休詩〔註10〕。

38. 卷四七《興國樓上作》（1272 頁）注引「杜牧之詩：『水梳苔發直。』」

按：出自羅隱《絕境》，見《全唐詩》卷六六一。

五、唐人詩誤作宋人詩

1. 卷五《謝公墩》（113 頁）注引「僧清順詩：『摩挲青莓苔，莫教驚著汝。』」

按：僧清順，宋人，《全宋詩》第十六冊卷九一〇載其詩五首。此二句出自唐代盧仝《村醉》。原作「摩挲青莓苔，莫嗔（一作嗔我）驚著汝」，見《全唐詩》卷三八七。

六、宋人之間詩互誤

1. 卷二三《宜春苑》（564 頁）注引「楊文公詩：『風定花落深一寸，日高啼鳥度千聲。』」

按：此詩句見載宋代范公偁《過庭錄》，稱劉禹錫詩，《全宋詩》第七一冊卷三七三七據此入劉禹錫名下。《過庭錄》所載此則材料又見清代厲鶚《宋詩紀事》卷九，惟「劉禹錫」作「掌禹錫」。《全宋詩》第三冊卷一七據此入掌禹錫名下。陳恒舒先生《宋詩輯考雜議》對此有相關考訂，認為作「掌禹錫」是。〔註11〕

2. 卷二七《莫疑》「庚寅增注」（677 頁）引「邵康節詩：『被人謗道是神仙。』」

按：出自陸游《寄題朱元晦武夷精舍五首》其一，原作「恐人謗道是神

〔註9〕（宋）計有功《唐詩紀事》，上海古籍出版社，1987 年版，第 1050 頁。
〔註10〕黃大宏《唐五代逸句詩人叢考》，中華書局，2011 年版，第 116 頁。
〔註11〕北京大學中國古文獻研究中心編《北京大學中國古文獻研究中心集刊》第 8 輯，北京大學出版社，2009 年版，第 315～316 頁。

仙」，見陸游《劍南詩稿》卷十五、吳之振《宋詩鈔》卷六五。

3. 卷二六《回橈》（632 頁）注引「晏公詩：『雲幕無波斗柄移。』」

按：李壁注中晏公指晏殊。此句出自晏幾道《七夕》，見陳世隆《宋詩拾遺》卷七、厲鶚《宋詩紀事》卷二五、曾燠《江西詩徵》卷十、《全宋詩》第十二冊卷六八五。

4. 卷三二《次韻酬宋玘六首》（808 頁）注引「張俞詩：『手持新歲酒，還繞落梅行。』」

按：出自趙崇嶓《立春日舟次藕池阻雪有懷》，原作「手持新歲酒，空繞落梅行」，見蒲積中《古今歲時雜詠》卷四、《全宋詩》第六十冊卷三一七一。

5. 卷四一《隨意》（1047 頁）注引「歐陽公《梅》詞：『可惜溪橋，月明風細，長是在人歸後。』」

按：出自宋代劉一止《夜行船》（十頃疏梅開半就），原作「月明風露」，見《詞綜》卷十一、《全宋詞》第二冊。

6. 卷四四《烏塘》「庚寅增注」（1184 頁）引「歐公樂府：『千秋未拆水平堤。』」

按：出自秦觀《阮郎歸》四首其一（褪花新綠漸團枝），原作「秋韆未拆水平堤」，見唐圭璋編《全宋詞》第一冊。

7. 卷四五《春日》「庚寅增注」（1223 頁）引「林和靖詩：『芳草得時依舊長，文禽無事等閒來。』」

按：出自王安國《池上春日》，原作「芳草有時依舊長」，見《全宋詩》第十一冊卷六三一。

8. 卷四八《贈安大師》「補注」（1330 頁）引「宋祁詩：『溪霧鎖窗燈焰短，雪風敲竹磬聲微。』」

按：出自杜衍《贈應天寺昭淨法華》，見孔延之《會稽掇英總集》卷八、陸心源《宋詩紀事補遺》卷五、《全宋詩》卷一四四。

七、宋人詩誤作宋以前人詩

1. 卷四《放魚》（83 頁）注引「王梵詩雖俚，言亦可取。其詩云：『我肉眾生肉，形殊性不殊。元同一性命，只是別形軀。苦痛教他死，將來濟己須。肥甘為我須。莫教閻老斷，自想意何如？』又云『勸君莫殺命』云云。『吃他

他吃你，輪環作主人。』此即物我皆畏苦之意。」

按：「勸君莫殺命，背面被生嗔。吃他他吃你，輪環作主人」，乃唐代詩僧王梵志之詩，見《全唐詩》卷八八五。李壁注作「王梵」，誤。「我肉眾生肉」一詩乃宋代黃庭堅《戒殺詩》，文本與此稍有不同，其詩云：「我肉眾生肉，名殊體不殊。原同一種性，只是別形軀。苦惱從他受，肥甘為我須。莫教閻老斷，自揣應何如。」

2. 卷五《酬王浚賢良松泉二首》其一（120頁）注引「杜詩：『會須掃白髮。』」

按：此句出自蘇軾《初別子由》，見《施注蘇詩》卷十三。

3. 卷八《即事六首》其五（192頁）注引「古詩：『飄風從東來，雨足盡西靡。萬物逐波流，金石終自止。』」

按：出自黃庭堅《賦未見君子憂心靡樂八韻寄李師載》八首之七，見《山谷外集詩注》卷四。

4. 卷十四《馬上轉韻》（343頁）注引「杜子美詩：『年華冉冉催人老，風物蕭蕭又變秋。』」

按：出自蘇舜欽《秋懷》，見宋代龔明之《中吳紀聞》卷二、陳焯《宋元詩會》卷十五、吳之振《宋詩鈔》卷五、《全宋詩》第六冊卷三一五。蘇舜欽，字子美，與杜甫表字相同，因此而致誤。

5. 卷三一《次韻張氏女弟詠雪》（767頁）注引「唐人詩：『枝上空多地上稠。』」

按：出自蘇軾《再次韻答田國博部夫還二首》其二，原作「枝上稀疏地上稠」，見《施注蘇詩》卷十六。

6. 卷三五《次韻答平甫》（893頁）注引「唐人詩：『水向石間流出冷，風從花裏過來香。』」

按：曾敏行《獨醒雜志》載：「客舍中有題詩一聯，云：水向石邊流處冷，風從花裏過來香。或云唐人詩，亦妙句也〔註12〕」，可見其作者在宋代即有異議。今考宋代釋師觀《頌古三十三首》其一十四有此句，「間」原作「邊」。另外，宋代釋勝《頌古二十四首》其一亦有「水自竹邊流出冷，風從花裏過來香」。蔣一葵《堯山堂外紀》卷五二作宋詩。

〔註12〕（宋）曾敏行《獨醒雜志》，中華書局，1985年版，第18頁。

7. 卷三八《江上》（964 頁）注引「宋之問詩：『林缺見嵩丘，浮雲補斷山。』」

按：「池平分洛水，林缺見嵩丘」，出自宋之問《春日鄭協律山亭陪宴餞鄭卿同用樓字》，見《全唐詩》卷五三。後句出自宋代楊絳《垂虹亭》，原作「遠水吞平野，歸雲補斷山。」見錢穀《吳都文粹續集》卷三六、陸心源《宋詩紀事補遺》卷五七、《全宋詩》第四十八冊卷二五八三。

8. 卷四三《金陵郡齋》（1123 頁）注引「唐人詩：『剩栽高竹聽秋聲。』」

按：出自謝伯初《許昌公宇書懷呈歐陽永叔韓子華王介甫》，原作「旋移高竹聽秋聲」，見曾慥《類說》卷五六、陳焯《宋元詩會》卷十一、厲鶚《宋詩紀事》卷十一、《全宋詩》第三冊卷一七七。

9. 卷四六《江雨》（1241 頁）注引「杜詩：『冥冥江雨熟楊梅。』」

按：此句實乃王安石《寄袁州曹伯玉使君》詩，見《王荊文公詩箋注》卷三四（853 頁）。此處乃注「冥冥江雨」，杜甫詩與此有關的，有《即事》詩（詩題一作《天畔》），詩云：「天畔群山孤草亭，江中風浪雨冥冥」，見《全唐詩》卷二三一。

10. 卷五十《追傷河中使君修撰陸公三首》之一（1373 頁）注引「韓詩：『臨風一揮手，金薤垂琳琅。』」

按：前句出自蘇軾《五月十日與呂仲甫周邠僧惠勤惠思清順可久惟肅義詮同泛湖遊北山》，原作「臨風一揮手，悵焉起遐瞻」，見《施注蘇詩》卷六。後句出自韓愈《調張籍》，原作「平生千萬篇，金薤垂琳琅」，見《全唐詩》卷三四〇。

八、詩人名訛誤

1. 卷四《過楊德逢莊》「庚寅增注」（108 頁）引「張朝詩：『巴東有巫山，窈窕神女顏。常恐遊此方，果然不知還。』」

按：出自張潮《江風行》，詩題一作《長干行》，並見《全唐詩》卷二六與卷一一四。故張朝當作張潮。

2. 卷八《寄二弟》（194 頁）注引「□設詩：『人生無離別，誰□願愛重。』」

按：出自蘇軾《潁州初別子由二首》其二，原作「誰知恩愛重」。見《施注蘇詩》卷三。

3. 卷二四《次韻范景仁二月五日夜風雪》（586頁）注引「徐鉽詩：『冥茫萬事空。』」

按：出自徐鉉《吳王挽詞》其一，見李調元《全五代詩》卷二六、《全宋詩》第一冊卷十。鉽、鉉形近而致誤。

4. 卷二五《和子瞻同王勝之遊蔣山》（620頁）注引「楊脩詩曰：『桃葉桃根柳岸頭，獻之才調頗風流。相看不語橫波急，艇子翻成送莫愁。』」

按：乃宋代楊備《桃葉渡》，見《全宋詩》第三冊卷一二四。備、脩形近而致誤。

5. 卷二六《段氏園亭》（631頁）注引「惠對威詩：『遙知楊柳是門處，似隔芙蓉無路通。』」

按：出自劉威《遊東湖處士園林詩》，見計有功《唐詩紀事》第五六、王安石《唐百家詩選》卷十九、尤袤《全唐詩話》卷四、魏慶之《詩人玉屑》卷六。

6. 卷三一《與微之同賦梅花得香字三首》其二（776頁）注引「黎錞《希聲》詩：『雪徑清寒蝶未知，暗香誰遣好風吹。野橋漏泄春光處，正為橫斜一兩枝。』」

按：此為李錞《早梅》，見《全宋詩》第二十四冊卷一三七九。黎、李音同而致誤。

7. 卷三一《與微之同賦梅花得香字三首》其三（777頁）注引「崔魯《梅花》詩：『含情含態一枝枝，斜壓漁家短短籬。』」

按：出自崔櫓《岸梅》，原作「含情含怨一枝枝，斜壓漁家短短籬」，見《唐詩紀事》卷五八、《全唐詩》卷五六七。魯、櫓音同而致誤。

8. 卷三四《呈柳子玉同年》（847頁）注引「韓滉詩：『平毛老向江城寺，不覺春風換柳條。』」

按：出自韓滉《晦日呈諸判官》，原作「年年老向江城寺，不覺春風換柳條」，見《全唐詩》卷二六二。滉、滉形近而致誤。

9. 卷三七《清明輦下懷金陵》（939頁）注引「崔魯詩：『綠楊如髮雨如煙。』」

按：出自崔櫓《過蠻溪渡》，見《全唐詩》卷五六七。

10. 卷四二《池上看金沙花數枝過酴醾架盛開二首》其一（1089頁）注引「趙安民詩：『槐夏午陰清。』」

按：出自趙師民句，原作「槐夏午風清」，見《全宋詩》第五冊卷二六三。

11. 卷四三《示李時叔二首》其一（1127頁）注引「唐張容詩：『一尉東南遠，誰知此夜歡。』」

按：出自張子容《雲陽驛陪崔使君邵道士夜宴》，見《全唐詩》卷一一六。

12. 卷四四《暮春》（1158頁）注引「杜鵬詩：『侵階草色連朝雨，滿地梨花昨夜風。』」

按：出自來鵠《寒食山館書情》，見《全唐詩》卷六四二。而宋代蒲積中編《古今歲時雜詠》卷十二錄此詩，作者題作來鵬。

13. 卷四四《雨晴》（1159頁）注引「長孫左輔《枯樹》詩：『應是無機承雨露，卻將春色寄苔痕。』」

按：出自長孫佐輔《擬古詠河邊枯樹》，見《全唐詩》卷四六九。左、佐音同而致誤。

14. 卷四四《春雨》（1176頁）注引「唐崔魯詩：『紅葉下山寒寂寂，濕雲如夢雨如塵。』」

按：出自崔櫓《華清宮三首》其三，見《全唐詩》卷五六七。

九、其他文體誤作詩

1. 卷五《次韻約之謝惠詩》（116頁）注引「杜詩：『卜築聊遣懷。』」

按：杜甫《秋日夔府詠懷奉寄鄭監（審）李賓客（之芳）一百韻》：「衾枕成蕪沒，池塘作棄捐。」原注：「平生多病，卜築遣懷。」見《全唐詩》卷二三〇。李壁將詩之注文誤作詩。

2. 卷六《送春》（146頁）注引「退之詩：『洞庭漫汗，黏天無壁。』」

按：此二語出自韓愈《祭河南張員外文》，見《昌黎先生文集》卷二二。

3. 卷十《和王勝之雪霽借馬入省》（239頁）注引「韓文《泥水滑》：『馬弱而以書。』」

按：李壁注引韓愈作品，或稱「韓愈」、或稱「韓文公」、或稱「韓文」、或稱「韓」。「韓文」出現多次。此處，點校者於韓文加人名號，以《泥水滑》為詩題。今檢韓愈《與李秘書論小功不稅書》，文曰「泥水馬弱不敢出，不果鞠躬親問而以書」，注文乃刪節此篇而成。然剪裁不當，以滋訛誤。

4. 卷四三《示俞秀老》「庚寅增注」（1145頁）引：「庾信詩：『誰知一寸心，乃有萬斛愁。』」

按：出自庾信《愁賦》，賦文已亡佚，僅有殘句流傳。此句被多種典籍引用，然頗多異文〔註13〕。

5. 卷四四《六年》「庚寅增注」（1185 頁）引：「唐詩：『五雲深處帝王家。』」

按：「五雲深處帝王家」，乃南宋方岳《王母望闕》文後之辭，見四庫全書本《秋嶽集》卷三三《樂語》，非詩體。此處箋釋為「五雲深」而發，實則唐代劉威《贈道者》詩，云：「五雲深處有真仙」，或即李壁所欲援引者。

6. 卷四六《雜詠六首》其二（1233 頁）注引「歐公詩：『風日無情人暗換，舊遊如夢空腸斷。』」

按：此二句出自歐陽修詞《蝶戀花》（畫閣歸來春又晚），原作「風月無情人暗換」。

十、詩題訛誤〔註14〕

1. 卷一《純甫出僧惠崇畫要予作詩》（7 頁）注引「杜詩《畫鶴行》：『粉墨日蕭瑟。』」

按：出自杜甫《畫鶻行》，原作「粉墨且蕭瑟。」

2. 卷五《雜詠八首》其五（128 頁）注引「陳子昂《翡翠》詩：『殺身炎州里，委羽玉堂陰。旖旎光首飾，葳蕤爛錦衾。豈不在遐遠，虞羅忽見尋。多才信為累，歎息此珍禽。』」

按：此為陳子昂《感遇詩三十八首》之二三，見《全唐詩》卷八三。

3. 卷六《寄曾子固二首》其二（158 頁）注引「吳融《梅》詩：『今來獨傍荊山看，回首長安落戰塵。』」

按：出自吳融《海棠二首》其一，見《全唐詩》卷六八六。同卷《桃源行》「庚寅增注」（160 頁）中亦引此二句詩，並同此誤。

4. 卷十一《驥驤在霜野》（285 頁）注引「杜甫《詠陶翁》詩云：『觀其著

〔註13〕卞東波《庾信〈愁賦〉與宋代文學》，《宋代詩話與詩學文獻研究》，中華書局，2013 年版，第 294〜296 頁。

〔註14〕李壁注引詩，部分篇目詩人詩題並舉，但詩題一般均有所改換（就原題刪減），如卷四十四《道傍大松取為明》（1166 頁）注引王維《松歌》，原題實為《新秦郡松樹歌》；卷四十五《次吳氏女子韻》「庚寅增注」（1222 頁）引蘇頲《九日》，原題實為《奉和九日幸臨渭亭登高應制得時字》；卷四十八《無錫寄孫正之》（1303 頁）引李義山《哭劉蕡》，原題實為《哭劉司戶二首》。此種情況，屬古人引書通例，本文不予考察。論及範圍僅限於文題有誤者。

詩集，頗亦恨枯槁。』」

按：出自杜甫《遣興五首》之三，見《全唐詩》卷二一八。

5. 卷十七《重和》（422頁）注引「『一鏡奩曲堤，萬丸跳猛雨。』杜牧《秋浦》詩，即池州也。」

按：出自杜牧《題池州弄水亭》，見《全唐詩》卷五二〇。杜牧有《秋浦途中》，詩云：「蕭蕭山路窮秋雨，淅淅溪風一岸蒲。為問寒沙新到雁，來時還下杜陵無」，見《全唐詩》卷五二三，與此無關。

6. 卷二十《憶昨詩示諸外弟》（488頁）注引「曹子建《責躬》詩：『騑驂倦路，載寢載興。』」

按：出自曹植《應詔》，見《文選》卷二十。

7. 卷二三《次韻朱昌叔歲莫》（549頁）注引「唐人《鬼》詩：『紅葉醉秋色，碧溪彈夜弦。』」

按：出自唐代湘驛女子《題玉泉溪》，見高棅《唐詩品匯》卷四五、陸時雍《唐詩鏡》卷四八、田藝蘅《詩女史》卷九。

8. 卷三三《次俞和寄城北會上諸友》（835頁）注引「少陵《遣興》詩：『花時日縕袍。』」

按：杜甫有《遣興》多首。此句出自杜甫《遣遇》，原作「花時甘縕袍」，見《全唐詩》卷二二三。

9. 卷四一《次張唐公韻》（1059頁）注引「李義山《穆王廟》詩：『神仙有分豈關情，八馬空追落日行。』」

按：出自李商隱《華嶽下題西王母廟》，原作「八馬虛隨落日行」，見《全唐詩》卷五四〇。

10. 卷四三《憶金陵三首》其一（1133頁）注引「沈約《登覆舟山》詩曰：『南瞻儲胥館，西望昆明池。』」

按：出自沈約《遊鍾山詩應西陽王教》其三，原作「南瞻儲胥觀」，見《文選》卷二二、陸時雍《古詩鏡》卷十九、陳祚明《采菽堂古詩選》卷二三。

11. 卷四七《暮春》（1266頁）注引「韓愈《楊柳》詩：『擺撼春風只欲飛。』」

按：出自韓愈《鎮州初歸》，原作「擺弄春風只欲飛」，見曾慥《類說》卷三二、《全唐詩》卷三四四。

12. 卷四九《神宗皇帝挽詞其二》「庚寅增注」（1361 頁）引：「白樂天《聞國哀》詩：『涕淚滿襟君莫怪，甘泉侍從最多時。』」

按：出自白居易《奉酬李相公見示絕句》，見《全唐詩》卷四四一。

十一、點校整理之誤

1. 卷一《招約之職方並示正甫書記》注引「韓奕詩：『其蔌維何，維筍及蒲。』」

按：點校本於韓奕標人名號。實則此詩出自《韓奕》，載《詩經·大雅·蕩之什》。韓奕為篇名，當標書名號。

2. 卷六《酬王詹叔奉使江南訪茶法利害見寄》（152 頁）注引「《詩》：『自今以始，歲其有阜財。』舜《南風歌》。」

按：注乃就荊公「因知從今始，漸欲人財阜」而發，箋注對象為「從今始」、「財阜」。考《詩經·魯頌》有《有駜》篇，云：「自今以始，歲其有。君子有穀，詒孫子」；舜《南風歌》：「南風之薰兮，可以解吾民之慍兮。南風之時兮，可以阜吾民之財兮。」故注當讀為「《詩》：『自今以始，歲其有。』阜財，舜《南風歌》。」

3. 卷七《塞翁行》（174 頁）注引「杜詩：『沙苑行泉出，巨魚長比人。』」

按：杜甫《沙苑行》：「泉出巨魚長比人，丹砂作尾黃金鱗。」故注當讀為「杜詩《沙苑行》：『泉出巨魚長比人。』」

4. 卷八《東門》（210 頁）注引「杜詩：『柴門眾水為長蛇。』」

按：杜甫《柴門》：「巨（一作巴）渠決太古，眾水為長蛇。」故注當讀為「杜詩《柴門》：『眾水為長蛇。』」

5. 卷十《和王勝之雪霽借馬入省》（240 頁）注引「杜詩：『今昔行邂逅，豈即非良圖。』」

按：杜甫《今昔行》：「英雄有時亦如此，邂逅豈即非良圖。」故注當讀為「杜詩《今昔行》：『邂逅豈即非良圖。』」

6. 卷十《登景德塔》（256 頁）注引「李白詩：『女媧戲塵團作下，愚人散在六合間。』」

按：李白《上雲樂》：「女媧戲黃土，團作愚下人。散在六合間，濛濛若沙塵。」李注引文將「黃土」誤作「塵」。

7. 卷十六《明州錢君倚眾樂亭》「庚寅增注」（416 頁）引「杜詩：『去

茇草，轉置水中央。』」

按：杜甫《除草》：「轉致水中央，豈無雙釣舟」。吳若本《杜集》於詩題下注云：「去蘈草也。蘈音潛，山韭。」〔註15〕可知「去蘈草」並非杜詩中文字。

8. 卷二一《汝癭和王仲儀》（496 頁）注引「陸龜蒙《夜坐問答》詩：『癭木杯杉贅，楠瘤剗得來。』」

按：皮日休有《夜會問答》十首，乃與陸龜蒙、張賁問答之詩。每首第一句三字，第二三四句均四字。第一句下注明「某問某」。其中，第二首作「癭木杯，杉贅楠瘤剗得來。莫怪家人畔邊笑，渠心祗愛黃金罍。」「癭木杯」下注有「龜蒙問日休」，李壁遂誤作陸龜蒙《夜坐問答》詩。校者點讀為「癭木杯杉贅」，並出校記云：「『杉』恐是『形』字之訛」〔註16〕，誤。

在肯定李壁注價值的同時，也不應迴避其中存在的問題。通過考訂其中的不足，以求正解，可以使其文本趨於完善和準確，以便人們更好地利用這部書，推進相關研究工作的深入發展。正如卞先生所言：「即使李壁注王安石詩有以上訛誤，但絲毫沒有削弱此書在學術上取得的成就以及在文獻上價值。〔註17〕」

〔註15〕（清）錢謙益《錢注杜詩》，上海古籍出版社，1979 年版，第 164 頁。
〔註16〕清綺齋本《王荊文公詩箋注》作「陸龜蒙《夜坐》詩：『癭木杯杉贅，楠瘤剗得來。』」校記曰：「『杉』當是『形』字，然龜蒙集不見此詩。」參李壁《王荊文公詩箋注》，中華書局，1958 年版，第 232 頁。
〔註17〕卞東波《宋人注宋詩中的宋代文學史料——以南宋李壁〈王荊文公詩箋注〉為例》，《宋代詩話與詩學文獻研究》，中華書局，2013 年版，第 195 頁。

曾鞏《本朝政要策・水利》闕文考辨

摘 要

《曾鞏集》中有《本朝政要策》五十篇,乃剪裁前人資料而成,屬於編述類作品。其中第四十五篇《水利》文本不全。後人編輯曾鞏集時,誤將《本朝政要策》第四十四篇《屯田》的內容附於其後,以致《水利》前後內容無甚關聯。通過史源學、校讎學的方法,並結合後世的相關記載,可以發見《本朝政要策・水利》一文乃敷衍夏竦《乞行三代溝澮之法奏》而成。由夏竦之文,可以窺探《本朝政要策・水利》闕文部分的相關內容。

關鍵詞:《本朝政要策》;曾鞏;夏竦;闕文;史源學;校讎學

曾鞏(1019～1083),字子固,建昌南豐(今江西省南豐縣)人,後居臨川。北宋散文家,列名「唐宋八大家」。生平著述甚豐,涉及文學、史學等領域。其文學作品,北宋時期即由門人編成《元豐類稿》50卷、《續元豐類稿》40卷、《外集》10卷。南宋時,又輯有《別集》6卷〔註1〕。令人惋惜的是,在流傳過程中,這些版本多有亡佚。存世的曾鞏集,卷帙時有文字脫誤、蠹蝕漫漶之處。今人整理的曾鞏作品,以陳杏珍、晁繼周點校的《曾鞏集》最為全面。曾鞏文章另見曾棗莊、劉琳主編《全宋文》第57、58冊。

然而,翻檢《曾鞏集》中的作品,可以發見部分文本尚有不足之處,如諸本文字異同、闕文等。由於受傳世的曾鞏詩文集版本的限制,在沒有新的文本出現之前,這些不足尚無法通過對校的方式予以訂正。其《本朝政要策》中《水利》一篇,就內容而言,闕文現象較為嚴重。本文考察了《本朝政要

〔註1〕祝尚書《宋人別集敘錄》,中華書局1999年版,第279～280頁。

策》的編述性質，通過史源學、校讎學的方法，並結合後世相關文獻的轉引，擬對其闕失的內容予以考辨。

一、《本朝政要策》的編述性質

策，早期有簡冊、籌謀之意。《通考》載「漢制，取士作策難問，試者投射答之，謂之射策。若錄政化得失顯問，謂之對策。」〔註2〕伴隨著這樣一種政治形式，後來，「策」逐漸演化成一種文體，並蔚為大觀，劉勰《文心雕龍》中有《詔策》篇加以討論，並且在《宗經》中認為「詔策章奏，則《書》發其源」〔註3〕。關於後世策文的分類，明代朱荃宰（？～1643）《文通》卷9有專門論述，並將其分為三種類型：

> 一曰制策，天子稱制以問而對者也。二曰試策，有司以策試士
> 而對者也。三曰進策，著策而上進者也。〔註4〕

清代王之績《鐵立文起・後編》卷5持論與之相同。隨後，朱荃宰又指出「唐白居易、宋曾鞏有《本朝政要策》，蓋當時進士帖括之類」，王之績也指出「又，宋曾鞏有《本朝政要策》，蓋當時進士帖括之類，故今不錄」〔註5〕。顯然，在朱荃宰、王之績看來，曾鞏《本朝政要策》的性質並不屬於制策、試策、進策中任何一種，而只是「進士帖括之類」而已。

《本朝政要策》五十篇，《宋史・藝文志》著錄「曾鞏《宋朝政要策》一卷」〔註6〕，祁承爜《澹生堂藏書目》〔註7〕亦有著錄，則曾別本單行過。所論及的範圍關涉到國計民生，如《錢幣》、《刑法》、《賦稅》、《邊防》等。篇幅都較為短小，最長的一篇為《史官》，共612字；最短的一篇為《銓起》，僅13字。今存《本朝政要策》格式較為固定，一般先鋪敘相關的歷史演變，然後歸結到北宋。通過敘寫各項政策的源委，以便於指導當下的決策。正如

〔註2〕 （清）張玉書編《康熙字典》，上海書店出版社1985年版，第980頁。
〔註3〕 （南朝梁）劉勰著，范文瀾注《文心雕龍注》人民文學出版社1958年版，第22頁。
〔註4〕 （明）朱荃宰《文通》，王水照《歷代文話》第3冊，復旦大學出版社2007年版，第2809頁。
〔註5〕 （清）王之績《鐵立文起》，王水照《歷代文話》第4冊，復旦大學出版社2007年版，第3797頁。
〔註6〕 （元）脫脫《宋史》第16冊，卷二〇三，中華書局1977年版，第5106頁。
〔註7〕 （明）祁承爜《澹生堂藏書目》，《續修四庫全書》第919冊，上海古籍出版社1996年版，第715頁。

蘇軾所言：「試之策以觀其所以措置於今之世。」〔註8〕

《本朝政要策》的性質既如朱荃宰、王之績所言，其後，姚範（1702～1771）在《援鶉堂筆記》卷43中也提出了類似的看法，他指出「《南豐集》有《本朝政要策》，觀其詞乃未成文，似記其故實以備策科耳。」〔註9〕由此可見，《本朝政要策》乃搜集前人成說，整理而成。張舜徽曾將古人著述「載籍極博，無逾三門：蓋有著作、有編述、有纂鈔」〔註10〕。從這個意義上講，《本朝政要策》乃是編述類著作。

《本朝政要策》由於內容豐富，在後世時見徵引。如《平糴》篇，收錄於《群書會元截江網》卷七〔註11〕。另外，南宋時期的一代通儒王應麟（1223～1296）所輯《玉海》200卷，「貫串奧博，唐宋諸大類書未有能過之者」〔註12〕。其中，引錄《本朝政要策》三處，卷22「河北塘水」〔註13〕引《水利》、卷116「宋朝禮部程序」〔註14〕引《貢舉》、卷183「宋朝軍器五庫」〔註15〕引《兵器》，均明確交代引自「曾南豐《政要策》」。然而，今檢《玉海》卷67「淳化審刑院」〔註16〕一則文字，與《本朝政要策》第20篇《刑法》內容大體相同，僅有數處文字改動。但王應麟並未言出處為《本朝政要策》。以《玉海》一書的性質，以及王應麟對《本朝政要策》的援引通例來看，說明王應麟引錄此節材料時，別有所據。這也說明了曾鞏所撰《本朝政要策》本來就有所依據，並非原創。

然而，編述類作品雖然「前有所因」，同時也要「自為義例」〔註17〕，因此，如何選擇、排比材料，就需要編述者有深遠的眼光和高超的識鑒。曾鞏作為一代文史大家，嫻於掌故，其撰述《本朝政要策》自然並非草草了事。因

〔註8〕（宋）蘇軾著，孔凡禮點校《蘇軾文集》卷四十九《謝梅龍圖書》，中華書局1986年版，第1424頁。

〔註9〕（清）姚範《援鶉堂筆記》卷四十三，《續修四庫全書》第1149冊，上海古籍出版社1996年版，第106頁。

〔註10〕張舜徽《廣校讎略》，華中師範大學出版社2004年版，第12頁。

〔註11〕（宋）佚名《群書會元截江網》卷七，《景印文淵閣四庫全書》第934冊，臺灣商務印書館1983年版，第96頁。

〔註12〕（清）永瑢等《四庫全書總目》卷一三五，中華書局1965年版，第1151頁。

〔註13〕（宋）王應麟《玉海》，廣陵書社2003年版，第454頁。

〔註14〕（宋）王應麟《玉海》，廣陵書社2003年版，第2153頁。

〔註15〕（宋）王應麟《玉海》卷一八六，廣陵書社2003年版，第3367頁。

〔註16〕（宋）王應麟《玉海》卷六十七，廣陵書社2003年版，第1275頁。

〔註17〕張舜徽《廣校讎略》，華中師範大學出版社2004年版，第12頁。

此，何焯在評論《本朝政要策》時，才指出「讀此卷乃知南豐史才」〔註18〕，足見其剪裁鎔鑄之功。

二、《本朝政要策·水利》文本獻疑

《本朝政要策》第四十五篇，題為《水利》，其文如下：

> 自史起漑鄴田，鄭國鑿涇水，李冰以區區之蜀，修二江之利。漢興，文翁穿煎溲，鄭當時引渭，莊熊引洛，兒寬奏鑿六輔渠，而白公注涇渭，邵信臣廣鉗盧之浸。自是後，王景理芍陂，馬臻築鑒湖。至晉，杜預疏荊兗之水，張闓理曲阿之塘，宋人引淖，魏人引河。唐疏雷陂，築句城，除堰遏之害，皆代天施，長地力，衣食元元，而足公家之費。故三代溝澮之法替，而赴時務功，此不可不重也。聖宋當雍熙之間。〔註19〕

「聖宋當雍熙之間」之後有注，稱「以下並同《屯田》篇，但改『欲修耕屯之業』作『水之浸灌者，舊跡皆可理』。」此文亦載新修《全宋文》第58冊〔註20〕，內容相同。《屯田》乃《本朝政要策》第四十四篇，茲迻錄其文字如下：

> 自漢昭始田張掖，趙充國耕金城。曹操以區區之魏，力農許下。晉用鄧艾田壽春，羊祜田襄陽，杜預田荊州，苟羨田東陽。隋耕朔方之地，而唐起屯振武。六七六皆內益蓄積，外有守禦之利，故能服夷狄，兼鄰國，或定南面之業焉。宋興，當雍熙之間，強胡屢為邊害。天子念守兵歲廣，而趙魏失寧，廢耕桑之務，於是方田之法自此始。是後開易水，疏難距，修鮑河之利，邊屯以次立矣。然中國一統，內緝百萬之師，議者以為豈晏然不知兵農兼務哉？天子乃遣議臣東出宿、亳，至壽春，西出許、穎，轉陳、蔡之間，至襄、鄧，得田可治者二十二萬頃，欲修耕屯之業，度其功用矣。天子尤意向之，而任事者破壞其計，故功不立。〔註21〕

〔註18〕（清）何焯《義門讀書記》卷五，中華書局1987年版，第845頁。

〔註19〕（宋）曾鞏著，陳杏珍、晁繼周點校《曾鞏集》卷四十九，中華書局1984年版，第676頁。

〔註20〕曾棗莊、劉琳主編《全宋文》第58冊，上海辭書出版社、安徽教育出版社2006年版，第91～92頁。

〔註21〕（宋）曾鞏著，陳杏珍、晁繼周點校《曾鞏集》卷四十九，中華書局1984年

此篇文本亦不全，「議者以為豈晏然不知兵農兼務哉」句下，整理者稱「《讀書記》、顧校本、章校本、吳校本、傅校本云：『議者以下疑尚有脫誤。』」脫誤部分無關本文大旨，故不討論。茲究其內容，可知《屯田》篇先備述歷史上的「屯田」故實，作一縱向梳理，其根據乃是沿襲杜佑《通典‧屯田》〔註22〕的內容。然後順承而下，歸結到本朝現實。因此，就文章而言，此文圍繞「屯田」這一主題展開，結構比較完整。

《水利》篇的結構與《屯田》篇大體相同，其內容基本先是節錄杜預《通典‧水利田》〔註23〕的內容，對歷史上的著名的水利工程進行敘述，然後過渡到宋朝，以資鏡鑒，應對現實問題。通過對《古今政要策》其他篇目內容的考索，可知每個專題的梳理均有所援據，使其在各個歷史時期嬗變的軌跡歷歷在目。即如《屯田》、《水利》均以《通典》的相關內容為基礎。

然而考察今本《水利》篇內容，前半部分談水利歷史，後半部分卻是談屯田問題。即便按照《水利》篇後的注釋，將《屯田》篇中「當雍熙之間」以後的文字進行更換，從邏輯而言也依然無法和《水利篇》的主題相關聯。既然二者之間並無必然聯繫，而且《屯田》在《本朝政要策》中別為一篇，那麼，將《屯田》的內容附於《水利》之後，顯然並非曾鞏作品的本來面目。由此可見，《水利》篇文本應當存有謬誤。

《水利》一篇，南宋王應麟所編類書《玉海》卷22《地理‧河渠下》亦予以節錄，稱：

> 曾南豐《政要策》：史起漑鄴田，鄭國鑿涇水，李冰修二江之利，漢文翁穿煎浃，鄭當時引渭，莊熊引洛，兒寬開六輔渠，白公注涇渭，召信臣廣鉗盧之浸。後王景理芍陂，馬臻築鑒湖，晉杜預疏荊兗之水，張闓理曲阿之塘。宋人引淮，魏人引河。唐疏雷陂，築句城，除堰遏之害。皆代天施，長地力，衣食元元，而足公家之費。〔註24〕

王應麟距曾鞏的時間較為接近，並對《本朝政要策》多所援引，因此《玉海》的記載應當不誤。此文作者為曾鞏，當無疑義。對比王應麟所錄，文本與今存《本朝政要策‧水利》基本相同。則王應麟所見，應當非常接近曾鞏

版，第675～676頁。
〔註22〕（唐）杜佑《通典》第1冊，中華書局1984年版，第40～45頁。
〔註23〕（唐）杜佑《通典》第1冊，中華書局1984年版，第32～38頁。
〔註24〕（宋）王應麟《玉海》卷二二，廣陵書社2003年版，第454頁。

原作，應當即是曾鞏作品的宋刊本。可惜王應麟援引不全，致使今人無法窺見曾鞏原文。

三、《水利》篇源自夏竦《乞行三代溝澮之法奏》

夏竦（985～1051），字子喬，江州德安（今江西德安）人。北宋初年人，歷任參知政事、樞密使等職。卒諡「文莊」。作為文章大家，夏竦著述甚豐。四庫館臣稱「其集本一百卷，《宋史・藝文志》著錄，今已不傳。茲據《永樂大典》所載，兼以他書附益之，尚得詩文三十六卷。」〔註25〕由曾棗莊、劉琳主編的《全宋文》，在《四庫全書》所輯 36 卷本《文莊集》基礎上進行整理，並從其他典籍中另輯得佚文十五篇。其中，《乞行三代溝澮之法奏》一文（標題係整理者所擬定），乃據南宋章如愚所編的類書《群書考索》輯入。其文如下：

> 自史起溉鄴田，鄭國鑿涇水。漢興，文翁穿湔洴口，鄭當時引渭，莊熊引洛。自是後，王景理芍陂，馬臻築鑒湖。至晉初，杜預疏荊克之水，宋人引淝，魏人引河，唐疏雷陂，築句城，皆代天施、長地力，衣食元元，而足公家之費。故三代溝澮之法潛，而赴時務功，此不可不望也。伏願我國家頒行古制，分命有司，每一歲三月舉行其政。委之州牧，伯於縣宰，通陂湖，通溝洫。旱魃作厲，則引而灌之；雨害粢盛，則決而注之。令民自便，不禁其時。然後復三老之官，以勸耕稼；置常平之食，以禦災變。上資邦計，下慰民望。夫倉廩既足，民犯重法，則仁義之化可以階漸矣。〔註26〕

章如愚《群書考索》為宋代著名類書，該書「卷帙浩繁」、「網羅繁富」，輯錄經史百家之言，分門別類編纂而成。特色在於「以考索為名，言必有徵，事必有據，博採諸家而折衷以己意」〔註27〕。夏竦《乞行三代溝澮之法奏》輯自該書前集卷六十六《地理類》「水利門」。此門篇幅較大，內容較多，大部分文字均未標明出處。《乞行三代溝澮之法奏》的文字位於「水利門」最後，文後有小字注文「夏英公文」，因此，《全宋文》據以輯入。依章如愚的編書的嚴謹態度而言，此文為夏竦佚文，當無疑義。

〔註25〕（清）永瑢等《四庫全書總目》卷一五二，中華書局 1965 年版，第 1309 頁。
〔註26〕曾棗莊、劉琳主編《全宋文》第 17 冊，上海辭書出版社、安徽教育出版社 2006 年版，第 89 頁。
〔註27〕（清）永瑢等《四庫全書總目》卷一三五，中華書局 1965 年版，第 1150 頁。

　　另外，明代卷六明代夏良勝曾編纂《正德建昌府志》19 卷，該書總序及各卷前的小序均收入《東洲初稿》卷 7。《水利》卷小序稱：「自史起溉鄴，言水利者數十家，皆溝澮之遺也。英公亦曰：『代天施、長地力』。其然哉，是民事之不可緩也。」〔註 28〕夏良勝，字於中，南城（今屬江西）人。為明代正德、嘉靖時期人物，正德三年（1508 年）舉進士，傳見《明史》卷 189〔註 29〕。英公當指夏竦，且「代天施、長地力」一句，恰為《乞行三代溝澮之法奏》文中的文字。此亦可證《乞行三代溝澮之法奏》為夏竦所作。

　　對比曾鞏《本朝政要策・水利》、夏竦《乞行三代溝澮之法奏》兩文，可見兩文在起始部分頗有相重之處，而字句略有差異。總體而言，曾鞏文章比夏竦文內容更為豐富，如多出「李冰以區區之蜀，修二江之利」、「兒寬奏鑿六輔渠，而白公注涇渭，邵信臣廣鉗盧之浸」、「張闓理曲阿之塘」、「除堰遏之害」等句。這一方面使文章內容完整，句式整齊。如曾鞏文作「至晉初，杜預疏荊兗之水，張闓理曲阿之塘。宋人引淯，魏人引河」，比夏竦文多出「張闓理曲阿之塘」一句，顯然更契合行文的結構。另一方面承杜佑《通典・水利田》而來，大致將歷史上的著名的水利工程均予以羅列，為後文稱述本朝做好了鋪墊。

　　然而，備述古今水利之後，「皆代天施、長地力，衣食元元，而足公家之費。故三代溝澮之法潛，而赴時務功，此不可不望也」一節，乃夏竦之總結。曾鞏《本朝政要策・水利》中的文字竟然與之相同。備載歷代水利之舉，尚且可以說夏竦、曾鞏均是依據《通典》。但此句總結文字，乃夏竦原創，夏良勝於《正德建昌府志》卷 4《水利》加以轉引，顯為明證。曾鞏之文與之雷同，絕非偶然，必定是曾鞏得見夏竦之文，加以引用。由此，可知曾鞏此文的母本必是依據夏竦《乞行三代溝澮之法奏》而來。此外，夏竦作為北宋初年居官顯赫之人，並且著有《策論》13 卷〔註 30〕，曾鞏《本朝政要策》的撰寫本為施政而為，參考夏竦之作亦在情理之中。

　　概述歷史之後，夏竦《乞行三代溝澮之法奏》緊接著又歸結到現實，提出「伏願我國家頒行古制，分命有司，每一歲三月舉行其政」的願望。而曾鞏《本

〔註 28〕 （明）夏良勝《東洲初稿》卷七，《景印文淵閣四庫全書》第 1269 冊，臺灣商務印書館 1983 年版，第 838 頁。

〔註 29〕 （明）張廷玉《明史》第 16 冊卷一八九，《中華書局》1974 年版，第 5020～5022 頁。

〔註 30〕 （元）脫脫《宋史》第 16 冊卷二○八，中華書局 1977 年版，第 5361 頁。

朝政要策·水利》也恰後提出「聖宋當雍熙之間」，尋繹其文意，自然也是要回歸到所處的實際。正如黃震所言：「《水利》歷述史起以後興水利之臣，至本朝不果行」〔註31〕。依據《本朝政要策》的通例，《水利》下文即是針對「本朝不果行」的現狀予以糾正。明瞭曾鞏《本朝政要策·水利》的母本，以下闕失部分的內容絕對不是《屯田》的內容，而是《乞行三代溝澮之法奏》後部分文字。

四、餘論

上文指出曾鞏《本朝政要策·水利》乃是源自夏竦《乞行三代溝澮之法奏》，今據後人的轉引，也可進行輔證。元代作家曹大清撰有《開河碑記》，錄其文如下：

> 蓋聞修水利者，皆代天施而長地力，使民衣食源源，所以足公家之用耳。昔三代之時，溝洫之法替而趨時務公，此不可不重也。《禮》曰：「蓄水以防，蕩水以遂，均水以列，捨水以澮，瀉水於溝洫而之田野。」蓋有可決而決，則無水溢之害；可塞而塞，則無旱乾之患。先王通九州，陂九澤，溝洫脈絡，布於天下，則無適而非水利也。秦自商鞅，井田廢而阡陌作，故魏史起引漳水以溉鄴田，而河內之民以富；鄭白公鑿涇水於秦谷，而關中遂為沃壤；王景重修芍陂，廬江之境大登；馮臻始立鏡湖，會稽之人獲利。自是之後，晉杜預疏荊襄之水，漢文公穿煎泄之口，張閭築新豐，李襲引雷皮，使天下之民，皆被其澤也。迨我皇元，混一區宇。酌苦準今，設立都水監，分命有司舉行其政於天下，委之州牧，洎於縣宰。通溝洫之渠，復陂湖之水。旱魃為虐，則引而溉之，雨害粢盛，則次而注之，令民自便，不禁其時，是可以上資國計而下慰民望者也。（按：以後文字與本文無關，省去不引）〔註32〕

曹大清文中所述，頗有謬誤。如「馮臻始立鏡湖」，「馮臻」應作「馬臻」；「張閭築新豐」，「張閭」應作「張閭」。其他立論之文，如「皆代天施而長地力，使民衣食源源，所以足公家之用耳」、「分命有司舉行其政於天下，委之州牧，洎於縣宰。通溝洫之渠，復陂湖之水。旱魃為虐，則引而溉之，雨害粢盛，

〔註31〕（宋）黃震《黃氏日抄》卷六十三《讀文集》，大化書局 1984 年版，第 717 頁。
〔註32〕李修生主編《全元文》第 59 冊，鳳凰出版社 2004 年版，第 553 頁。

則次而注之，令民自便，不禁其時，是可以上資國計而下慰民望者也」，貌似與夏竦《乞行三代溝澮之法奏》所述差同。

但是，通過比較文中所述歷代水利，可以發現《開河碑記》與《本朝政要策·水利》所載基本相同，與《乞行三代溝澮之法奏》尚有差別。如張閭修水利之事，《開河碑記》與《本朝政要策·水利》均有記載，而《乞行三代溝澮之法奏》並未提及。據此，可以推論曹大清《開河碑記》乃是敷衍《本朝政要策·水利》而成，並非依據《乞行三代溝澮之法奏》。通過《開河碑記》中的文字，也可以看出《本朝政要策·水利》對《乞行三代溝澮之法奏》的援引情況。

此外，《本朝政要策》在後世的影響，除了前舉被部分書籍援引外，其文體風格對後世亦有很大影響。南宋著名學者葉適受其影響較為明顯。葉適撰有以「總論」為題的系列文章，如《水心外集》中今尚存《財總論》（一、二）〔註33〕、《兵總論》（一、二）〔註34〕、《法度總論》（一、二、三）〔註35〕等篇。其結構均以「總論」名篇的文章均是先論述古今流變之情狀，再歸結到現實問題，與《本朝政要策》一脈相承。

〔註33〕（宋）葉適著，劉公純、王孝魚、李哲夫點校《葉適集·水心別集》卷十一《外稿》，中華書局 1961 年版，第 770～774 頁。

〔註34〕（宋）葉適著，劉公純、王孝魚、李哲夫點校《葉適集·水心別集》卷十一《外稿》，中華書局，1961 年版，第 779～782 頁。

〔註35〕（宋）葉適著，劉公純、王孝魚、李哲夫點校《葉適集·水心別集》卷十一《外稿》，中華書局，1961 年版，第 786～791 頁。

葉適佚文《古今水利總論》考校

摘　要

　　葉適作品散佚較多，歷代整理者對其佚文時有發見。《群書考索》、《古今源流至論》、《水利集》、《荊川稗編》、《圖書編》、《古論大觀》均載有葉適《古今水利總論》一文，然《葉適集》、新修《全宋文》及相關訂補文章均失載。作為葉適的一篇鴻文，佚文的發現對研究葉適及永嘉學派具有重要意義。

關鍵詞：葉適；佚文；《古今水利總論》；《群書考索》；永嘉學派

　　葉適（1150～1223），字正則，號水心居士，溫州永嘉（今浙江溫州）人，南宋著名思想家，永嘉學派集大成者。著有《水心先生文集》、《水心別集》、《習學記言》等。詩文著述最早著錄於陳振孫《直齋書錄解題》卷十八「別集類下」，載「《水心集》二十八卷、拾遺一卷、《別集》十六卷」，並附注：「外集者，前九卷為制科進卷，後六卷號『外總』，皆論時事，末卷號『後總』，專論買田贍兵。」〔註1〕《文集》在其死後由門人趙汝讜依年編次刊行，《別集》刊行情況則不得而知。由於慶元二年，朝廷詔禁道學，其著述書板遭政府毀壞，次年葉適又曾列名慶元「偽學逆黨籍」〔註2〕，加之在後世，永嘉事功學派與政府所尊崇的道學正統不甚相合，因此，其文集在流傳過程中頗多散佚。

〔註1〕（南宋）陳振孫著，徐小蠻、顧美華點校《直齋書錄解題》，上海古籍出版社1987年版，第547頁。

〔註2〕周夢江《葉適年譜》，浙江古籍出版社1983年版，第115～117頁。

　　與此同時，由於葉適文章「脫化町畦，獨運杼軸」〔註3〕的特色，歷代也不乏有人致力於訪求遺本，搜集佚文。明代黎諒曾做過大量的整理工作，搜集葉適文章800餘篇。光緒年間，瑞安孫衣言又增入《補遺》一卷〔註4〕，收佚文9篇。上世紀90年代，周夢江先生撰《葉適年譜》，多方搜集，在《年譜》正文及附錄部分曾輯有葉適佚文10餘篇〔註5〕。晚近由曾棗莊、劉琳先生主編的《全宋文》，在前人基礎上整理葉適的文集，利用新近發現的資料，並博考載籍，另輯得佚文20篇〔註6〕。葛曉愛女史利用《黃氏日鈔》輯葉適殘文25篇〔註7〕。葉適文章輯佚成果不斷湧現，不過，輯佚工作並未完結。筆者近來發見一篇《古今水利總論》，考定為葉適佚文。

一、《古今水利總論》作者考辨

　　南宋章如愚《群書考索》一書，卷帙浩繁，網羅繁富，輯錄經史百家之言，分門別類編纂而成，保存了大量的資料。其文獻價值迄今尚未得到較好的利用。該書今有正德十三年刊本和文淵閣四庫全書本（詳下文）。四庫本《群書考索》卷六十六《地理類》「水利門」部分〔註8〕，引經據典，備述古今水利，文中錄入了大篇幅的《古今水利總論》一文〔註9〕。《群書考索》編纂的特點，四庫館臣曾概括為「博採諸家而折衷以己意」〔註10〕。因此，章如愚對此文亦有考訂，考訂文字間附於文中。由於《地理類》「水利門」篇幅很大，《古今水利總論》一文夾在中間，文後未注明引文出處，故未曾引起學者注意〔註11〕。

〔註3〕（清）紀昀《四庫全書總目》，中華書局1965年版，第1382頁。

〔註4〕（南宋）葉適著，劉公純、王孝魚、李哲夫點校《葉適集》，中華書局1961年版，第871～872頁。

〔註5〕周夢江《葉適年譜》，浙江古籍出版社1983年版，第183頁。

〔註6〕曾棗莊、劉琳主編《全宋文》第285冊，上海辭書出版社、安徽教育出版社2006年版，第36頁。

〔註7〕葛曉愛《〈黃氏日鈔〉研究》，花木蘭文化出版社2013年版，第366～369頁。

〔註8〕（南宋）章如愚《群書考索》，《景印文淵閣四庫全書》第936冊，臺灣商務印書館1986年版，第867～880頁。

〔註9〕（南宋）章如愚《群書考索》，《景印文淵閣四庫全書》第936冊，臺灣商務印書館1986年版，第876～880頁。

〔註10〕（清）紀昀《四庫全書總目》，中華書局1965年版，第1150頁。

〔註11〕此文後有一段文字，文尾注明「夏英公文」。新修《全宋文》據以輯入夏竦卷，題為《乞行三代溝澮之法奏》。曾棗莊、劉琳主編《全宋文》第17冊，上海辭書出版社、安徽教育出版社2006年版，第89頁。（開林按：可參拙文《曾鞏〈本朝政要策‧水利〉闕文考辨》，已收入本書。）

其後，南宋林駉編、黃履翁續《古今源流至論》「別集」卷十、元代任仁發（1254～1327）《水利集》卷九〔註12〕、明代唐順之（1497～1551）《荊川稗編》卷一百二十，章潢（1527～1608）《圖書編》卷一百二十五均載有這篇文章，包括原文和章如愚的考訂文字。通過文字比勘，這五篇文字總體差別不大。其中，《荊川稗編》〔註13〕注明出處為《考索》，即章如愚《群書考索》。就文章標題而言，《荊川稗編》〔註14〕《圖書編》〔註15〕均照錄原題，而《水利集》題作「稽古論」〔註16〕，《古今源流至論》題作「水利」〔註17〕，稍有不同。

明代陳繼儒（1558～1639）編《古論大觀》，輯錄古今論議文字，在卷一「天地類」中亦收錄有《古今水利總論》一文，且明確署名作者為葉適〔註18〕。

《古論大觀》一書，儘管《四庫提要》對之頗有微詞，譏其「龐雜叢脞」〔註19〕、「譌陋百出」，但批評主要集中在「雖以古論為名，而實多非論體。往往雜掇諸書，妄更名目。」即從古人著作中「任情點竄」〔註20〕，「強古人已成之書，重為傅以新題」〔註21〕，或改換題目（如將曹丕《典論‧論文》改題為《典論論文論》〔註22〕、將索靖《草書勢》改題為《草書論》〔註23〕），或

〔註12〕 《全元文》第 18 冊收錄任仁發文章三篇，小傳稱「所著《浙西水利議論答錄》（一名《水利集》）十卷，今已難窺原貌」。實則《續修四庫全書》第 851 冊、《四庫全書存目叢書》史部第 221 冊均載錄此書。

〔註13〕 （明）唐順之《荊川稗編》，《景印文淵閣四庫全書》第 955 冊，臺灣商務印書館 1986 年版，第 615 頁。

〔註14〕 （明）唐順之《荊川稗編》，《景印文淵閣四庫全書》第 955 冊，臺灣商務印書館 1986 年版，第 615 頁。

〔註15〕 （明）章潢《圖書編》，《景印文淵閣四庫全書》第 972 冊，臺灣商務印書館 1986 年版，第 789 頁。

〔註16〕 （元）任仁發《水利集》，《四庫全書存目叢書》史部第 221 冊，齊魯書社 1996 年版，第 171 頁。

〔註17〕 （南宋）林駉編，黃履翁續《古今源流至論》，《景印文淵閣四庫全書》第 942 冊，臺灣商務印書館 1986 年版，第 642 頁。

〔註18〕 （明）陳繼儒《古論大觀》，《四庫全書存目叢書補編》第 23 冊，齊魯書社 1997 年版，第 223 頁。

〔註19〕 （清）紀昀《四庫全書總目》，中華書局 1965 年版，第 754 頁。

〔註20〕 （清）紀昀《四庫全書總目》，中華書局 1965 年版，第 1761 頁。

〔註21〕 （清）翁方綱著，吳格整理《翁方綱纂四庫提要稿》，上海科學技術文獻出版社 2005 年版，第 1107 頁。

〔註22〕 （明）陳繼儒《古論大觀》，《四庫全書存目叢書補編》第 24 冊，齊魯書社 1997 年版，第 554～555 頁。

〔註23〕 （明）陳繼儒《古論大觀》，《四庫全書存目叢書補編》第 24 冊，齊魯書社 1997 年版，第 587 頁。

摘取部分文字，冠以「論」題（如將司馬遷《史記‧六國年表序》改稱為《秦論》〔註24〕、將《秦楚之際月表序》改稱為《秦楚之際論》〔註25〕）。但綜觀全書，作品和作者之間，尚未發現張冠李戴的情況。因此，如四庫館臣所言，改動文章標題有失輕率，但署名並不存在問題。

《翁方綱纂四庫提要稿》中有論及《古論大觀》的文字，其撰寫該書提要時，有選擇地對各卷中的文章加以評論。其評論方式為注明作者，並附以考訂，或撮取文章論旨。如：

　　　　《詩賦敘論》（班固。即《藝文志》內一段。）〔註26〕

　　　　《秦楚之際論》（司馬遷。此豈可目之為論。）〔註27〕

　　　　《損益論》（仲長統。論變制變法。）〔註28〕

　　　　《李杜詩體論》（元稹。此題亦係妄造。）〔註29〕

關於《古今水利總論》一文，翁方綱（1733～1818）曾有評論：「《古今水利論》（葉適。論古今水利之制莫善於周，莫不善於漢。）」〔註30〕時為館臣的翁方綱，認定《古今水利總論》一文的作者為葉適，必有確據。

再對比《群書考索》和《古論大觀》所收的兩篇文字，標題相同，內容也幾乎完全相同，只是個別字詞有異。因此，可以肯定，兩書所引屬於同一篇文字，由於底本差異及傳抄失誤，而致使有少許異文。

古代以「總論」為題的文章並不多見。查考《葉適集》，裏面既有以「論」為題的單篇文章，也有「總論」為題的系列文章，如《水心外集》中今尚存《財總論》（一、二）、《兵總論》（一、二）、《法度總論》（一、二、三）等篇。

〔註24〕　（明）陳繼儒《古論大觀》，《四庫全書存目叢書補編》第 24 冊，齊魯書社 1997 年版，第 495 頁。

〔註25〕　（明）陳繼儒《古論大觀》，《四庫全書存目叢書補編》第 24 冊，齊魯書社 1997 年版，第 514 頁。

〔註26〕　（清）翁方綱著，吳格整理《翁方綱纂四庫提要稿》，上海科學技術文獻出版社 2005 年版，第 1100 頁。

〔註27〕　（清）翁方綱著，吳格整理《翁方綱纂四庫提要稿》，上海科學技術文獻出版社 2005 年版，第 1103 頁。

〔註28〕　（清）翁方綱著，吳格整理《翁方綱纂四庫提要稿》，上海科學技術文獻出版社 2005 年版，第 1105 頁。

〔註29〕　（清）翁方綱著，吳格整理《翁方綱纂四庫提要稿》，上海科學技術文獻出版社 2005 年版，第 1106 頁。

〔註30〕　（南宋）章如愚《群書考索》，《景印文淵閣四庫全書》第 936 冊，臺灣商務印書館 1986 年版，第 1109 頁。

而且以「論」名篇的文章均是針對時事而論，以「總論」名篇的文章均是先論述古今流變之情狀，再歸結到現實問題。

今以《財總論》為例。文章開篇提出「財用，必盡究其本末而後可以措於政事。欲盡究今日之本末，必先考古者財用之本末。蓋考古雖若無益，而不能知古則不能知今故也。」然後備述財賦制度之變遷，首自舜、禹，歷春秋、兩漢、三國、隋唐，迄於北宋。由此過渡到現實，論述南宋時期的財賦狀況。並提出自己的憂慮，即「今日財之四患」〔註31〕。《兵總論》、《法度總論》與之類似。

《古今水利總論》從文章題目、布局結構、文風均與之相同。因此，通過以上考察，可以斷定《古今水利總論》的作者即南宋的葉適。

二、《古今水利總論》文本校勘

就時間而言，《群書考索》收錄此佚文最早，《古今源流至論》（以下簡稱「黃本」〔註32〕）、《水利集》（以下簡稱「任本」）、《荊川稗編》（以下簡稱「唐本」）、《圖書編》（以下簡稱「章本」）均據以收錄。《古論大觀》（以下簡稱「陳本」）亦載有全文，且有明確署名。正德本《群書考索》（以下簡稱「正德本」）和四庫本《群書考索》版本有差異，雖刊刻時間早，但因版脫落而缺末一小部分文字。因此，本文以四庫本《群書考索》所收《古今水利總論》為底本，參校其他版本，並稽考相關史料，對其作校勘整理，文字異同以按語注出。《群書考索》〔註33〕、《古今源流至論》〔註34〕、《荊川稗編》〔註35〕《圖書編》〔註36〕均採用臺灣商務印書館景印文淵閣《四庫全書》本，《水利集》採用上海師範大學圖書館藏明鈔本〔註37〕、《古論大觀》採用首都圖書

〔註31〕（南宋）葉適著，劉公純、王孝魚、李哲夫點校《葉適集》，中華書局1961年版，第770～774頁。

〔註32〕《古今源流至論》前集、後集、續集各十卷，由林駉編，別集十卷由黃履翁編。《古今水利總論》收在《別集》卷十。

〔註33〕（南宋）章如愚《群書考索》，《景印文淵閣四庫全書》第936冊，臺灣商務印書館1986年版，第876～880頁。

〔註34〕（南宋）林駉編，黃履翁續《古今源流至論》，《景印文淵閣四庫全書》第942冊，臺灣商務印書館1986年版，第642～645頁。

〔註35〕（明）唐順之《荊川稗編》，《景印文淵閣四庫全書》第955冊，臺灣商務印書館1986年版，第615～618頁。

〔註36〕（明）章潢《圖書編》，《景印文淵閣四庫全書》第972冊，臺灣商務印書館1986年版，第789～792頁。

〔註37〕（元）任仁發《水利集》，《四庫全書存目叢書》史部第221冊，齊魯書社1996年版，第171～173頁。

館藏明刻本（全稱《新刊陳眉公先生精選古論大觀四十卷》）〔註38〕，正德本《群書考索》採用東京大學東洋文化研究所圖書館藏，正德十三年建陽劉氏慎獨書齋刊本〔註39〕。茲校勘文字如下：

論任本無「論」古今水利之制，莫善於周，莫不善於漢。夫水利之在天下，猶人之血氣。然一息之不通，則四體非復吾正德本、唐本、章本、陳本均作「為」，誤有。大而江河川澤，微而溝洫畎黃本、任本、唐本、章本均作「畎」，是。《周禮·冬官考工記·匠人》：「匠人為溝洫……一耦之伐，廣尺深尺，謂之畎……謂之遂……謂之溝……謂之洫……謂之澮。」鄭玄注：「畖，畎也。」另：《尚書·益稷》：「濬畎澮距川。」蔡沈《傳》：「畎澮之間有遂、有溝、有洫，皆通田間水道，以小注大。」《史記·夏本紀》：「濬畎澮致之川。」裴駰《史記集解》引鄭玄曰：「畎澮，田間溝也。」澮，其小大雖不同，而其疏通導達、不可使一國黃本、任本均作「日」，誤之壅閼章本作「害」，誤則一任本作「可」，誤也。成周之盡力於溝洫，西漢之用功於河渠，不貪小利以害大謀，不急近功以遺遠害。田畝有灌溉之益，川澤無壅塞之憂，此《周禮》述章本作「通」，誤溝洫，遷《史》書河渠之利歟。且成周匠人之職：方井之地黃本脫「地」，誤，廣四尺者謂之溝；十里之成，廣八尺者謂之洫；百里之同，廣二尋者謂之澮。《周禮·冬官考工記·匠人》：「九夫為井，井間廣四尺，深四尺，謂之溝；方十里為成，成間廣八尺，深八尺，謂之洫；方百里為同，同間廣二尋，深二仞，謂之澮。」夫自四尺之溝，積而至於二尋之澮，一同之間，其捐膏腴之地以為溝洫之制者，凡幾畝也。小司徒之經土地而井牧其田野。說者論田稅之所出，則百井之地，出田稅者六十有四，而三十六井則治洫也；萬井之地，出田稅者四千九十有六井，而五黃本作「三」，誤千任本作「十」，誤有奇則治溝與澮也。夫自一成之地，積而至於一同，萬夫之眾，其捐賦稅之入以治溝洫章本另有「畎澮」二字，誤。此與前句句式相同之利者，凡章本脫「凡」，誤幾人也。成周之君，豈不愛膏腴之地、賦斂之入此承前所言「捐膏腴之地」、「捐賦稅之入」而言。正德本、陳本均作「人」，誤而棄以為無用之溝洫哉？誠以所棄者小、而所利者大，所捐於公上者不能毫髮、而所以福斯民而澤天下者無窮已也。自經界不明，而先王溝洫之制黃本作「治」，誤漫無可考。以九河之地猶失其八支而莫得其跡，則細而溝洫之屬可知矣。天下所謂有才之士始出而以私智經營，雖任本有「則」

〔註38〕 （明）陳繼儒《古論大觀》，《四庫全書存目叢書補編》第 23 冊，齊魯書社 1997 年版，第 223～224 頁。

〔註39〕 （南宋）章如愚《群書考索》，廣陵書社 2008 年版，第 427～428 頁。

其利澤不博，未及古人偏（正德本、陳本均作「偏」，誤）利天下之意，不猶愈於後世與（唐本、陳本均作「興」，誤）水爭地、貪尺寸之利而遺無窮之害哉！

　　自春秋戰國濬其源，西漢道（黃本、正德本、唐本、章本、陳本均作「導」，是）其流，而河渠之水利詳矣。孫叔敖起芍陂，楚受其惠；文翁穿溇（黃本作「腴」，誤。酈道元《水經注‧江水》：「文翁穿湔溇。」杜佑《通典‧田制下》：「漢文帝以文翁為蜀郡太守，穿煎溇口。」鄭樵《通志》、馬端臨《文獻通考》記載並同）口，蜀以富饒；鑿漳水於魏者，鄴旁有稻粱之詠；導涇水於秦者，谷口（正德本、唐本、章本、陳本均作「涇陽」。事見《漢書‧溝洫志》。下文有「白公引涇水於池陽」句）有禾黍之謠；此見（章本作「建」，誤）於春秋戰國之時也（章本脫「也」，誤）。自漢以來，講明尤備。內而京師，外而列郡，又遠而邊地，源流瓜（黃本、章本均作「派」，是）分，原隰碁布，歷歷可見矣。嚴羆（任本作「嚴熊」，正德本、唐本、陳本均作「嚴能」。《漢書‧溝洫志》作「嚴熊」。《史記‧河渠書》、《通典‧田制下》、《文獻通考‧田賦考六》均作「莊熊羆」，是。《漢書》因避漢明帝劉莊名諱，改「莊」為「嚴」。又省去「熊」字。後世因以致誤）穿龍首渠於馮翊之地（黃本脫「矣嚴羆穿龍首渠於馮翊之地」十二字，但存此句的小字注文）倪寬（黃本、任本、正德本、唐本、陳本均作「兒寬」，義同）穿六輔渠於左內史之治（黃本作「制」，誤），白公引涇水於池陽（陳本作「湯」，誤）之區，決渠降雨，荷插（黃本、正德本、唐本、陳本均作「臿」，任本作「鍤」。《漢書‧溝洫志》作「臿」，《通典‧田制下》作「鍤」）成雲，衣食京師億萬之口，豈非京師之利乎？其他郡（黃本作「渠」，誤）縣，泰山則引汶，東海則引巨定，汝南（黃本、任本、正德本、唐本、章本、陳本均作「海南」，誤。語見《漢書‧溝洫志》）、九江則引淮，朔方、西河（陳本作「朔西方河」，誤。語見《漢書‧溝洫志》）、酒泉諸郡則皆引河（任本脫「河」，誤）及川谷以溉田。陂（唐本、陳本均作「披」，誤。語見《漢書‧溝洫志》）山通道，在在相望，豈非（任本脫「非」，誤。下文有「又豈非邊地之利乎」）諸郡之利乎？輪臺以（章本作「之」，誤。此句章如愚注為桑弘羊奏言，事見《漢書‧西域傳下》。故當作「以」）東，有渠溉田五千頃；而鮮水左右，亦有橋七十所。是雖極邊之地，水道源流無不加意，又豈非邊地之利乎？西漢之君，不計地利之廣狹，不論費役之多寡，不一勞者不永逸，不暫費者不永寧，此漢人得享溉灌之利也！

　　然周漢之（正德本、唐本、章本、陳本均無「之」）所以得水利者，治之者非一官，領之者非一人，得以盡心於溝洫河渠之間。是故《周官》營溝行水之制，則職之匠人，俾任濬導之功也；（匠人為溝洫，凡溝必因水勢，防必因地勢。）

按：括號內文字，任本、正德本均為小字注文，是。下句文後章如愚注曰：「《地官》：『稻人以儲蓄水，以防止水，以溝蕩水，以遂均水，以列舍水，以澮寫水。』」而此句亦是《周禮

冬官考工記・匠人》原文。故此句亦應為章如愚的注文，後因傳抄致誤入正文。另：「儲」，《周禮》作「瀦」止水蓄水之令，則領之稻人，俾專儲蓄《周官・地官司徒・稻人》：「稻人以瀦蓄水」，故當作「瀦」之利也。夫正德本、陳本均作「天」，誤惟瀦之於其始，積之於其終，又安有旱澇之患哉！漢之京師，則少府總禁任本脫「禁」，誤池之事，其屬則有池監、有都水；水陳本此字漫漶衡掌林苑之事，其屬則有水司空、有都水《漢書・百官公卿表》亦作「都水」。黃本作「都司」，誤；三輔以行京師任本作「都」之職；太常以領巴陵之渠。郡國，則九江有陂、湖官《漢書・地理志》：「九江郡有陂官、湖官」，南海則有淮浦官《漢書・地理志》：「南海郡中有洭浦官。」洭水，古水名，即今廣東省連江。故應作「洭」，南郡、江夏則有雲夢官。夫惟既任於其內，又分於其外，又安有壅閼之憂哉！

國章本改為「宋」朝惠養元元此句任本作「下逮有宋」，係任仁發所改，留心水利，三司則有都水監，諸路則有提舉，州有倅貳，邑有丞佐，而又郡有守、邑有令，皆得以行其濬導陳本作「道」，誤儲陳本此字漫漶。黃本、任本均作「瀦」，是蓄之利。故修蕭何之故堰，則若許景山，而廢壞之地復蒙大利，按：正德本以後文字缺失正「鄭公在前、白公起任本、章本均作「在」。《漢書・溝洫志》：民歌之曰：「……鄭國在前，白公在後。」後」之意也；修召信臣之舊渠，則若趙尚寬，而荒瘠按：唐本、章本、陳本均作「廢」。章如愚注：「仁宗朝，有唐州太守趙尚寬者，復修召信臣渠與境內陂堰，向為荒瘠之地變為沃壤。」故當以「荒瘠」為是之場變為沃壤，正「前有召父、後有杜母」之意黃本作「遺」，誤也；築海隄以衛田而民享其利，則如范文正；興水利有功而治累得聲，則如劉彝。得人如是，則其計黃本、唐本、章本、陳本均作「利」，是可勝計黃本作「既」，誤耶？

今日聞此三字，任本作「自時厥後」有論水利之事矣，而不蒙其利；聞任本無「聞」有任水利之官矣，而不行其勞。太唐本、章本、陳本並同，句意不通。黃本、任本均作「夫」，是湖藪陂澤，水之所瀦；而河渠畎任本作「畉」遂，水之所泄。豪民墾之，以獲豐殖之資；官司唐本、章本、陳本均作「私」，誤仰之，以享租輸之久黃本、任本、唐本、章本、陳本均作「入」，是。及其日增歲衍，而水利之故地皆為創置之良田；曩之仰其水利以耕者，今不勝此三字，任本作「乃至不幸而罹」旱溢之害。是固不可以悉舉也。姑以越之鑑湖言之。自漢永和中始闢黃本作「開」，其廣二黃本作「三」，是。王十朋《梅溪集・鑑湖說上》：「在會稽、山陰二縣界中，周回三百五十餘里。」王象之《輿地紀勝》：「鏡湖……週三百十里。」顧祖禹《讀史方輿紀要》「鑑湖，亦名鏡湖……週三百五十八里。」故「二」當為「三」百餘里，而灌溉之利

及於民者為田八千餘頃。及任本有「宋」熙寧中，盜耕其中者九百頃。至近歲，又甚矣此一句，任本無。至取其田以歸之公上，此未害也。而不知所剩任本作「利」者僅數百畝，而利之所入唐本、章本、陳本均作「以」，復未必盡歸之官。所言黃本、任本均作「害」。此句承上文「此未害也」句而言，故當以「害」字為是者凡數千頃，而駸駸不已，則越三郡將任本作「愈」受其弊矣。

倘黃本作「儻」，義同今日任本無「今日」公上不利絲毫之賦，守令不恤豪右之民，毋惑於紛紛之議，毋付唐本此處為一小字注文「闕」於悠悠之事，則何患乎利不具黃本、任本均作「興」、害不除，而使周漢專唐本此處為一小字注文「闕」其利任本有「也」哉？雖然，水利固當舉也任本無「也」，亦未黃本作「非」，誤易輕任本無「輕」舉也。才不辨任本作「幹」者不足任，心不盡者不足任，苟且順從者不足任。上瀝黃本作「糜」，誤帑庫任本作「庾」，下奪農田任本作「時」，隄防一開，水失故道，間黃本、任本均作「則」，誤有指鄰國以為壑陳本作「人」，誤，說《禹貢》而行河者，益以滋陳本作「茲」，誤其謬黃本作「繆」，誤耳！不然，「闉之唐本、陳本均作「閿之」。章本作「聞之」。黃本、任本均作「閜送」，是。蘇軾詩《贈孫莘老》：「天目山前綠浸裾，碧瀾堂下看銜艫。作隄捍水非吾事，閜送苕溪入太湖。」苕溪入太湖」，東坡何託此以諷熙寧任本作「當時」興水利者哉？

三、《古今水利總論》發現的意義

《古今水利總論》共 1700 餘字，是葉適總論古今水利的一篇大文。這篇佚文的發現對研究葉適及永嘉學派有著重要的意義。

（一）為永嘉事功學派的研究提供了新的材料。目前的葉適研究成果，在論述葉適的經濟思想時，多集中於其關於「井田」、「貨幣」等主題的討論。透過本文的主題，可以瞭解到葉適關注現實問題的廣度，從而擴展了永嘉事功學派研究的領域。

史稱葉適「志意慷慨，雅以經濟自負」〔註 40〕。作為永嘉學派的集大成者，推崇事功，關注國計民生，頗多發明。永嘉之學自薛季宣發端，葉適受其影響頗深。呂祖謙《與朱侍講》中曾贊許薛季宣之學：「於世務二三條，如田賦、兵制、地形、水利，甚曾下工夫，眼前殊少其比」〔註41〕，足見永嘉學派

〔註40〕　（元）脫脫《宋史》，中華書局 1977 年版，第 12894 頁。
〔註41〕　（南宋）呂祖謙《東萊集》，《景印文淵閣四庫全書》第 1150 冊，臺灣商務印書館 1986 年版，第 239 頁。

研治範圍之廣。此文的發見為葉適關注水利提供了有力的佐證。

（二）糾正了文獻徵引誤題的現象。由於此文關涉水利，切合民生，因此，在後世的水利、農學著作中屢見徵引。明代耿橘《常熟縣水利全書》即引述了此文裏面的文字。其後，俞汝為編《荒政要覽》，在卷四《開溝渠》一目中據以引用，文後標注為「常熟令《水利書》」。徐光啟《農政全書》又因襲《荒政要覽》的文字，在卷十二《水利‧總論》中據以轉引，並作刪削，文前徑直標注「《荒政要覽》曰」〔註42〕。乾隆年間，鄂爾泰等編修《授時通考》，卷三七《功作門‧灌溉》中類照錄《荒政要覽》所節錄的文字，刪除最末一節，文前標注「《荒政要覽》論曰」〔註43〕。楊鞏《中外農學合編》卷四《農類功作》引用大段文字，文末標注為：「《農政全書》」〔註44〕。閻鎮珩《六典通考》卷一百九十五《溝洫考》迻錄大篇幅的文字，文前注「章如愚曰」〔註45〕，當是據《群書考索》錄文。

由此可見，此篇文字在其他書籍引用時，由於不明作者，以致本來出處湮沒不彰。斷定了《古今水利總論》的作者是葉適，這些文獻徵引的誤題現象也可得以徹底的糾正。

四、餘論

由於中國古代以農立國，水利問題是影響農業的重要因素，故而頗受關注。因此，歷代有關水利的文章、著述數量極為龐大。《古今水利總論》內容豐富，概述古今水利，影響較為深遠。即如文章開篇：「夫水利之在天下，猶人之血氣。然一息之不通，則四體非復吾有」，由於比喻頗為貼切，以致這一觀點在後世作家文章中時有提及。茲條舉三例：

> 予謂水利之在天下，是猶人生血氣貫通於身，無一息之停，否則受患四體，非復吾有。（元‧劉沂《南皮縣郎兒口濬川記》〔註46〕）

〔註42〕（明）徐光啟著，石聲漢校注《農政全書校注》，上海古籍出版社1979年版，第281～282頁。

〔註43〕（清）鄂爾泰著，馬宗申校注、姜義安參校《授時通考校注》第2冊，農業出版社1991年版，第302頁。

〔註44〕（清）楊鞏《中外農學合編》，《四庫未收書輯刊》4輯第23冊，北京出版社1997年版，第83頁。

〔註45〕（清）閻鎮珩《六典通考》下冊，江蘇廣陵古籍刻印社1990年版，第478～479頁。

〔註46〕李修生主編《全元文》第58冊，鳳凰出版社2004年版，第176頁。

　　　　余因嗟夫水利之在天下，猶人之血氣，然一息不通，則四體非
　　復吾有。(明・解縉《疏源記》〔註47〕)

　　　　水利之在天下，猶元氣之在一身，一息不通，則患害及之。(明・
　　王仲謙《重修官港記》〔註48〕)

　　劉沂、解縉、王仲謙論水利重要性，均以人之血氣相比擬，顯然是沿襲葉
適之論。同時，明瞭立論的依據，不難發現劉沂《南皮縣郎兒口濬川記》「否
則受患四體，非復吾有」一句，實則句讀有誤，當點讀為「否則受患，四體非
復吾有」，可補正《全元文》之失誤。

　　此外，明代潘遊龍輯《康濟譜》二十五卷，乃政論性類書，卷二十四《水
利》中有《溝洫總論》一篇，比勘文本，可知乃是撮錄《古今水利總論》全文
而成。然而文首僅稱「昔人謂」〔註49〕，足見潘遊龍亦不明作者。本文考訂了
《古今水利總論》的作者為葉適，並參校眾本，期於整理出較為完備、準確的
文本，以供學界參考。

　　開林按：清陳仲良輯《溝洫水利輯說》八卷，書中節引「葉氏時曰」，實
出自《古今水利總論》。「葉氏時曰」恐為「葉氏適曰」之誤。附圖如下：

〔註47〕萬安縣地方志編纂委員會編《萬安縣志》，黃山書社1996年版，第825頁。

〔註48〕（清）李維鈺、雙鼎主修，（清）官獻瑤總纂《光緒漳州府志》，《中國地方志
　　　　集成・福建府縣志輯》29，上海書店出版社2000年版，第1041頁。

〔註49〕（明）潘遊龍輯《康濟譜》，《四庫禁燬書叢刊》史部第7冊，北京出版社1997
　　　　年版，第709頁。

溝洫水利輯說

嘗閱數年數十年有若閒置而一旦用之乃知

其見功為不小未可以目前之形而忘久遠之

慮也此言最得周官瀦防之意

葉氏時曰匠人為溝洫與遂人之名本同鄭康成

雜以司馬法卽甸旁加里數以治溝洫之說所以

紛紛今以周禮為定遂人曰夫間有遂言一夫百

畝之田必有遂匠人曰一耦之伐廣尺深尺謂之

畎此言十畝之田首倍之廣二尺深二尺謂之

遂此一夫之遂是也遂人曰十夫有溝井方一里田

三三

九百畝此言十夫𦊆成數也十夫千畝之田必有

六編清代稿鈔本　第二七五冊

溝匠人曰九夫為井井間廣四尺深四尺謂之溝

是也遂人曰百夫有洫言十里萬畝之田必有洫

匠人曰十里為成成間廣八尺深八尺謂之洫是

也遂人曰千夫有澮言百里十萬畝之田必有澮

匠人曰千夫有澮言百里十萬畝之田必有澮

匠人曰十里為成成間廣二尋深二仞謂之澮是

也遂人曰萬夫有川言千里百萬畝之田必有川

匠人曰專達於川是也遂人言千里之地故為萬

夫匠人言百里之治故止一同爾大率十遂而通

溝洫水利輯說

一溝十溝而遂一涇十涇而道一澮十澮而通大

川周田百畝之間水溢則可以洩害岸乾則可以

儲利無溝洫何以為井田乎既為遂溝洫澮川以

備灌溉又為徑畛塗道路以遍徃來謂之以達於

畿則通鄉遂皆然也不惟鄉遂為然案司險掌九

州之圖設五溝五塗而達其道路以此見漢雖...

制通九州皆然也然遂人特言溝洫之制云爾而

稻人一官又敎民以作田興水之法焉以潴畜水

以防止水備乾涸也以溝蕩水以遂均水歛流通

三五

欽定義疏集五溝五塗遂人所治也而於司險復曰設者

不利於驅車此畫東其畆齊人所以青晉也

以道水道即以限戎馬徑畛塗道路唯便農民而

王氏應電曰井田中有無刑之險固遂溝洫澮川

禁而達其道路

司險設國之五溝五塗而樹之林以為阻固皆有守

此歲事之所以屢豐與粢此貢通遂人匠人之法最為明晰

常而地利之瀦鴻有節此農夫之所恃以無恐懼

也以列舍水以澮鴻水防逆溢也天時之乾溢不

四庫本《牧庵集》所收《唐詩鼓吹注序》辨誤

摘　要

　　元好問編、郝天挺注《唐詩鼓吹》載有趙孟頫、武乙昌、姚燧序，盧摯後序。因姚燧《牧庵集》於明清之際亡佚，四庫館臣據《永樂大典》輯錄其作品，排比編次，釐為《牧庵集》36 卷，意義重大，然頗多謬誤。卷 3 所收《唐詩鼓吹注序》，乃拼接武乙昌序文前半部、姚燧序文後半部而成。《全元文》、查洪德編校《牧庵集》沿襲其誤，失之考訂。同時，武乙昌序佚失已久，諸書不載，賴《皕宋樓藏書志》以存，亦有價值。

關鍵詞：姚燧；《牧庵集》；《姚燧集》；辨誤；《唐詩鼓吹注》

　　姚燧（1238～1313），字端甫，號牧庵。洛陽（今河南洛陽）人。元代著名文學家。著有《牧庵集》50 卷，到「明之中期已經罕有其傳，最後佚於明清之際」〔註1〕。清代編修《四庫全書》時，四庫館臣從《永樂大典》中輯錄其作品，排比編次，釐為《牧庵集》36 卷，對姚燧作品的留存和傳播產生了深遠影響。其後，《武英殿聚珍版書》、《四部叢刊》、《叢書集成初編》本《牧庵集》均據四庫本影印或排印。

　　然而，四庫本《牧庵集》的輯錄也存在一些問題，比如作品誤收、漏收等。《全元文》、《全元詩》所收姚燧文、詩均據此加以整理考訂，針對這些不足之處，多有抉發。查洪德先生研治《牧庵集》用力至勤，對此多有考索。〔註2〕

〔註1〕　（元）姚燧著，查德洪整理《姚燧集》，人民文學出版社 2011 年版，第 32 頁。
〔註2〕　查洪德《四庫輯本姚燧〈牧庵集〉漏收誤收考》，《晉陽學刊》2010 年第 4 期。

在四庫本《牧庵集》的基礎上，查先生博考載籍，爬梳剔抉、編校出版《姚燧集》一書，在姚燧詩文輯佚、辨誤、校勘方面頗多創獲，代表了姚燧作品整理的最高水平。〔註3〕不過，千慮一失，就姚燧文章而言，四庫本《牧庵集》中的訛誤依然被《全元文》、《姚燧集》所沿襲，並未得到完全的清理。本文擬就《牧庵集》卷3所收《唐詩鼓吹注序》的文本加以考辨，以就正於方家。

一、姚燧《唐詩鼓吹注序》及徵引情況

《唐詩鼓吹》乃元好問所編的唐人七言律詩選集，共十卷，入選詩人九十六家，詩作五百九十六首。其後，元好問的門人郝天挺為該書作注。姚燧曾寫有《唐詩鼓吹注序》一篇，文載四庫本《牧庵集》卷3，迻錄如下：

> 鼓吹軍樂也，大駕前後部設之，役數百人。具器惟鉦、鼓、長鳴、中鳴、觱篥，皆金、革、竹，無絲，惟取便於騎。作大朝會，則置案於宮縣間，雜而奏之，最聲之宏壯而震厲者也，或以旌武功而殺其數。取以名書，則由高宗退居德壽，嘗纂唐宋遺事，為《幽閒鼓吹》，故遺山本之，選唐詩近體六百餘篇，亦以是名，豈永歌之，其聲亦可齒是歟？嘗疑遺山論詩，於西崑有「無人作鄭箋」之恨，漫不知何說，心竊異之。後聞高史部談遺山誦義山《錦瑟》中四偶句，以為寓意於適怨清和，始知謂鄭箋者，殆是事也。遺山代人，雲南參政郝公新齋視為鄉先生，自童子時，嘗親几杖，得其去取之指歸。恐其遺忘，以易數寒暑之勤，既輯所聞與奇文隱事之雜見他書者，悉附章下，則公可當元門忠臣，其又鄭箋之孔疏歟？公將種也，父兄再世數人，皆長萬夫，於鼓吹之賠攘稍而導繡憶者，似已飫聞。晚乃同文人詞士以是選為後部，寂寂而自隨，無亦太希聲乎？其亦宏壯而震厲者，亦有時乎為用也。《兵志》有之：「不恃敵之不我攻。」走聞江南詩學，壘有元戎，壇有精騎。假有詩敵挑戰而前，公以元戎握機於中，無有精騎，孰與出御？走頗知詩，或少數年，使得備精騎之一曲，橫槊於筆陣間，必能劘壘得儁而還。惜今白首，不得公一振凱也。公由陝西憲長，以宣撫使巡行郡國河淮之南，欲序，故燧書此。〔註4〕

〔註3〕 任洪敏《論〈姚燧集〉出版與元代詩文研究》，《元代文獻與文化研究》第三輯，中華書局 2015 年版，第 320～326 頁。

〔註4〕 （元）姚燧《牧庵集》，《景印文淵閣四庫全書》第 1201 冊，臺灣商務印書館 1987 年版，第 427～428 頁。

　　姚燧所作序，叢書集成初編本《牧庵集》〔註5〕、《全元文》第9冊〔註6〕、查洪德整理本《姚燧集》〔註7〕並所收錄，文本相同。楊守敬《日本訪書志》卷13著錄朝鮮活字本《注唐詩鼓吹》十卷，稱：「通行本有趙孟頫序，此本佚之，而此本有姚燧一序，則又通行本之所無」〔註8〕，因此據以錄文。文本與四庫本相較，僅個別文字稍有出入。

　　由於姚燧文名甚大，此文為其論詩文字，故屢被學界徵引。吳文治主編《遼金元詩話全編》第二冊輯錄《姚燧詩話》十六則，第一則即此序文全篇〔註9〕。陳文新主編《中國文學編年史（元代卷）》於至大元年（1308）九月載「趙孟頫序郝天挺所注《唐詩鼓吹》」，引錄「遺山代人」至文尾一段〔註10〕。王齊洲、畢彩霞編著《〈新唐書・藝文志〉著錄小說集解》著錄張固《幽閒鼓吹》，集解時據四庫本《姚燧集》節引了「高宗退居德壽，嘗纂唐宋遺事，為《幽閒皷吹》」一段〔註11〕，實則高宗乃宋高宗趙構，與唐代張固的《幽閒鼓吹》並無關聯。張靜《元好問詩歌接受史》第七章《元好問論詩絕句的接受研究》據四庫本《姚燧集》節引了「『無人作鄭箋』之恨」。〔註12〕張毅著《唐詩接受史》第三章第二節《〈唐詩鼓吹集〉的編選》即據整理本《姚燧集》節引了前半部文字〔註13〕。

　　郭沫若曾說：「無論做任何研究，材料的檢驗是最必要的基礎階段。材料不夠固然大成問題，而材料的真偽或時代性如未規定清楚，那比缺乏材料還更加危險。因為材料缺乏，頂多得不出結論而已，而材料不正確便會得出錯誤的結論。這樣的結論比沒有更要有害。」〔註14〕郭先生突出強調了在學術

〔註5〕　（元）姚燧《牧庵集》，中華書局1985年版，第31～32頁。
〔註6〕　李修生主編《全元文》第9冊，江蘇古籍出版社1999年版，第389頁。
〔註7〕　（元）姚燧著，查德洪整理《姚燧集》，人民文學出版社2011年版，第46～47頁。
〔註8〕　楊守敬《日本訪書志》，《續修四庫全書》第930冊，上海古籍出版社1995年版，第694～695頁。
〔註9〕　吳文治主編《遼金元詩話全編》第二冊，鳳凰出版社2006年版，第1065頁。
〔註10〕陳文新主編《中國文學編年史》（元代卷），湖南人民出版社2006年版，第158頁。
〔註11〕王齊洲、畢彩霞編著《〈新唐書・藝文志〉著錄小說集解》，嶽麓書社2009年版，第647頁。
〔註12〕張靜《元好問詩歌接受史》，中國社會出版社2010年版，第262頁。
〔註13〕張毅《唐詩接受史》，人民文學出版社2012年版，第141頁。
〔註14〕郭沫若《十批判書》，東方出版社1996年版，第2頁。

研究過程中要特別注意辨別材料的真偽，以確保研究結論的準確性。前舉諸家均援引姚燧《唐詩鼓吹注序》以立論，而並未質疑此序文本的真偽。

二、姚燧《唐詩鼓吹注序》辨誤

今檢陸心源（1834～1894）《皕宋樓藏書志》卷 115 著錄《注唐詩鼓吹》十卷，乃元刊元印本，依次載錄趙孟頫、武乙昌、姚燧序，盧摯後序。迻錄武乙昌、姚燧二序如下：

> 武乙昌《注唐詩鼓吹序》
>
> 鼓吹，軍樂也。大駕前後，設役冠百人，其器惟鉦、鼓、長鳴、中鳴、觱栗，皆金、革、竹，無絲，惟取便於騎。作大朝會，則置案於宮懸間，雜而奏之，最聲之宏壯而震厲者也。或以旌武功而殺其數，取以名書，則由高宗退居德壽，嘗纂唐宋遺事，為《幽閒鼓吹》，故遺山本之。選唐近體六百餘篇，亦以是名。豈永歌之，其聲亦可匹是宏壯震厲者乎？嘗從遺山論詩，於西崑有「無人作鄭箋」之恨，漫不知何說，心切易之。後聞高吏部談遺山誦義山《錦瑟》中四偶句，以為寓意於適怨清和，始知謂鄭箋者，殆是事也。遺山代人，參政郝公書也。吁！《三百五篇》經刪筆之後，得毛訓鄭箋，而六義始大明於天下。漢魏而下之，詩選於蕭統，得六臣之注而候蟲時花皆能感人觀聽。若唐詩則寄興遠而鍛鍊精，持律嚴而引用邃，簡婉而不迫，豐容而有度。左轄公三十年歷登顯要，而函情鉛槧，抉隱發藏，必欲覽者開卷，了然吟諷蹈詠之餘，由是進於溫柔敦厚之教，是亦風遺俗美之基也。歌喜起於虞庭，頌猗那於周廟，又元臣輔治之極功。至大戊申湔省屬儒司以是編鋟之梓，僕實董其事，工將訖，庸公適以使事南來，命僕序。僕以諸閣老雄文在前，謝不敢。公命至再，用拜手書於編末。是年六月十又八日，蜀西武乙昌謹序。〔註15〕
>
> 姚燧《注詩音鼓吹序》
>
> 唐一代詩人，名家者殆數百。體制不一，惟近體拘以音韻，嚴以對偶，起沈、宋而盛於晚唐。迄今幾五百年，未有能精其選者。

〔註15〕（清）陸心源《皕宋樓藏書志》，《續修四庫全書》第 929 冊，上海古籍出版社 1996 年版，第 613 頁。

國初遺山元先生為中州文物冠冕，慨然當精選之筆。自太白、子美外，柳子厚而下，凡九十六家。取其七言律之依於理而有益於性情者，五百八十餘首，名曰《唐詩鼓吹》。如詔章譽於廣庭，百音相宣，而靁韶管籥實張其要眇也。然選既精矣，而詩人指趣，非學識深詣者莫能發之。今中書左丞新齋郝公以舊德為時名臣，蚤嘗講學遺山之門。念此詩不可無注，於是研覃精思，為之訓釋。詩人出處，皆據史傳，詳著下方。使當時作詩之旨，悉浮遊於辭氣之表。而遺山擇詩之意，亦從是可見，真天壤間奇。新齋視為鄉先生，自童子時嘗親几杖，得其去取之指。歸恐其遺忘，以易數寒暑之勤，既輯所聞與奇文隱事之雜見它書者，悉附章下，則公可當元門忠臣。其又鄭箋之孔疏歟？公將種也，父兄再世數人，皆長萬夫，於鼓吹之陪爆鞘之遵繡幟者，似已飫聞。晚乃同文人詞士，以是選為後部，寂寂而自隨，無已太希聲乎。其亦宏壯而震厲者，有時乎為用也。《兵志》有之：「不恃敵之不我攻」，走聞江南詩學，壘有元戎，壇有精騎，假有詩敵挑戰而前，公以元戎握機於中，無有精騎，孰與出御？走頗知詩，或少數年，使得備精騎之一曲，橫槊於筆陳間，必能劘壘得雋而還。惜今白首，不得從公一振凱也。公由陝西憲長，以宣撫奉使河淮之南。欲序，故燧書此。〔註16〕

《皕宋樓藏書志》所載武乙昌、姚燧二篇序文首尾完整。經與四庫本《牧庵集》所收《唐音鼓吹注序》比較，不難發現，四庫本《唐音鼓吹注序》實際上是拼接武乙昌序文前半部、姚燧序文後半部而成。

《注唐詩鼓吹》十卷，私藏書目多有著錄。在陸心源之前，瞿鏞（1794～1846）《鐵琴銅劍樓藏書目錄》卷二十三就曾著錄元刊本《注唐詩鼓吹》，稱「金元好問編，元資善大夫中書左丞郝天挺注，趙孟頫序。姚牧庵謂：『遺山門人郝公新齋童子時，嘗親几杖，得其去取之指歸。恐其遺忘，因輯所聞與奇文隱事之雜見他書者，悉附章下，可當元門忠臣。』牧庵有序，此本佚之。」〔註17〕所引姚燧《注唐詩鼓吹序》的內容與《皕宋樓藏書志》所載正同。

〔註16〕 （清）陸心源《皕宋樓藏書志》，《續修四庫全書》第929冊，上海古籍出版社1996年版，第613～614頁。
〔註17〕 （清）瞿鏞《鐵琴銅劍樓藏書目錄》，上海古籍出版社2000年版，第673頁。

　　值得一提的是，丁丙（1832～1899）《善本書室藏書志》卷三十八著錄《注唐詩鼓吹》十卷，稱元至大戊申江浙儒司刊本，解題先節引趙孟頫序文，又云姚牧庵燧序云：「遺山代人，郝公新齋視為鄉先生，自童子時，嘗親几杖，得其去取之指歸。既輯所聞與奇文隱事之雜見他書者，悉附章下，則公可當元門忠臣，其又鄭箋之孔疏歟」，繼云「又蜀西武乙昌序，又盧摯後跋。」〔註18〕下附按語云：「《四庫提要》引《三餘贅筆》，『此書至大戊申江浙儒司刊本。舊有姚燧、武一昌二《序》，此本佚之。』……今去陸敕先二百載，居然獲得故土原槧，姚、武二序完善，又多大德七年盧摯後序，豈不可寶也耶？」〔註19〕丁丙自稱所得乃元刊本，且諸序俱完備。然而，解題所引姚燧《注唐詩鼓吹序》的內容卻與四庫本《牧庵集》所載一致，頗資疑竇。

　　關於姚燧《唐音鼓吹注序》的寫作時間，亦可略加考索。元代劉時中撰《牧庵年譜》，對姚燧的作品多有繫年。但此序文缺載。盧摯在《注唐詩鼓吹後序》文首提出：「新齋郝公繼先注《唐詩鼓吹集》成，既命江東肅政內翰姚公端父為之序，而盧摯跋於篇末」〔註20〕，文末題署「大德七年倉龍癸卯六月三日後學涿郡盧摯後序」〔註21〕。今檢《牧庵年譜》，載大德五年辛丑，「授中憲大夫、江東憲使」；大德七年癸卯，「是歲嘉平，移節浙西。疑為此年十二月也。」〔註22〕盧摯《後序》作於大德七年（1303）六月三日，並稱姚燧「江東肅政內翰」，則姚燧序文的寫作時間只能在大德五年至大德七年六月三日之前。

三、餘論

　　作為輯錄體目錄的典範，陸心源《皕宋樓藏書志》著錄的序跋極富文獻價值。〔註23〕書中附載武乙昌的序文，為他書所不載，不僅能夠恢復姚燧序文的

〔註18〕（清）丁丙《善本書室藏書志》，《續修四庫全書》第 927 冊，上海古籍出版社 1996 年版，第 644 頁。

〔註19〕（清）丁丙《善本書室藏書志》，《續修四庫全書》第 927 冊，上海古籍出版社 1996 年版，第 644 頁。

〔註20〕（清）陸心源《皕宋樓藏書志》，《續修四庫全書》第 929 冊，上海古籍出版社 1996 年版，第 614 頁。

〔註21〕（清）陸心源《皕宋樓藏書志》，《續修四庫全書》第 929 冊，上海古籍出版社 1996 年版，第 615 頁。

〔註22〕（元）姚燧著，查德洪整理《姚燧集》，人民文學出版社 2011 年版，第 693 頁。

〔註23〕陳開林《〈皕宋樓藏書志〉的輯佚價值——〈全元文〉佚文補目 166 篇》，《湖州師範學院學》報 2016 年第 1 期。

文本原貌，而且其中的信息也頗具意義。

　　武乙昌，《全元文》、《全元詩》均未載其人。據序文中所記，《唐詩鼓吹注》的刊剞實由其董理，序文作於至大戊申（至大元年，1308）六月十八日，較趙孟頫作序時間（同年九月十二日）〔註24〕稍早。另外，程鉅夫《重修南陽書院記》中載：「是役也，實賴鄉人前進士王應龍率之，儒學提舉武乙昌相之」〔註25〕，文章作於大德五年（1301）。據此二則記載，可知武乙昌，蜀西人，生活於元大德、至大年間，並曾擔任南陽儒學提舉。

　　《四庫全書總目》卷188「總集類三」著錄《唐詩鼓吹》十卷，稱：「據都印《三餘贅筆》，此書至大戊申江浙儒司刊本。舊有姚燧、武一昌二《序》，此本佚之。又載燧《序》，謂宋高宗嘗纂唐、宋軼事為《幽閒鼓吹》，故好問本之。」〔註26〕都印（？～1504）〔註27〕《三餘贅筆》二卷，《四庫全書總目》卷127《雜家類存目四》著錄「浙江范懋柱家天一閣藏本」，評價不高，云「惟論鄧攸殺子不情，朱子不當載之於《小學》書中，頗為有見。及陶九成著書、呂洞賓始末、趙緣督姓名、宋高宗作《幽閒鼓吹》數條，差資考證耳。」〔註28〕《三餘贅筆》今存：（1）明鈕氏世學樓鈔本，一卷（《四庫全書存目叢書》子部第101冊）；（2）知不足齋叢書本，不分卷，《叢書集成初編》據之排印。然而，並無《提要》所言之事。四庫館臣所見《三餘贅筆》當為全本，而世學樓鈔本、知不足齋叢書本內容不全。據都印其所載，則武一昌之序佚失已久。

　　今檢施國祁（1750～1824）《元遺山詩集箋注》，於「補載」部分載《唐詩鼓吹序》六則，第二則稱：「武乙昌云：國初遺山元先生為中州文物冠冕，慨然當精選之筆。自太白、子美外，柳子厚而下，凡九十六家。取其七言律之依於理而有益於性情者，五百八十餘首，名曰《唐詩鼓吹》。如韶章譽於廣庭，百音相宣，而靁韜管籥實張其要眇也。至大戊申六月。」〔註29〕比勘文

〔註24〕　（清）陸心源《皕宋樓藏書志》，《續修四庫全書》第929冊，上海古籍出版社1996年版，第614頁。
〔註25〕　李修生主編《全元文》第16冊，江蘇古籍出版社2000年版，第251頁。
〔註26〕　（清）永瑢等《四庫全書總目》，中華書局1965年版，第1706頁。
〔註27〕　周偉民編纂《都印詩話》，吳文治主編《明詩話全編》第2冊，江蘇古籍出版社1997年版，第1431頁。
〔註28〕　（清）永瑢等《四庫全書總目》，中華書局1965年版，第1094頁。
〔註29〕　（金）元好問著，施國祁注《元遺山詩集箋注》，人民文學出版社1958年版，第730～731頁。

本，可以發見施國祁所引武乙昌序文，實為姚燧序文的內容，而題署的時間又恰是武乙昌作序的時間。將二者牽混為一，亦失之考索。施國祁年輩較陸心源早，當未得見元刊本《注唐詩鼓吹》，致有此誤。錢鍾書先生在《談藝錄》第 43 篇專為其《遺山詩注》而發，稱「闕略疏漏，不一而足」〔註30〕「補載」引武乙昌文之失誤，錢先生書中未曾提及，可作補充。據此，也足見武乙昌《注唐詩鼓吹序》之罕見流播，《皕宋樓藏書志》的價值亦可窺見。

〔註30〕錢鍾書《談藝錄》，三聯書店 2008 年版，第 374 頁。

元代作家考述七題
——補正《全元文》、《全元詩》之缺誤

摘　要

　　整體而言，元代文學研究相對薄弱，詩文研究尤其不足。其中，一個重要原因即是文獻的開發和整理相對滯後。《全元文》、《全元詩》作為有元一代詩、文總集，相繼整理出版，為元代詩文研究提供了堅實的平臺，價值巨大。然而，二書卷帙浩繁，且不如《全唐詩》、《全唐文》有前人成果可供參考，兼之成於眾手，因此在編纂過程中難免存在一些問題。就作家小傳而言，有待考訂之處尚有許多。本文稽考載籍，對汪巽元、陶安等七位作家進行考辨，或補二書之缺，或正二書之誤。

關鍵詞：元代作家；元代文學；《全元文》；《全元詩》；總集

　　陳垣先生在上世紀 20 年代曾指出元代「儒學、文學，均盛極一時，而論世者輕之」〔註1〕。總體而言，這一格局迄今並未完全改觀。相較其他朝代而言，學界對元代的關注明顯不足。綜觀元代文學的研究現狀，學界主要集中於元曲的探討；相比之下，元代詩文不太被重視，研究相對滯後。〔註2〕

　　造成這一現狀的因素較多，其中對元代詩文的系統性整理相對不足，客觀制約了全面研究的開展，影響較為明顯。作為有元一代的詩文總集，《全元文》（60 冊）、《全元詩》（68 冊）的相繼出版，為元代詩文研究提供了一個堅實的平臺，對於全面推進元代詩文研究的發展和繁榮有著積極的意義。然而，

〔註1〕陳垣《元西域人華化考》，上海古籍出版社 2000 年年版，第 132 頁。

〔註2〕何躍《論元代文學接受和研究的特點及新思路》，《東方論壇》2014 年第 3 期，第 64～69 頁。

由於工程龐大、典籍浩繁，整理難度較大，兼之成於眾手，且不如《全唐文》、《全唐詩》有前人整理的基礎可循，因而，《全元文》、《全元詩》的編纂不免存在一些問題。就作家小傳而言，有待補正的內容不在少數。本文對其中七位作家進行考辨，以補正二書之缺誤。

一、汪巽元

按：《全元文》21 冊錄其文一篇。《全元詩》65 冊錄汪稱隱詩五首，小傳稱「名不詳，號退密老人」〔註3〕。實則汪稱隱即汪巽元。

明代汪舜民《弘治徽州府志》卷9《人物三》有汪巽元小傳，稱：

> 汪巽元，字稱隱，休寧西門人。宋柳塘先生莘族孫。歷漳、饒二州教授，將仕郎，安仁錢塘主簿。錢塘故劇邑，狡猾藏遊，號為難化。巽元摘發奸伏，嘉孺弱強，治有能名，以建康路總管府判官致仕。號退密老人，有詩八卷。長子孟堅，仕為饒州初庵書院山長；次子希，字仲罕，尤嗜古好學，授慈湖書院山長，歷官石城尹。〔註4〕

其生平大略據此可知。居官期間，為政有方，頗有政績。

另外，方回撰有《定齋先生汪公墓銘》，汪公即是汪巽元之父汪一龍。文載：「子男三人：蒙，進義校尉、建寧路建陽縣主簿；艮，德慶路儒學教授；巽元，漳州路儒學教授。」〔註5〕方回另有《汪蒙元悅心說》稱「予亡友汪君遠翔之冢子，其名頤，其字蒙元」〔註6〕；《汪巽元復心說》「予亡友汪君遠翔之季子，字巽元，其藏修之所曰『復心』」〔註7〕，亦可參證。

關於其著述，《弘治徽州府志》稱「有詩八卷」。而錢大昕《元史藝文志》卷4著錄汪巽元「《退密老人詩》八卷」，其後趙宏恩《乾隆江南通志》卷193《藝文志》、魏源《元史新編》卷94《藝文四》、何紹基《光緒重修安徽通志》卷343《藝文志·集部》、曾廉《元書》卷23《藝文》所載並同。今稽考相關典籍，發現其有多種詩集。迻錄如下：

> 穀江稱隱，年妙而雋於才，故有餘力於詩。今為嚴學正，以郡

〔註3〕楊鐮《全元詩》第 65 冊，中華書局 2013 年版，第 403 頁。
〔註4〕（明）汪舜民《弘治徽州府志》，《天一閣藏明代地方志選刊》，上海古籍書店出社 1962 年版。
〔註5〕李修生《全元文》第 7 冊，江蘇古籍出版社 1999 年版，第 440 頁。
〔註6〕李修生《全元文》第 7 冊，江蘇古籍出版社 1999 年版，第 236 頁。
〔註7〕李修生《全元文》第 7 冊，江蘇古籍出版社 1999 年版，第 236 頁。

檄核士□籍於淳之鄉校。予耄病峽中，稱隱顧焉。出吟卷二集，曰：「子為我評之。」（方逢辰《汪稱隱松蘿集序》）〔註8〕

《瀟灑集》者，復心汪稱隱之吟卷也⋯⋯稱隱，歙人，為州學正，年妙而工於吟。來吾州曾幾何時，錦囊已成巨帙。（方逢振《瀟灑集序》）〔註9〕

詩人汪復心在嚴陵，得詩若干篇，題曰《瀟灑集》。（何夢桂《汪復心瀟灑集序》）〔註10〕

至治初元之秋，新安汪君稱隱以書抵僕，曰：「吾主若安仁簿時，凡賦詩若干首，願子序之。」（李存《汪稱隱安仁詩稿序》）〔註11〕

方逢辰、方逢振、何夢桂、李存，均與汪巽元有交誼。據此四則材料，則汪巽元的詩集有《松蘿集》、《瀟灑集》、《安仁詩稿》。

此外，友朋之間贈答詩文較多，如方回有《寄題汪稱隱海陽船亭》詩，陳櫟《定宇集》有《答汪稱隱》文、《次汪稱隱府判退休言懷（並序）》詩、《賀汪稱隱壽藏五首》詩。其中，《賀汪稱隱壽藏五首》第二首，詩云：

自述公真善自知，我生觀處孰觀頤。耆英初過馬君實，銘筆早逢王獻之。著腳家山真覺穩，回頭宦路始經危。先時不利後人好，永宅修期畢自為。〔註12〕

第四句下有注：「王仲儀為作生前誌銘」。王仲儀即王儀，汪澤民有《王仲儀文集序》。惜乎《王仲儀文集》今不傳，此銘亦未之見。

二、林起宗

按：《全元文》21冊錄其文一篇，小傳僅言其為「順德人」。《全元詩》未收此人，當無詩作存世。今考蘇天爵有《內丘林先生墓碣銘》，林先生即林起宗。今節錄如下：

從而作興者，不無人焉，順德內丘林君蓋其一也。君諱起宗，字伯始。⋯⋯作《志學指南圖》，以為學道之標準；《心學淵源圖》，

〔註8〕（宋）方逢辰《蛟峰集》，《宋集珍本叢刊》第86冊，線裝書局2004年版，第686頁。

〔註9〕李修生《全元文》第8冊，江蘇古籍出版社1999年版，第278頁。

〔註10〕李修生《全元文》第8冊，江蘇古籍出版社，1999年版，第94頁。

〔註11〕李修生《全元文》第33冊，鳳凰出版社2004年版，第361頁。

〔註12〕楊鐮《全元詩》第16冊，中華書局2013年版，第147頁。

以為入聖之極功。及作《中庸》《大學》《論語》《孟子》諸圖、《孝經圖解》、《小學題辭發明》、《魯庵家說》，共數十卷，大抵皆以程朱之言為主。……享年七十有六，復號至元之三年二月九日終於家，葬邑西南永安里。〔註13〕

蘇天爵記載頗詳，可知林起宗乃劉因門人，其生卒年可推斷為 1262～1337 年，生平著述亦由此可知。明代馮從吾《元儒考略》卷 2、李賢《明一統志》卷 4、凌迪知《萬姓統譜》卷 64，清代李衛《雍正畿輔通志》卷 78 有其小傳，考索傳文，乃撮錄蘇天爵《內丘林先生墓碣銘》而成。

另外，陳德永有《送同知黃岩事林起宗滿歸》〔註14〕，則其曾同知黃岩事。

三、周文英

按：《全元文》重收周文英文，分見 35 冊、51 冊，二處小傳均稱周文英至正初年卒。其詩載《全元詩》67 冊，小傳稱「生平不詳」。今考周南《跋方回續宋魏了翁古今考》，稱「泰定甲子，先君文英任鹽官州幕職」，續云「後十年知州來吳，則知其所藏者皆毀於火。又十年，先君亦奄棄」〔註15〕。自泰定甲子（1324）起算，越 20 年即至正四年（1344），則周文英當卒於此年。周南乃其子，所載當不誤。

四、陶凱

按：陶凱，文載《全元文》58 冊，詩載《全元詩》58 冊。二書小傳均稱其為臨海人。關於其籍貫，有多種記載，分列如下。一說為「臨海人」。明代俞汝楫編《禮部志稿》110 卷，第 51 卷《列傳》中有《尚書陶凱傳》，稱：「陶凱，字仲立，浙江臨海人。〔註16〕」《明史》卷 136 本傳稱「陶凱字中立，臨海人。……八年，起為國子祭酒。明年改晉王府左相。〔註17〕」查繼佐《罪惟錄》卷 8《啟運諸臣列傳中》本傳同。《全元文》小傳言其為「臨海人」，即據《明史》立論。俞汝楫為明代人，與陶凱的生活時代較近，其說當

〔註13〕李修生《全元文》第 40 冊，鳳凰出版社 2004 年版，第 364～365 頁。
〔註14〕楊鐮《全元詩》第 49 冊，中華書局 2013 年版，第 165 頁。
〔註15〕李修生《全元文》第 46 冊，鳳凰出版社 2004 年版，第 539 頁。
〔註16〕（明）俞汝楫《禮部志稿》，《景印文淵閣四庫全書》第 597 冊，臺灣商務印書館 1987 年版，第 946 頁。
〔註17〕（清）張廷玉《明史》第 13 冊，中華書局 1974 年版，第 3934 頁。

可信。

一說為「天台人」。錢謙益《列朝詩集小傳》甲集載：「凱字中立，天台人。……八年，召為國子祭酒，復以參政致仕。自稱耐久道人。上曰：『何自賤也。』尋竟坐罪。〔註18〕」朱彝尊《靜志居詩話》卷2所載同。〔註19〕而陶凱有《送楊公象賢歸澶淵序》一文（《全元文》失收），文末題署「瓊台山人陶凱」。瓊台山，在浙江省天台縣天台山西北。陶凱自稱「瓊台山人」，亦可備一說。

一說為「江都人」。《四庫全書總目》卷60《史部存目二》著錄《宰君政績書》，稱：「元陶凱撰。凱字中元，江都人。以至正七年丁亥鄉試榜授永豐教諭。適永豐令宰中受代去，縣之父老子弟願以中善政刻諸石。凱因序中政績，為此書，以《贈言》、《學記》等篇附焉。」〔註20〕言其為「江都人」，僅此一見，不足為據。且《提要》所載陶凱表字中遠，亦與其他記載出有入。

關於其生卒年，一般著作均言不詳，《全元文》、《全元詩》亦未考定。魏橋主編《浙江省人物志》，所列台州市人物中有其傳，稱其卒年為1373年〔註21〕，即洪武六年。然前舉諸書均載其洪武八年之事，卒於1373年之說顯然不能成立。另《罪惟錄》本傳載：

> 八年，召為國子祭酒，請老，復以參政致仕。自稱耐久道人，上聞之，怒曰：「何自微也？」上又常夢龍繞凱門，益疑之。先是，凱密謂弟中吉曰：「汝可候我。明年二三月，數將至矣。」至期，上遣高麗，誤用符驗，坐與知罪，並死。凱有牌可免一死，不以自表。上尋悔之。楚王求師不可得，憤投金水橋下。〔註22〕

《明史》本傳亦載此事：

> 凱嘗自號耐久道人，帝聞而惡之。坐在禮部時，朝使往高麗，主客曹誤用符驗，論死。〔註23〕

則陶凱之死乃因「主客曹誤用符驗」而受牽連。然二書的記載均較為含糊。其被禍經過及具體時間見《禮部志稿》：

〔註18〕（清）錢謙益《列朝詩集小傳》，上海古籍出版社1983年版，第96頁。
〔註19〕（清）朱彝尊《靜志居詩話》，人民文學出版社1990年版，第47頁。
〔註20〕（清）永瑢《四庫全書總目》，中華書局，1965年版，第538頁。
〔註21〕魏橋《浙江省人物志》，浙江人民出版社2005年版，第1002頁。
〔註22〕（清）查繼佐《罪惟錄》第2冊，浙江古籍出版社1986年版，第1411頁。
〔註23〕（清）張廷玉《明史》第13冊，中華書局1974年版，第3934～3935頁。

會使高麗，主客誤用符驗，上坐與知罪。遂曰：「臣受知陛下，官高二品，壽至七旬，死復何憾。」雖向有金牌免死之旨，亦不自表也。翼日，上傷悼之，贈太子少保，以旌其忠。洪武八年三月也。葬長潭山下。〔註24〕

由此可見，陶凱的卒年為洪武八年（1375），當無疑義。由其「壽至七旬」之語推算，其生年似在元成宗大德六年（1306）左右。

五、林希元

按：林希元文載《全元文》58冊、詩載《全元詩》37冊，小傳均稱其為「天台人」。清代鄭僑《康熙上虞縣志》卷11《官師志二》有其傳，云：

林希元，號長林子。福建人，遊寓天台。登至正壬辰進士。由翰林出尹虞尹，廉幹有聲，歷官四年，終始如一。妻子恒有饑色，元處之泰然也。時白馬、西溪兩湖民倚田侵佔，甚妨水利。元乃定墾田數，悉復為湖。自是歲旱，公私無損。著《西溪湖條議》並《賦》，以垂不朽。重建明倫堂，纂修邑志。嘗請建箕子廟於遼東，祀董仲舒於文廟，皆有功於名教。政績上聞，擢南臺御史，命甫下而卒。貧不能葬，義士趙汝能營棺，劉坦之捐山，葬瑞瑱之原。子清貧不能歸送，遂家於虞。所著有《長林文集》，不特事功卓異，更且文章名世。祀名宦。〔註25〕

據此，可知林希元本為福建人，而後遊寓天台。任職期間，頗有政績。另外，林希元與同時的文人貢師泰、周伯琦過從甚密。貢師泰《玩齋集》有《送林希元應奉赴上虞縣尹》、《台州留別林希元》詩，周伯琦《近光集》亦有《送應奉林希元赴上虞令二首》詩。貢師泰《盧氏紀言序》文中稱「新安程以文、天台林希元，又皆當世文章之士」〔註26〕，則其亦工於文章。《全元文》僅錄其文3篇，可知作品散佚較多。

此外，元代孔齊《至正直記》卷2《希元報應》載：

天台林希元，嘗館於其鄉張大本家，私通其女。遊宦於京師，又

〔註24〕（明）俞汝楫《禮部志稿》，《景印文淵閣四庫全書》第597冊，臺灣商務印書館1987年版，第946頁。

〔註25〕（清）鄭僑《康熙上虞縣志》，《中國方志叢書：華中地區》第545號，成文出版社1983年版，第642～644頁。

〔註26〕李修生《全元文》第45冊，鳳凰出版社2004年版，第177頁。

通館人之婦，就娶為妻。後為上虞縣尹，妻妾淫奔，希元防閑太甚，
獨官三年，卒於縣。其妻通於希元姊之子徐生，復以女妻之。張大本
者，乃攜女出更適人，一時狼籍，人人皆恥之。此報應之速也。雖居
官能廉，交友能信，且能文章，甚為士大夫之所惜耳。〔註27〕

　　孔齊稱林希元「居官能廉，交友能信，且能文章」，與《康熙上虞縣志》
所載相符。惟任上虞縣尹時間，《至正直記》稱三年，《康熙上虞縣志》稱四
年，相差一年，當為起算年份不同所致。林希元出任上虞縣尹的時間為至正
十二年（1352），明載貢師泰《上虞縣復湖記》，故其卒年當為 1355 年。《全
元詩》小傳載林希元卒於 1350 年，顯誤。

六、宋紹明

　　按：文載《全元文》58 冊，小傳不言其表字。今檢宋褧（1294～1346）
《宋氏七子名字序》載：「至元丁丑春，齊人宋紹明子達由西南兩行臺御史召
拜內臺監察御史」〔註28〕，據此，則宋紹明為齊人，且至元丁丑年（順帝至元
三年，1337）任內臺監察御史。而《全元文》所收宋紹明為山東鄒平人，《元
史》卷 39 載，順帝至元三年春正月「戊午，帝獵於柳林，凡三十五日。監察
御史醜的、宋紹明進諫，帝嘉納之，賜金、幣」〔註29〕。就籍貫、官職而言，
宋褧所載與《全元文》所錄當為一人，則宋紹明表字為子達，自無疑義。

　　《全元詩》未載宋紹明，當未見其詩。今考明代樊深《嘉靖河間府志》
卷 3《建置志》，於「董子祠」下附錄相關詩文。其中，有「元監察御史宋紹
明詩」二首。詩云：「漢武賢良獨數君，至今三策有餘芬。英靈耿耿臨鄉土，
祠宇空碑對日曛。」「連村禾黍名猶昔，古址荒蕪草自春。慨想江都為相日，
高風千古更誰倫。」〔註30〕此二詩當為宋紹明所作。

　　然而，明代李賢《明一統志》所載稍有不同。該書卷 2 載「董家裏」，
注中稱：「其別墅曰董家裏，一名董學村。朱紹明詩：連村禾黍名猶昔，故
址荒蕪草自春。慨想江都為相日，高風千古更誰倫」〔註31〕。則以此詩作者

〔註27〕　（元）孔齊《至正直記》，上海：上海古籍出版社 1987 年版，第 56 頁。
〔註28〕　李修生《全元文》第 39 冊，鳳凰出版社 2004 年版，第 315 頁。
〔註29〕　（明）宋濂《元史》第 3 冊，中華書局 1976 年版，第 838 頁。
〔註30〕　（明）樊深《嘉靖河間府志》，《天一閣藏明代地方志選刊》，上海古籍書店出
　　　　　版社 1962 年版。
〔註31〕　（明）李賢《明一統志》，《景印文淵閣四庫全書》第 472 冊，臺灣商務印書館
　　　　　1987 年版，第 63 頁。

為朱紹明。其後，彭大翼《山堂肆考》卷 26 所載同。然《全元文》、《全元詩》均未收錄朱紹明的作品。宋、朱二字形近，孰是孰非，今不可確考，但這兩首詩可補入《全元詩》。

七、周原誠

按：文載《全元文》59 冊，小傳稱「周原誠，石泉（今屬四川）人」。《全元詩》據程敏政《新安文獻志》稱其為歙人。二書所載不同，今詳加考釋。

二書所載周原誠的小傳，均據明代程敏政之說而立論。程敏政《篁墩文集》卷 48 有《義官方君墓誌銘》，文中稱「方氏譜，鄉先生石泉周原誠所編也」〔註32〕。《全元文》即據此斷定周原誠為石泉人。然該文首云：「君諱旻，字仲高，姓方氏。世居歙之靈山」。既然方旻為歙人，又稱「鄉先生石泉周原誠」〔註33〕，則周原誠當為歙人。

考明代汪舜民《弘治徽州府志》卷 9《人物志》，隱逸類有其小傳。傳云：「周原誠，字彥明，歙在城人。號澹如居士，又號石泉。幼嗜學，及長專意訓迪後進。嘗作《春秋王正月辨》及先天圖、太極圖、河圖洛書論，年六十一卒。」〔註34〕《民國歙縣志》卷 7《人物志・文苑》所載近同。據此，則石泉乃周原誠之別號，《全元文》誤以為其籍貫，失考。

《全元文》收周原誠撰《師山先生哀辭》，師山先生即鄭玉。檢鄭玉集中有《周榮之墓表》。其文曰：

> 泰定間，先大夫為祁門縣尉，閉戶不與人接。遇有疑獄，獨召縣史周榮之與語，至夜分不散。余嘗疑而問之，先大夫曰：「是人存心平恕，且熟於律，不肯妄入人於罪，吾故諮焉。」及先大夫不祿，而榮之亦不復任州縣，謝絕人事，不相聞問者數年。已而聞郡中有佳士曰周原誠者，且篤於操行，莫知其誰何氏之子也。及其來見，則知為榮之之子。居無何，郡陷於賊。賊平，則榮之己死矣。原誠

〔註32〕（明）程敏政《篁墩文集》，《景印文淵閣四庫全書》第 1253 冊，臺灣商務印書館 1987 年版，第 162 頁。
〔註33〕（明）程敏政《篁墩文集》，《景印文淵閣四庫全書》第 1253 冊，臺灣商務印書館 1987 年版，第 163 頁。
〔註34〕（明）汪舜民《弘治徽州府志》，《天一閣藏明代地方志選刊》，上海古籍書店出社 1962 年版。

—64—

乃以銘誄請。周氏其先休寧人。榮之高祖諱尚文，始遷居郡城中，

為歙縣人。〔註35〕

周榮之乃周原誠之父，鄭玉明言其為歙縣人。

另外，從現存周原誠的作品來考察，亦有佐證。其文有《全元文》所收《蜀源鮑孝婦傳》、《程氏姒娌節義傳》、《師山先生哀辭》，詩有程敏政《新安文獻志》卷51下《張孝子詩》、卷54《吳氏春雨亭》，均為表彰鄉賢而作。其為歙縣人無疑。

〔註35〕李修生《全元文》第46冊，鳳凰出版社2004年版，第402頁。

《全元文》誤收作家考甄

摘　要

　　斷代總集的編纂都存在作家收錄標準的界定問題。元代立國不足百年,上與南宋、金國交集並立,下接明代,以致《全元文》作家的收錄標準頗為複雜。通過考辨作家生平、作品,確知《全元文》誤收其他朝代作家共計二十五人,其中,唐代一人、宋代八人、金代五人、明代九人、清代二人。本文予以甄別。易代之際的作家,朝代歸屬存有爭議,則不予討論。

關鍵詞:《全元文》;誤收作家;總集;考甄

　　由北京師範大學古籍所李修生先生主編的《全元文》,自 1999 年出版第一輯,至 2004 年全部出齊,共 60 冊。作為有元一代的文章總集,《全元文》的出版為元代文學研究提供了極大便利,對於推動元代散文研究的發展和深入有著重大意義。然而,總集的編纂要求「鉅細兼收,義取全備」〔註 1〕,編纂難度較大。職此之故,《全元文》的編纂也存在不少問題。

　　編纂斷代文章總集,首先需要解決的問題,一是確定收錄作品文體的範圍,一是確定收錄作家之時限。「文」的界定比較容易,但時限的界定頗為複雜。元代立國時間較短,處於朝代交錯時期,上與南宋、金朝交集並立,下與明代相接,部分作家身歷二個朝代,其作品究竟歸為哪個朝代,爭議較大。儘管《全元文》在《凡例》中指出原金朝管轄區作家以金朝滅亡時間(1234年)、原南宋管轄區作家以南宋南宋滅亡時間(1279 年)為上限,以元朝滅亡時間(1368 年)為下限,但在具體操作過程之中標準難以掌握。因此,與

〔註 1〕　(清)永瑢《四庫全書總目》,中華書局 1965 年版,第 1721 頁。

先行整理出版的《全宋文》、《全遼金文》而言，《全元文》作家的收錄與二書多有重合。如重見於《全宋文》的作家有鄭思肖、胡次焱、董嗣杲、鄧剡、鮑雲龍等，重見於《全遼金文》的作家有元好問、李俊民等。而《全元文》〔註2〕第59冊收錄的作家如高巽志（95頁）〔註3〕、陶振（310頁）〕〔註4〕，據相關典籍記載，二人均親歷明成祖朱棣發動的「靖難之役」（1399～1402）。其時距元代亡國已逾三十年，其朝代歸屬當以明代為宜。

對此類易代之際的作家，其歸屬存有爭議，本文不作辨析，將另文討論。通過史料的稽考，茲就明顯不屬於元代的作家及其作品予以考甄辨正，以就教於方家。

一、誤收唐代作家作品

1. 張蘊古

按：《全元文》第59冊（621頁）據清康熙二十二年《魏縣志》錄張蘊古《大寶箴》一文。小傳稱「張蘊古，生平不詳」。今考唐代吳兢《貞觀政要》卷8《刑法第三十一》載「張蘊古」事，記其「貞觀二年以幽州總管府記室兼直中書省，表上《大寶箴》。」〔註5〕所附《大寶箴》文字與《全元文》所收相同。並載其貞觀五年「為大理丞」。《舊唐書》卷190列傳第140《文苑上》有傳，云：

> 張蘊古，相州洹水人也。性聰敏，博涉書傳，善綴文，能背碑覆局。尤曉時務，為州閭所稱。自幽州總管府記室直中書省。太宗初即位，上《大寶箴》以諷，其詞曰……太宗嘉之，賜以束帛，除大理丞。〔註6〕

於傳中亦全錄此箴。而《新唐書》中對張蘊古記載頗為簡略。對此，南宋洪邁《容齋五筆》卷第7《張蘊古大寶箴》有所考辨，稱「《新唐史》附其姓名於《文藝·謝偃傳》末，又不載此文」、「《舊唐書》全載此箴，仍專立傳，不知宋景文何為削之也？」〔註7〕《大寶箴》亦見錄清代董誥等編《全唐文》

〔註2〕 本文所引《全宋文》均據上海辭書出版社、安徽教育出版社2006年版，《全元文》（53、55、59冊）均據江蘇鳳凰出版社2004年版。

〔註3〕 （清）朱彝尊《曝書亭序跋》，上海古籍出版社2010年版，第272頁。

〔註4〕 （明）焦竑《國朝獻徵錄》第5冊，臺灣學生書局1984年版，第3032頁。

〔註5〕 （唐）吳兢《貞觀政要》，上海古籍出版社1984年版，第240頁。

〔註6〕 （後晉）劉昫《舊唐書》第15冊，中華書局1975年版，第4992～4993頁。

〔註7〕 （宋）洪邁《容齋隨筆》，上海古籍出版社1978年版，第883～884頁。

卷 154。〔註8〕據此，可以確知張蘊古為唐太宗時期人物。

二、誤收宋代作家作品

1. 鍾世美

按：《全元文》第 53 冊（571 頁）據明代王崇《嘉靖池州府志》錄鍾世美《新修郭西昭明廟碑》一文，以清康熙《池州府志》、清乾隆四十四年《池州府志》、民國九年《杏花村志》參校。今檢《全宋文》第 93 冊（248 頁）亦載此文，題為《元祐廟記》，據清抄本《昭明天子事實》卷下、《民國安徽通志稿》卷 3 錄文。

文首「元初元年夏六月初吉」一句，諸本文字有異。「元初」乃漢安帝年號，而《嘉靖池州府志》卻明注鍾世美文為元人，未解何據。《全元文》據以收錄，失之考辨。《昭明天子事實》、《民國安徽通志稿》中「元初」均作「元祐」。元祐乃宋哲宗年號，共 8 年（1086～1093），故《全宋文》收錄此文。康熙《池州府志》、乾隆四十四年《池州府志》亦作「元祐」。清代趙紹祖《安徽金石略》卷 4 亦載：「宋《新修昭明太子廟碑》，元祐元年鍾世美撰。在貴池，佚文載《貴池縣志》。」〔註9〕

宋代陳均《皇朝編年綱目備要》卷 26 載：「（崇寧元年九月）十一月，詔：『元符之末下詔求言，比以章疏付有司，考其邪正。其言當於理，陳父子兄弟友恭之義者為正等三，自鍾世美以下四十一人悉加旌擢』。」〔註10〕並云「於是，世美已卒」。則崇寧元年（1102），鍾世美已卒。

此事亦載《宋史》卷 19，云「（崇寧元年九月）乙未，詔中書籍元符三年臣僚章疏姓名為正上、正中、正下三等，邪上、邪中、邪下三等」〔註11〕；「庚子，以元符末上書人鍾世美以下四十一人為正等，悉加旌」〔註12〕，所時間與《皇朝編年綱目備要》稍有不同。清代何紹基《光緒重修安徽通志》卷 226 有鍾世美傳。傳云：「鍾世美，字公實，旌德人。元豐初遊上庠，獻書萬言，大略論教化未宣，法制未備，守令不擇，舊疆未復。書入，上亟嘉獎，

〔註8〕（清）董誥《全唐文》第 2 冊，中華書局，1983 年版，第 1574 頁。
〔註9〕（清）趙紹祖《安徽金石略》，《續修四庫全書》第 912 冊，上海古籍出版社 1996 年版，第 229 頁。
〔註10〕（宋）陳均《皇朝編年綱目備要》，中華書局 2006 年版，第 665 頁。
〔註11〕（元）脫脫《宋史》，中華書局 1977 年版，第 364 頁。
〔註12〕（元）脫脫《宋史》，中華書局 1977 年版，第 365 頁。

出示大臣，授將仕郎，充學正。累遷至諫議大夫。著有《陵陽集》。子邦直，通判舒州」；卷343著錄鍾世美「《陵陽集》二十卷」。〔註13〕綜上，鍾世美為宋人，當無疑義。

2. 皇甫選

按：《全元文》第59冊（224頁）據清宣統三年本《涇陽縣志》卷16錄皇甫選《復修三白渠議》。今檢《全宋文》第13冊（250～252頁），錄有皇甫選《言水利疏》一文。比較《復修三白渠議》與《言水利疏》，《復修三白渠議》文本節略不全，而《言水利疏》首尾完整。

據《全宋文》載，《言水利疏》見錄於宛委別藏本《通鑑長編紀事本末》、《宋會要輯稿·食貨》、《玉海》卷22、《宋史》卷94《河渠志》、《續通典》卷4，並將此文繫年為「至道二年二月丁酉」。至道為宋太宗年號，至道二年即公元996年。故皇甫選顯為北宋初期人。

3. 黃洞

按：《全元文》第59冊（304頁）據清乾隆25年《滑縣志》錄《孚濟王廟》一文。而《全宋文》第138冊（343頁）據《民國重修滑縣志》亦收此文，題作《重修孚濟王廟記》，且文末尚有題署，曰「崇寧五年」。崇寧乃宋徽宗年號，崇寧五年即1106年，則黃洞為北宋徽宗時期人。

4. 許洞

按：《古今圖書集成·經濟彙編戎政典》第271卷《金鼓部藝文》錄《釁鼓文》，題署「元許洞」，《全元文》第59冊（335頁）據以收錄。北宋許洞《虎鈐經》卷20第209篇，有《釁鼓文》〔註14〕，其文不全，闕後半。《古今圖書集成》所錄，與《虎鈐經》相較，文字全同，且漏收文末「今則五兵暴露，群醜維橫（下文缺）」二句。許洞，字淵夫，吳郡人。宋真宗咸平三年（1000年）中進士。《自序》言成書於景德元年（1004年）。《古今圖書集成》誤題許洞為元人，《全元文》率爾錄文，失之考辨。

5. 王元燠

按：《全元文》第59冊（561頁）據清康熙四十九年《南康縣志》錄王元燠《南康鼓樓上樑文》。小傳稱「王元燠，生平不詳」。顧炎武《天下郡國

〔註13〕（清）何紹基《光緒重修安徽通志》，清光緒四年刻本。
〔註14〕（北宋）許洞《虎鈐經》，《叢書集成初編》第946冊，中華書局1985年版，第194頁。

利病書》摘其「睠維南埜小邑」四句，注云「元王元煬《南康鼓樓上樑文》」
〔註15〕。《雍正江西通志》卷四照錄《天下郡國利病書》，未加考訂。今考《四
庫全書總目》卷156著錄《東牟集》云：

> 《東牟集》十四卷，宋王洋撰。洋字元煬，山陽人，以省試第
> 二名中宣和六年甲科。紹興初，累官起居舍人，知制誥，直徽猷閣，
> 歷典三郡。其事蹟不見於《宋史》，惟周必大所作集序略紀其行履大
> 概。《嘉定山陽志》中有洋小傳，亦皆採必大序中語，不能有所增益。
> 今考韓淲《澗泉日記》，稱洋在信州城居有荷花水木之趣，因號王南
> 池，闢宴坐一室，號半僧僚。清貧，衣服窶甚，善詩篇云云。《江西
> 通志》亦稱洋僑寓上饒與，曾幾相唱和。以二書所載與集序參考之，
> 蓋亦南渡之清流也。〔註16〕

據此，則王元煬即王洋，字元煬。《總目》稱「曾幾相唱和」，今檢曾幾《茶
山集》、劉一止《苕溪集》中有關王洋的寄懷、倡和之詩較多。《南康鼓樓上
樑文》，《四庫全書》本《東牟集》失收。《全宋文》第177冊錄其文章12卷，
卷12據清同治《南康縣志》輯錄此文。卷首敘其小傳甚詳，考定其生生於北
宋元祐二年（1087），卒於南宋紹興23二十三年（1153）。故王洋顯為兩宋之
交的人物。

6. 萬規

按：《全元文》第59冊（372頁）據明萬曆三十三年《溫州府志》錄萬
規《萬橋記》。今復檢萬曆三十三年《溫州府志》卷2《輿地下》載樂清縣橋
樑，云「萬橋，縣東二十五里，宋萬規建，故名。有記。」〔註17〕明言萬規
乃宋人，《全元文》編者可謂失之眉睫。《雍正浙江通志》卷38、《欽定大清
一統志》卷235、《嘉慶大清一統志》卷304均載萬橋乃「宋萬規建」。《全宋
文》第75冊錄其文二篇，含《萬橋記》，小傳考其為北宋熙寧年間人。

7. 朱昂

按：《全元文》第59冊（398頁）據明萬曆十九年刻本《湖廣總志》錄
《閒情賦》。今考《宋史》卷439《文苑傳一》有《朱昂傳》，傳云：

〔註15〕（清）顧炎武《天下郡國利病書》第5冊，《顧炎武全集》第16冊，上海古籍
　　　　出版社2012年版，第2622頁。

〔註16〕（清）永瑢《四庫全書總目》，中華書局1965年版，第1351頁。

〔註17〕（明）湯日昭、王光蘊纂修《萬曆溫州府志》，《四庫全書存目叢書》史部210
　　　　冊，齊魯書社1996年版，第499頁。

> 朱昂，字舉之。其先京兆人，世家漢陂，唐天復末，徙家南
> 陽。……宋初，為衡州錄事參軍。嘗讀陶潛《閒情賦》而慕之，因
> 廣其辭曰……〔註18〕

《宋史》於「因廣其辭曰」下全錄其賦文，內容與《全元文》所載《閒情賦》全同。《全宋文》錄其文三篇，含此文，題為《廣閒情賦》。《全宋文》小傳考其生卒年為為925～1007年，即由五代入宋之人。

8. 鍾必萬

按：《全元文》第59冊（405頁）據《古今圖書集成》錄《社壇記》。文中稱「信安徐民瞻始來領縣事」，興建設壇。今考《正德松江府志》卷22《守令題名》，載淳熙三年至淳祐八年華亭縣縣令，共38人，中有「徐民瞻」〔註19〕；同書卷12《學校上》載「慶元末徐令民瞻始為堂於學，祀晉陸機陸雲，名其堂曰二俊」〔註20〕。據此可知徐民瞻乃南宋人。且《正德松江府志》卷12亦載鍾必萬，稱「嘉泰中，嘉興守鍾必萬復學田之侵於民者千八百畝有奇」〔註21〕。慶元、嘉泰均為宋寧宗年號，慶元為1195～1200年，嘉泰為1201～1204年，前後相承。時間、地點俱相符合，故鍾必萬乃南宋寧宗時人物。

《全宋文》第293冊（225頁），收其文5篇，含《社壇記》；同冊（350頁）收徐民瞻文二篇。

三、誤收金代作家作品

1. 楊漢卿

按：《全元文》第59冊（219頁）據清雍正十二年《山西通志》錄《重修微子廟記》。此文亦見《全遼金文》，文末題為「天德三年」，而文題下繫年誤為天德二年（1150年）〔註22〕。清嵇璜《續通志》卷170《金石略》、清李光暎《金石文考略》卷15、清孫星衍《寰宇訪碑錄》卷10均稱此文作於「天德三年」。另楊漢卿尚有《重書韓愈伯夷頌》，書於「皇統己巳秋七月（1149年）」。清孫星衍《寰宇訪碑錄》卷10、清葉昌熾《語石》卷10均有記載，著錄為「皇統九年」。清胡聘之《山右石刻叢編》卷19對此有辨正，

〔註18〕（元）脫脫《宋史》，中華書局1977年版，第13005頁。
〔註19〕（明）陳威、顧清纂修《正德松江府志》，齊魯書社1996年版，第699頁。
〔註20〕（明）陳威、顧清纂修《正德松江府志》，齊魯書社1996年版，第551頁。
〔註21〕（明）陳威、顧清纂修《正德松江府志》，齊魯書社1996年版，第552頁。
〔註22〕閻鳳梧《全遼金文》，山西古籍出版社2002年版，第1406～1407頁。

稱「是年十二月海陵弒熙宗，改元天德。碑立七月，故仍稱皇統」〔註23〕。

皇統乃金熙宗年號（1141～1148），天德乃金海陵王年號（1149～1152），前舉楊漢卿二文於此期所撰，當為金代人物。

2 宋九嘉

按：《全元文》第 59 冊（325 頁）據清雍正十年刻本《高陵縣志》錄《集种師道趙天祐馮叔獻諸作勒石序》。宋九嘉，字飛卿，山東夏津人。至寧元年（1213 年）進士。王慶生《金代文學家年譜》有《宋九嘉年譜》〔註24〕，天興二年（1233）卒。據此，則宋九嘉當為金代作家。其詩見《全遼金詩》。

3. 石為楷

按：《全元文》第 59 冊（343 頁）據文淵閣四庫全書本《山西通志》錄《文水龍堂記》。此文亦載明代胡謐《成化山西通志》卷 14，文題下注「石為楷，金醋務都監」，當為金人。重收《全遼金文》〔註 25〕，據康熙十二年《文水縣志》卷 10 錄文。

4. 孔天鑒

按：《全元文》第 59 冊（549 頁）據清雍正十二年《山西通志》錄《洪洞縣學藏書記》。薛瑞兆《〈全元文〉校讀》一文〔註26〕對其人其文均有考辨。孔天鑒當為金人。

5. 曹望之

按：《全元文》第 59 冊（555 頁）據明成化十一年《山西通志》錄《清白堂記》。小傳稱「曹望之，生平不詳」。薛瑞兆《〈全元文〉校讀》一文〔註27〕曾略有補充，並對文中所提及的聞喜令楊子益（字德裕）的資料亦有考辨。曹望之乃金人，作品見《全遼金文》〔註28〕。

〔註23〕（清）胡聘之《山右石刻叢編》，《續修四庫全書》第 907 冊，上海古籍出版社 1996 年版，第 442 頁。

〔註24〕王慶生《金代文學家年譜》，鳳凰出版社 2005 年版，第 572～577 頁。

〔註25〕閻鳳梧《全遼金文》，山西古籍出版社 2002 年版，第 3720～3721 頁。

〔註26〕薛瑞兆《〈全元文〉校讀》，《中國傳統文化與元代文獻國際學術研討會會議論文集》，中華書局 2009 年版，第 125 頁。

〔註27〕薛瑞兆《〈全元文〉校讀》，《中國傳統文化與元代文獻國際學術研討會會議論文集》，中華書局 2009 年版，第 125 頁。

〔註28〕閻鳳梧《全遼金文》，山西古籍出版社 2002 年版，第 1111 頁。

四、誤收明代作家作品

1. 王洪

按：《全元文》第55冊（92頁）據《古今圖書集成·學行典》錄王洪《學訓》，小傳云「事蹟未詳」。今考《四庫全書總目》卷170著錄《毅齋詩文集》8卷、《附錄》1卷，云：

> 明王洪撰。洪字希範，錢塘人。年十八，舉洪武丁丑進士，授行人，尋擢吏科給事中。以薦入翰林，由檢討歷官修撰、侍講，為《永樂大典》副總裁官。《明史·文苑傳》附載《林鴻傳》中，稱：「成祖嘗命洪為文，洪逡巡不應詔。為同列所排，不復進用。」而是集有劉公潛所作《挽洪詩序》及莫琚《後跋》，乃言洪預修國史，會大臣欲載其家瑞異入日曆中，洪持不可。至聞於成祖前，坐謫禮部主事，卒於官。曾棨《挽洪詩》所謂「玉堂分職見孤忠」，亦指是事。《明史》蓋偶遺也。〔註29〕

「年十八，舉洪武丁丑進士」，洪武丁丑乃洪武三十年（1397），據此可推王洪生年為1379年，顯為明代人物無疑。傅璇琮主編《中國古代詩文名著提要（明清卷）》對《毅齋詩文集》亦有相關介紹。

2. 姜昺

按：《全元文》第59冊（233頁）據清光緒二十一年本《平陰縣志》卷四錄姜昺《崔侯去思碑》。今考《平陰縣志》卷3《選舉志》有姜昺，為「成化乙酉」舉人〔註30〕。卷2《職官志》，有表備列自宋至清光緒21年官員，崔姓太守僅有崔冕一人，正德七年任，嘉靖元年由於樸代。任職時間為九年，與《崔侯去思碑》中「茲者九載秩滿，北轅如京」、「奏績九載兮，一誠無替」恰相符合。惟《職官志》官員表中注崔冕為「直隸薊州舉人」〔註31〕，與《崔侯去思碑》文中稱「涇陽崔公」稍有不合。

3. 吳崧

按：《全元文》第59冊（238頁）據1923年本《許昌縣志》卷16錄吳崧《許守華侯去思碑》。今複檢《許昌縣志》，文題下署「元吳伯通」。然卷9

〔註29〕（清）永瑢《四庫全書總目》，中華書局1965年版，第1483頁。

〔註30〕（清）李敬修《光緒平陰縣志》，《中國地方志集成·山東府縣志輯》65，鳳凰出版社2004年版，第307頁。

〔註31〕（清）李敬修《光緒平陰縣志》，《中國地方志集成·山東府縣志輯》65，鳳凰出版社2004年版，第279頁。

《官師下》中，許昌華姓太守僅有成化年間華山一人。名下有注文，「華山，江南無錫人。進士。字仁甫。」〔註32〕則吳伯通為明人。

4. 錢謐

按：《全元文》第 59 冊（244 頁）據清乾隆三十四年《松陽縣志》錄錢謐《道學發明序》。文中稱「余承乏教諭斯邑」。《全元文》小傳據此言「錢謐，松陽縣教諭」。今考清光緒元年刊本《松陽縣志》卷 7《官秩》，錢謐乃明正統年間任松陽縣教諭。其顯為明正統時期人。

另《道學發明》的作者為王文煥，《松陽縣志》卷 9《人物》有傳，稱「王文煥，一名子敬，字叔恭。少負雅操，夙承家學。以元末之亂，不屑仕進。學者成之為西山先生。」生平著述，除《道學發明》外，尚有《大學發明》、《中庸孟子解》、《心鏡圖》、《治心銘》等〔註33〕。則王文煥為元末明初人。而錢謐文中稱「余承乏教諭斯邑，暇日詢異時儒彥有光吾道者，得文煥焉」，並捐俸付梓。則其後於王文煥可知，亦可證其為明代人物。

5. 俞汝為

按：《全元文》第 59 冊（249 頁）據清乾隆三十六年《汝州志》錄《八蜡廟正祀議》。今考《古今圖書集成·方輿彙編職方典》卷 356，連續錄有俞汝為三篇文章，分別為《介之推辨》、《重建通元先生廟碑記》、《八蜡廟正祀議》。《介之推辨》題下署名「俞汝為」，後兩文題下署「前人」，據此可以斷定三篇文章的作者為同一人。

《重建通元先生廟碑記》文中稱張仙廟「歷唐至宋，燬於元」、「明初，改祀漳河廟」，則寫作時間顯為明代。

侯清柏、張培榮在《介之推與寒食清明節》一書中錄有俞汝為詩《綿山弔介子推》：「身將隱矣又焉文，何事龍蛇惕晉君。本為求賢憂若渴，翻令延禍痛如焚。民間禁火寒為節，綿上遺封莽未耘。秋色不知人去遠，蕭條林木自煙雲。」並在小傳中言其有《介之推辨》。俞汝為，字毅夫，江南華亭人。隆慶五年進士。萬曆間以進士官山東僉事，萬曆三十年任沁州知府。其傳見明代何三畏《雲間志略》卷二十一。

〔註32〕 （民國）王秀文修、張庭馥纂《許昌縣志》，《中國方志叢書》華北地方第 103 號，成文出版社 1968 年版，第 501 頁。

〔註33〕 （清）支恒春纂修《松陽縣志》，《中國方志叢書》華中地方第 190 號，成文出版社 1975 年版，第 663 頁。

6. 趙維屏

按：《全元文》第 59 冊（264 頁）據清光緒二十七年《赤城縣志》錄《龍門峽捨身崖烈女贊》。今考清乾隆十三年《赤城縣志》卷 7《人物志》載：

> 田氏，千總田坤女。正統己巳之變，坤戰歿。女年十九，明君擄父亡，不勝義憤，遂投龍門峽死，即所謂捨身崖也。土人穴石壁瘞焉。天順初特旨旌之。〔註34〕

己巳之變，即「土木之變」，事發於明英宗正統十四年（1449 年）。對於田坤之女的英勇行為，後世文人多有題詠。如《赤城縣續志》卷八《藝文志》就載有司馬楓與其妻張可貞的聯句詩《題烈女田氏墓》。趙維屏所詠亦為此人，則顯為明正統以後人。

7. 朱篪

按：《全元文》第 59 冊（405 頁）據《古今圖書集成》錄《顧孝子祠記》，文中提及「余始官泰興」，故《全元文》小傳中言「朱篪，官泰興尹」。今考《光緒泰興縣志·秩官志》中有《古今官屬年表》，載朱篪於明代嘉靖 11 年任泰興縣知縣，表中注明「浙江山陰人，由進士」。15 年由周尚忠代任。〔註35〕則朱篪為明代嘉靖年間人。

瞿冕良編著《中國古籍版刻辭典》有其介紹，稱：「朱篪，明浙江山陰人，字守諧，嘉靖五年進士，任泰興令。刻印過茅大方《希董先生遺書》5 卷。」《嘉靖遼東志》卷一《地理志》有其《九日遊千山》詩一首，題署「山陰朱篪，監察御史」，《次東岩北郭初亭韻》三首、《羅漢洞》一首。〔註36〕

8. 童軒

按：《全元文》第 59 冊（444 頁）據明成化八年《文翰類選大成》錄童軒《補余氏潮汐對》一文，小傳稱「生平不詳」。今檢黃宗羲《明文海》，收錄童軒文 16 篇。其中，《補余氏潮汐對》見《明文海》卷 134，與《全元文》所收為同一篇文字。

〔註34〕（清）孟思誼纂修《乾隆赤城縣志》，《中國方志叢書》塞北地區第 22 號，成文出版社 1968 年版，第 109 頁。

〔註35〕（清）楊激雲修、顧曾烜纂《泰興縣志》，《中國地方志集成·江蘇府縣志輯》51，江蘇古籍出版社 1991 年版，第 141 頁。

〔註36〕（明）畢恭等修、任洛等重修《嘉靖遼東志》，《續修四庫全書》第 646 冊，上海古籍出版社 1996 年版。

童軒（1425～1498），字士昂，鄱陽（今屬江西）人。登景泰二年（1451）進士，授南京吏科給事中。著有《清風亭稿》8 卷，收入《四庫全書》。另著有《枕肱亭文集》20 卷、《紀夢要覽》、《海嶽涓談》、《諭蜀稿》等。生平事蹟見《國朝獻徵錄》卷三十六。〔註37〕

9. 周如砥《漢諫大夫王公祠銘》

按：《全元文》第 59 冊（571 頁）據清同治十一年刻本《即墨縣志》錄周如砥《漢諫大夫王公祠銘》。元代確有周如砥其人，《新元史》卷 246 列傳 143《烈女下》載：

> 周如砥女，年十九，未適人。至正二十年，鄉民作亂，如砥與
> 女避於新昌西之客僧嶺，女為賊所執。賊曰：「吾未娶，當以汝為妻。」
> 女曰：「我周典史女也，死即死，豈能從汝耶！」賊遂殺之。如砥時
> 為紹興新昌典史。〔註38〕

然《全元文》所收周如砥乃明代萬曆年間人物，字季平，號礪齋。即墨（今屬山東省）人。萬曆十七年進士。歷任京官，官至國子監祭酒。著有《青藜館集》4 卷、《道德經集義》2 卷。《漢諫大夫王公祠銘》一文見錄於《青藜館集》卷 4。

五、誤收清代作家作品

1. 徐旭旦

按：《全元文》第 59 冊（405 頁）據清嘉慶二十四年刻本《瀏陽縣志》錄《凌雲閣賦》，小傳言「徐旭旦，曾任官瀏陽」。今查考《同治瀏陽縣志》卷 15《職官一》，「縣丞」類中有徐旭旦，名下附注「浙江錢塘副榜，康熙四十二年任」，其下任為鄭開泰，「直隸宛平監生，康熙五十一年任」〔註39〕。卷 22《藝文志》錄有其《岐源寺碑記》〔註40〕、卷 23《藝文志》錄其七言律詩二首〔註41〕

〔註37〕 傅璇琮總主編《中國古代詩文名著提要》（明清卷），河北教育出版社 2009 年
版，第 59 頁。

〔註38〕 柯劭忞《新元史》，《元史二種》，上海古籍出版社 2012 年版，第 946 頁。

〔註39〕 （清）王汝惺等修、鄒俊傑等纂《同治瀏陽縣志》，《中國地方志集成·湖南府
縣志輯》13，江蘇古籍出版社 2002 年版，第 434 頁。

〔註40〕 （清）王汝惺等修、鄒俊傑等纂《同治瀏陽縣志》，《中國地方志集成·湖南府
縣志輯》13，江蘇古籍出版社 2002 年版，第 581 頁。

〔註41〕 （清）王汝惺等修、鄒俊傑等纂《同治瀏陽縣志》，《中國地方志集成·湖南府
縣志輯》13，江蘇古籍出版社 2002 年版，第 623 頁。

（《題道吾寺》、《石霜寺》）、詞三闋〔註42〕（《惜春容・巨湖山偶憩》、《漁家傲・題楓浦魚者》、《瀟湘夜雨・瀏陽喜雪》）。

今人編《全清詞》（順康卷）收徐旭旦詞 530 首，這三闋詞均見收錄。《惜春容・巨湖山偶憩》題為《木蘭花・攬芳亭》〔註43〕、《瀟湘夜雨》題為《詠雪》〔註44〕、《漁家傲・題楓浦魚者》文題同〔註45〕。則徐旭旦為清人無疑。

徐旭旦（1659～1720），清代散曲家、詩人。字浴咸，號西泠、聖湖漁父。錢塘（浙江杭州）人。10 歲舉神童，以《燕子賦》及《榴花》詩受知於權要。康熙十一年（1672）拔貢，康熙十八年舉博學鴻儒。曾久在大將軍尚善幕府，以開導中河功補興化縣丞。歷興化知縣、連平知州。康熙南巡曾召對，應制作《西湖賦》等。有詩文集《世經堂集》30 卷，見錄於《四庫未收書輯刊》第柒輯 29 冊。

2. 託庸

按：《全元文》第 59 冊（415 頁）據清光緒十二年《虞鄉縣志》錄託庸《虞鄉縣學壁墨刻》。然而文中提及：「舊諺有云：『湖廣熟，天下足』」，頗值檢討。這一民諺究竟何時在民間出現，今不可考。據現有資料來看，這一民諺最早見錄於明人何孟春《餘冬序錄》。該書卷 59 載：「湖藩轄府十四、州十七、縣一百四，其地視諸省為最巨。其郡縣賦額，視江南、西諸郡所入差不及。而『湖廣熟，天下足』之謠，天下信之，蓋地有餘利也。」〔註46〕此後，明清文獻屢見徵引。明代如申時行《綸扉簡牘》、沈一貫《敬事草》、朱國達《地圖綜要》、張萱《西園聞見錄》、鄭若曾《江南經略》等。清代徵引此諺語的文獻則不勝枚舉。

方志遠《江西通史》（明代卷）中指出：「宋元時期流行著『蘇常熟天下

〔註42〕（清）王汝惺等修、鄒俊傑等纂《同治瀏陽縣志》，《中國地方志集成・湖南府縣志輯》13，江蘇古籍出版社 2002 年版，第 630 頁。

〔註43〕南京大學中國語言文學系《全清詞》編纂研究室《全清詞》（順康卷）第 3 冊，中華書局 2002 年版，第 1798 頁。

〔註44〕南京大學中國語言文學系《全清詞》編纂研究室《全清詞》（順康卷）第 3 冊，中華書局 2002 年版，第 1823 頁。

〔註45〕南京大學中國語言文學系《全清詞》編纂研究室《全清詞》（順康卷）第 3 冊，中華書局 2002 年版，第 1861 頁。

〔註46〕（明）何孟春《餘冬序錄》，《四庫全書存目叢書》子部第 102 冊，齊魯書社 1995 年版，第 160 頁。

足』或『蘇湖熟天下足』的民諺。長江三角洲或者說太湖流域以其優越的自然條件和先進的生產技術，在兩宋時期成為全國經濟最為發達的地區，糧食的單位面積產量也居全國前列。自明中期以後，隨著該地區的經濟轉型，取代蘇常或蘇湖在糧食供給上地位的，則是面積遠為廣袤的湖廣地區。」〔註47〕則由此諺語可見，此文不當為元文。

而清代有一託庸，生卒年不詳。姓富察氏，字師健，號瞻園，滿洲鑲黃旗人。雍正初由筆帖式授主事。乾隆中，官廣西巡撫；不久調任粵東及山西巡撫，政跡甚著。後坐事奪職，尋授安徽布政使。官至吏部尚書。卒諡誠愨。著有《瞻園詩鈔》。〔註48〕虞鄉縣，今屬山西永濟縣，而其任山西巡撫亦相符。

〔註47〕方志遠《江西通志》（明代卷），江西人民出版社 2008 年版，第 161 頁。
〔註48〕錢仲聯《中國文學家大辭典》（清代卷），中華書局 1996 年版，第 138～139頁。

《全元文》誤題作者考辨

摘　要

　　《全元文》中收錄的部分作品，文前題署的作者存有謬誤。結合具體的篇目，本文將誤題作者的類型概括為五種：一篇文章重收，分署兩個不同作者；誤將官職作人名；不明作家名字而分作二人；因字形相近而誤題作家姓名；未審內容而誤題作者。對這一現象發生的原因，亦略加考論。

關鍵詞：《全元文》；辨誤；誤題作者；文章總集

　　《全元文》作為有元一代文章總集，網羅繁富，對它的整理、出版為元代文章研究提供了極大便利，意義重大。然而囿於各方面的原因，刊行的《全元文》還存有諸多不足之處，比如底本採用不當、作者小傳有欠精審、佚文漏收、文本校勘不精等。針對各方面的問題，學界多有評析、補訂，創獲頗多。

　　就《全元文》所收作品而言，經考訂可以發見有些篇目所題署的作者實則有誤。對這一方面的問題，有學者在相關的專著、論文中稍有觸及，〔註1〕但

〔註1〕虞集《龍興路新作南浦驛記》（《全元文》26 冊 591 頁）與《南浦驛記》（同冊 708 頁）同文異題；《三茅山四十五代宗師贊（第十七代）》（27 冊 143 頁）乃《唐國師希微先生吳法通贊》（同冊 150 頁）的「贊」語部分；《跋胡剛筒公奏稿》、《跋文信公封事》乃吳澄之作（王頲整理：《虞集全集》，天津：天津古籍出版社，2007 年，第 4～5 頁）；《全元文》所輯姚燧佚文十七篇，其中《烈婦胡氏傳》（9 冊 482 頁）乃王惲作品（6 冊 363 頁）、《鄃王府長史李公墓誌銘》（775 頁）與《河內李氏先德碣》（504 頁）同文異題（查洪德編校：《姚燧集》，北京：人民文學出版社，2011 年，第 36 頁）；吳澄《揭曼碩詩序》（14 冊 427 頁），與程鉅夫《揭曼碩詩引》（16 冊 116 頁）同，詳見李舜臣《〈全元文〉誤收吳澄集外文一篇》（《江海學刊》2005 年第 2 期，第 65 頁）；《壁上三韓三重

尚未出現系統的研究。本文擬對《全元文》誤題作者這一現象進行整體觀照，分析歸納其錯誤的類型，並結合具體實例予以考辨。

一、一文分題二人

作品在流傳過程中，由於傳抄、刊刻、誤題等因素的影響，以致其作者歸屬在不同典籍中會有不同的記載。《全元文》所收作品，有同樣一篇文章，而分題不同作者的現象。

1.《昭惠靈顯真人祠記》

按：《全元文》24 冊（247 頁）據 1926 年刻本《銅山縣志》卷 12、同治十三年刻本《徐州府志》卷 14 錄《昭惠靈顯真人祠記》一文，作者題為「曹元用」。文章末句作「恍惚兮若逢，丕欣歡兮來享，祉斯民兮無窮」。而《全元文》45 冊（24 頁）有《昭惠靈顯真人祠堂記》，據正統十二年抄本《彭城志》卷 15 錄文，文末作「恍惚兮若逢，丕欣歡兮來享。泰定元年四月，榮祿大夫司徒汪公記」，故爾題署作者為「汪公」，小傳言其「名不詳」。

今比勘二文，除末句不同外，其他部分正同，據此為同一篇文字無疑。

檢清代劉庠《同治徐州府志》卷 20《碑碣考》載《元昭惠靈顯真人祠碑記》，並有相關考辨，稱：

> 右《昭惠靈顯真人祠碑記》，元曹元用撰文，見《祠祀考》。在呂梁東。文稱「皇慶壬子秋重構」，知碑立於仁宗皇慶元年也。《姜州志》云此記與吳善元《武殿記》，並趙孟頫書石，為世所重。今碑汩沒，不可復睹，良可惜也。〔註2〕

《昭惠靈顯真人祠碑記》文中稱「其祠歲久，摧倒垂盡，居民陳必德諮志驛長董恩，於皇慶壬子之秋，重構正堂四楹」，並云「監察御史仁甫屬余為文以紀之」。誠如劉庠所言，此文當作於皇慶壬子（1312 年）。而《昭惠靈顯真人祠堂記》，文末稱「泰定元年四月，榮祿大夫司徒汪公記」，泰定元年乃 1324 年，與文章寫作時間顯然不符。

因此，此文作者當為曹元用。

大匡推誠定策安社功臣匡靖大夫都僉議中贊上護軍判典理事致仕鄭公墓誌銘》，分繫方於宣（28 冊 286 頁）、於宣（32 冊 92 頁）二人，詳見張立敏《〈全元文〉誤收重收三則》（《淮南師範學院學報》2008 年第 1 期，第 22 頁）。

〔註2〕（清）劉庠《同治徐州府志》，成文出版社 1970 年版，第 583 頁。

2.《羅浮鳳賦》

按：《全元文》34 冊（388 頁）據清同治刊本《湖南文徵》卷 53 錄《羅浮鳳賦》（並序），作者為歐陽玄。清代陳元龍輯《歷代賦彙》正集卷 133 亦題歐陽玄作。此文另見《全元文》44 冊（5 頁），作者為吳萊。湯瑞校點整理《歐陽玄全集》曾有辨正，認為《羅浮鳳賦》乃吳萊作品。〔註3〕

3.《天馬賦》

按：《全元文》34 冊（384 頁）錄《天馬賦》，作者為歐陽玄。今檢《全元文》59 冊（324 頁），據元刻本《新刊類編歷舉三朝文選》錄入《天馬賦》，賦文不全，僅剩後半部，作者題為郭再。通過比勘文本，其內容實為歐陽玄《天馬賦》中文字。此文作者題為郭再，顯誤。

然而，經湯瑞先生考訂，《天馬賦》為揭傒斯作品，〔註4〕《全元文》收入歐陽玄卷，亦失之考辨。

4.《琴川志後序》

按：《全元文》53 冊（300 頁）據《常熟縣志》卷 15 收錄《琴川志後序》，作者題為戴良。而《全元文》第 59 冊（128 頁）錄《重修琴川志記》，內容與《琴川志後序》全同，作者題為盧鎮。戴良另有《琴川志序》，見《全元文》53 冊（252 頁）。

今考清代錢陸燦等纂《康熙常熟縣志》附錄《舊序》〔註5〕，有丘岳、褚中、戴良、盧鎮、張洪、李傑、桑瑜、鄧馭、管一德所作之序。戴良之序即《琴川志序》，盧鎮之序即《重修琴川志記》。

盧鎮曾撰《琴川志》，且《重修琴川志記》云：「鎮惟是州，虞仲、子游文化之地，不可無紀。」文末有「至正癸卯秋七月初吉，守禦常熟領兵副元帥兼平江路常熟州知州盧鎮謹識」的題署，則此文為盧鎮所作。

另外，清代陸心源《皕宋樓藏書志》、清代龐鴻文等纂《光緒常昭合志稿》卷末《總敘》均以此文為盧鎮作。故此序作者為盧鎮，當無疑義。

〔註3〕（元）歐陽玄著，湯瑞校點整理《歐陽玄全集》，四川大學出版社 2010 年版，第 440～441 頁。

〔註4〕（元）歐陽玄著，湯瑞校點整理《歐陽玄全集》，四川大學出版社 2010 年版，第 52～53 頁。

〔註5〕（清）楊振藻、高士䕫修，錢陸燦等纂《康熙常熟縣志》，《中國地方志集成·江蘇府縣志輯》第 21 冊，江蘇古籍出版社 1991 年版，第 657～663 頁。

二、官職人名牽混為一

1. 左弘道

按：《全元文》59 冊（323 頁）據康熙六十年刻本《嘉興府志》錄《簡齋讀書記》一文。小傳稱「左弘道，佛教徒，約活動於嘉興一帶」。此文亦載嵇曾筠《雍正浙江通志》卷 41，作者亦題左弘道。今考元末明初有詩僧弘道，今迻錄其相關傳記資料如下：

> 弘道，蘇之吳江人。幼讀書，日記數千言。見人誦《法華經》，歷耳便能成誦。宿根所種，慧解日生，遂捨俗出家。貝葉與蒲編並涉，目無不見之書。淹貫既極，郁為菁華，下筆作文，新警弘深。居然作者，詩尤清麗，無酸餡氣。洪武十年有詔箋注《楞伽》等經，道與其建。十五年主天竺□□，尋領郡都綱。明年，遷僧錄司左善世。所著《竺隱詩文》若干卷，行於時。（《兩浙名賢錄》外錄卷八《空空》）〔註6〕

> 弘道，字存翁，號竺隱，桐鄉密印寺僧。族姓沈，吳江人。洪武丙辰住持杭州上天竺，注釋《楞伽經》，後與楚石同被召入京，為僧錄司左善世。辛未，告老，賜驛馳歸。明年秋，跏趺而逝，世壽七十八歲。藏於天竺雙檜峰雲隱塔。獨庵少師撰碑銘。（《列朝詩集小傳》閏集卷二）〔註7〕

> 弘道，號竺隱，吳江沈氏子。少穎悟，日記千言。出家青墩之密印寺，從魯山文法師遊。淹通教典，謁我菴和尚於天竺，深得教觀權實之旨。洪武初，築室澄源溪上，將終老焉。尋奉旨箋注《楞伽》諸經，頒行天下。御製《竺隱說》賜之。後與楚石琦同召入京，為僧錄司左善世。孝慈皇后崩，岐陽王請作佛事於靈谷，感神燈數千，照耀林木。奉詔為征南將士設廣薦，大駕親臨，有靈光四燭祥雲冠山之應。二十四年告老，居長於坐臥小室，修一行三昧。明年秋，跏趺而逝茶毘舍利無算，塔於天竺雙檜峰。（《松陵文獻》卷十一《高僧》）〔註8〕

〔註6〕（明）徐象梅《兩浙名賢錄》，《北京圖書館珍本古籍彙刊》第 18 冊，書目文獻出版社 1987 年版，第 1783 頁。

〔註7〕（清）錢謙益《列朝詩集小傳》，上海古籍出版社 1983 年版，第 684 頁。

〔註8〕（清）潘檉章《松陵文獻》，《四庫禁燬書叢刊》史部第 7 冊，北京出版社 2005

　　弘道於洪武辛未（二十四年）告老，壬申（二十五年，1392 年）圓寂，
《列朝詩集小傳》、《松陵文獻》所載並同。《列朝詩集小傳》載其年壽 78 歲，
則其生年為元仁宗延祐二年（1315）。其曾任杭州府僧綱司都綱，洪武十六年
「遷僧錄司左善世」，朱元璋有《敕浙江杭州府僧綱司都綱弘道》《敕左善世弘
道》《竺隱說賜僧錄司左善世弘道》〔註 9〕等文，均與其有關。

　　左弘道《簡齋讀書記》文中稱「予受業密印」，與《松陵文獻》所載弘道
「出家青墩之密印寺」相同。

　　然而，左善世實為職官名。此官職創於明代，負責掌管全國佛教政令，
《明史》卷 74《職官志三》載「僧錄司左右善世二人，正六品」〔註 10〕。清
代襲用此職。左弘道當為「左善世弘道」之誤。

三、因名字分作二人

1. 吳亨壽

　　按：《全元文》17 冊（69 頁）據清光緒二十五年《浙江通志》、康熙十
二年《紹興府志》錄入吳亨壽《答起岩論潮書》一文。今檢《全元文》20 冊
（99 頁）載吳觀望文二篇，其一為《答高岩起論潮書》，一為《郭索傳》，二
文均據四庫全書本《新安文獻志》錄文。《全元文》17 冊小傳云「吳亨壽，
世祖至元年間在世」，19 冊小傳云「吳觀望，元世祖至元年間人」。二人儼然
毫不相關。

　　然而《答起岩論潮書》《答高岩起論潮書》的文本內容卻相同。

　　今考明代陳邦俊輯《廣諧史》十卷，其中錄有吳觀望《郭索傳》，與《全
元文》所錄吳亨壽《郭索傳》一文內容相同。卷首有其傳，云：「吳觀望，字
亨壽，號□□。休寧人，今直隸徽州府。至元（後缺）。」〔註 11〕可知則吳亨

〔註 9〕四庫館臣撰《上天竺山志》提要稱：「明釋廣賓撰。天竺為東南巨剎，舊有李
　　　　金庭志。廣賓以其附會舛訛，甚至偽撰明太祖《竺隱說》一篇以炫俗，乃刪補
　　　　而成此書。」（永瑢等：《四庫全書總目》，北京：中華書局，1965 年版，第 662
　　　　頁）四庫館臣之說，乃是據釋廣賓《杭州上天竺講寺志·凡例》第二則而立論，
　　　　云：「東瀛輯《上竺舊志》，蕪穢杜撰，如題中所云元人於宋首，其他猶可。
　　　　至高皇帝《竺隱說》亦偽造一篇，本以開面靈山，翻滋罪案。」（釋廣賓：《杭
　　　　州上天竺講寺志》，杭州出版社 2007 年版，第 7 頁）
〔註 10〕（清）張廷玉《明史》第 6 冊，中華書局 1974 年版，第 1817 頁。
〔註 11〕（明）陳邦俊《廣諧史》，《四庫全書存目叢書》子部第 252 冊，齊魯書社 1995
　　　　年版，第 210 頁。

壽、吳亨壽本為一人，《全元文》不辨其名、字，而誤作二人。

四、因字形相近而誤題作家姓名

1. 苑徹孫

按：《全元文》35 冊（117 頁）據《永樂大典》錄《壽親養老新書序》，作者題為苑徹孫。然而，查考諸版本《壽親養老新書》，如四庫全書本、清同治九年庚午（1870）河南聚文齋刻本、道光二十八年戊申（1848）瓶花書屋刻本、1916 年南海黃氏刻翠琅玕於館叢書本〔註12〕，作序之人均作「危徹孫」。

再就傳記而言。《全元文》小傳云「苑徹孫，邵武泰寧人」。今考明代陳道《弘治八閩通志》卷 57《選舉》載「咸淳元年阮登炳榜」，中舉之人即有「危徹孫」，注云「昭德之子」〔註13〕。危昭德，為寶祐元年姚勉榜進士〔註14〕，《弘治八閩通志》卷 70《人物志》有傳〔註15〕。

故可知《壽親養老新書序》的作者當為「危徹孫」。因「苑」、「危」二字形近，《全元文》編者不察而將「危徹孫」誤作「苑徹孫」。

2. 樂祀

按：《全元文》59 冊（第 292 頁）據宛委別藏本《運使復齋郭公敏行錄》錄《白鹿書院山長樂祀啟》一文，作者名及小傳由此文題而立論。然而《續修四庫全書》收有北京圖書館藏元至順刻本《運使復齋郭公敏行錄》，此文題作《白鹿書院山長樂杞啟》。文中「右杞啟」「如杞者一生寒士」，至順本「祀」皆作「杞」〔註16〕。

考邵亨貞（1309～1401）撰《元故嘉議大夫邵武路總管兼管內勸農事汪公行狀》，文中提及「泰定元年，宰相奏公為南康郡，大修白鹿洞書院……山長樂杞以聞……」〔註17〕，所載樂杞任白鹿洞書院山長，身份與《白鹿書院山長樂杞啟》相符。據此，則「樂祀」乃「樂杞」之誤。

另外，張翥（1287～1368）有《臨川留別宜黃樂杞楚材》七律詩，云：

〔註12〕（宋）陳直原著，（元）鄒鉉增續，張成博等點校《壽親養老新書》，天津科學技術出版社 2003 年版，第 2～4 頁。

〔註13〕（明）黃仲昭《八閩通志》下冊，福建人民出版社 2006 年版，第 310 頁。

〔註14〕（明）黃仲昭《八閩通志》下冊，福建人民出版社 2006 年版，第 309 頁。

〔註15〕（明）黃仲昭《八閩通志》下冊，福建人民出版社 2006 年版，第 339 頁。

〔註16〕（元）鄧文原《運使復齋郭公敏行錄》，《續修四庫全書》第 550 冊，上海古籍出版社 1996 年版，第 711 頁。

〔註17〕李修生《全元文》第 60 冊，南京：鳳凰出版社 2004 年版，第 500 頁。

「當年攜酒杏花村，同是江西榜上人。」〔註18〕若邵亨貞、張翥所載同為一人的話，則樂杞字楚材，為江西宜黃人，且曾中舉。

五、未審內容而誤題作者

1. 陳性定

按：《全元文》58 冊（496 頁）載有陳性定《仙都志序》一文。陳性定，元至正時道士，著有《仙都志》二卷。《仙都志序》云：「住山陳君此一，載筆於編，沿革瑰奇，鉅細畢錄，其有功於茲山者歟？吾聞蓬萊在望，而風輒引去；桃源既入，而路忽迷。則名山大川，豈人人之所能周覽哉？此編目擊道存，可以臥遊矣。」細繹序中所述，稱「住山陳君此一」，則序文頗不似陳性定自作。

《四庫全書總目》卷 76 稱「前序題至正戊子，不著姓名」〔註19〕。清代陸心源《皕宋樓藏書志》卷 33〔註20〕、瞿鏞《鐵琴銅劍樓藏書目錄》卷 11 著錄《仙都志》〔註21〕，於此序均稱「無名氏序」，乃得其實。故此序當非陳性清所撰。《全元文》因陳性定著《仙都志》，因而將序文亦歸附其下，失之考察。

2. 何秋崖《大盤龍庵大覺禪師寶雲塔銘》

按：《全元文》59 冊（154 頁）據 1926 年《晉寧州志》錄《大盤龍庵大覺禪師寶雲塔銘》，署名為何秋崖。此文亦見收民國《新纂雲南通志》卷 94《金石考》。相比《晉寧州志》，《新纂雲南通志》文本更為完整。該文題後有「滇城玉案山遍覺禪寺開經律論法門慶源撰」，文末有「時至正壬子年夏四月良日，住持長老絕相□源並門徒立石，滇海箕齋隱士何秋崖書並篆額，匠黃君泰刊」〔註22〕，據此，則此文作者當為釋慶源。何秋崖僅僅是書丹並篆額而已，並非撰文之人。

3. 沈瑀《政說》

按：《全元文》59 冊（276 頁）據清光緒十九年《館陶縣志》卷十一錄入

〔註18〕楊鐮《全元詩》第 34 冊，中華書局 2013 年版，第 97 頁。
〔註19〕（清）永瑢《四庫全書總目》，中華書局 1959 年版，第 658 頁。
〔註20〕（清）陸心源《皕宋樓藏書志》，《續修四庫全書》第 928 冊，上海古籍出版社 1996 年版，第 367 頁。
〔註21〕（清）瞿鏞《鐵琴銅劍樓藏書目錄》，上海古籍出版社 2000 年版，第 293 頁。
〔註22〕龍雲修、周鍾岳、趙式銘等纂《新纂雲南通志》，《中國地方志集成·省志輯》雲南卷第 5 冊，鳳凰出版社 2009 年版，第 458～460 頁。

沈瑀《政說》。檢清光緒十九年《館陶縣志》，卷 4《職官志》載元代縣尹四人，依次為張之綱、溫仲謙（大德元年任）、李藻（元順帝時任）、沈瑀，並云「沈瑀，為館陶尹，有傳」〔註23〕。其傳載卷9《名宦志》，稱「沈瑀為館陶尹，民一丁課種桑五十株及棗栗樹。久之成林，民享其利，思之不忘。著有《政說》一篇。」〔註24〕《全元文》小傳即推衍此節而成。

今考南朝齊明帝時期亦有沈瑀，《南史》列傳70《循吏》有傳，云「為建德令，教人一丁種十五株桑、四株柿及梨栗，女子丁半之。人咸歡悅，頃之成林。」〔註25〕《館陶縣志》所載與此近同。

再就《政說》內容分析。元初張養浩（1270～1329）著《牧民忠告》二卷，共十篇，計七十四則。貢師泰有《牧民忠告序》（見《全元文》45 冊 168 頁）。今稽考《政說》的文本，與《牧民忠告》第四篇《御下》中的《省事》條內容幾乎相同。就文本而言，《政說》較《牧民忠告》多出「古云：寬民一分，則民受一分之賜」「審其可行者即行，不可行者」兩句；另《牧民忠告》「動集百餘」，《政說》作「事有百端」。據此，《政說》不當署為沈瑀之文。

六、小結

《全元文》中所收文章誤題作者的現象可以總結為上文所論及的五個方面，茲就其致誤的原因略作考究。首先，因為《全元文》是關涉有元一代的文章總集，而與之前的斷代文章總集相比而言，《全元文》的編纂可謂白手起家。比如，《全唐文》、《全宋文》，清代官方均組織人力進行編纂，陳衍（1856～1937）輯有《全遼文》，張金吾（1787～1829）輯有《金文最》，其後學者續有訂補，因此近人重修《全唐文》、《全宋文》、《全遼金文》均有基礎可循，較為便利。而《全元文》沒有前人的研究基礎可供參考，難度相對較大。

其次，《全元文》的編纂工作是由北京師範大學古籍所主持的，參與編纂工作的人數較多，整理者的水平參差不齊，且《全元文》是分輯出版，因此在工作過程中難免失之照應，以致作家作品誤收、重收。

再次，部分作品收錄在不同的書籍裏，文題、文本或全或闕，以致同文異

〔註23〕（清）劉家善等修纂《館陶縣志》，《中國方志叢書：華北第 40 號》，成文出版社 1968 年版，第 164 頁。

〔註24〕（清）劉家善等修纂《館陶縣志》，《中國方志叢書：華北第 40 號》，成文出版社 1968 年版，第 336 頁。

〔註25〕（唐）李延壽《南史》第 6 冊，中華書局 1975 年版，第 1713 頁。

題、同文分屬不同作家的現象時有發生。在分工合作時，參與編纂工作的整理
者在輯佚時，由於所參考的書籍不同，而將同一篇文字重收，亦在所難免。

　　本文就《全元文》誤題作者這一現象略作考辨，期於對《全元文》的失誤
之處稍有補正，謹此就正於學界。

潘士藻《讀易述》之史源學考辨

摘　要

　　潘士藻《讀易述》屬於纂注體《易》著。該書內容豐富，極有學術價值，然迄今尚未引起學界關注。書中大量徵引前賢時彥的見解，保存了大量的文獻，但在徵引時也存在一些失誤。試著從六個方面對其失誤進行舉例說明。另外，後世《易》著因未究《讀易述》徵引之誤，在援用《讀易述》時致有訛誤，亦加以條辨。

關鍵詞：潘士藻；《讀易述》；明代易學；史源學；纂注體《易》著

　　楊自平先生曾指出元代「許多《易》著採用纂注體形式」，並將其分為兩種表現類型：「一類是從體例明確標出，如李簡《學易記》直接標出『伊川曰』『白雲曰』等」；「另一類則僅於書名標出『纂』『集』的字樣，但體例卻未具體標明。」〔註1〕明清時期的一些《易》著，也採用了纂注體的形式，如張獻翼《讀易紀聞》、焦竑《易筌》、潘士藻《讀易述》、何楷《古周易訂詁》、張次仲《周易玩辭困學記》等。書中既有援引，又有己見；援引文字，或標舉出處，或不加說明。只有通過史源學加以考察，做一番正本清源的工作，才能明確加以區分。本文以潘士藻及《讀易述》為例〔註2〕，加以說明。

一、潘士藻及《讀易述》

　　潘士藻（1537～1600），字去華，號雪松，明代徽州婺源（今屬江西）人。

〔註1〕楊自平《元代〈易〉學類型研究》，臺大出版中心 2021 年版，第 10 頁。
〔註2〕學界關於潘士藻的研究較少，僅有郭翠麗：《陽明後學潘士藻交友考》，《上饒師範學院學報》，2019 年第 5 期。

萬曆十一年（1583）進士及第。《明史》卷二百三十四有傳，附於《李沂傳》後，所言甚簡。焦竑《澹園集》卷三十《奉直大夫協正庶尹尚寶司少卿雪松潘君墓誌銘》述其生平較詳細。另外，其生平可參鄒元標《願學集》卷六《奉直大夫協正庶尹尚寶司少卿雪松潘公墓表》、袁中道《珂雪齋集》卷十七《潘去華尚寶傳》、黃宗羲《明儒學案》卷三十五《泰州學案四·尚寶潘雪松先生士藻》。其著述有《讀易述》《暗然堂遺集》《暗然堂類纂》等。

其中《讀易述》最為有名，後收入《四庫全書》。關於其撰《讀易述》，焦竑《讀易述序》稱：

> 余友潘去華刲心孔、孟之學，晚獨研精於《易》，仰思有得，時時私草其事緒正之。每就一章，未嘗不津津有味其言也。已而歎曰：「《易》如鴻鵠然，一人射之，不若合眾力之猶有中也。」乃盡取諸家參究之，博考前聞，精思其義，而加折衷焉。〔註3〕

袁中道《潘去華尚寶傳》稱：

> 自官尚寶時，署中無事，乃潛心玩《易》，每十餘日玩一卦。或家中靜思，或拜客馬上思之。不論閒忙晝夜，窮其奧妙。每得一爻，即欣然起舞，索筆書之。青衿疲馬，出入廛市，於於徐徐，都忘其老。〔註4〕

足見其對《周易》浸淫之久，沉醉之深。該書一名《洗心齋讀易述》，共十七卷，有明萬曆三十四年潘師魯刻本、《四庫全書》本。

二、《讀易述》諸失舉例

誠如焦竑所言，潘士藻撰《讀易述》時，「乃盡取諸家參究之，博考前聞，精思其義，而加折衷焉」〔註5〕，可見《讀易述》一方面迻錄前賢時彥的文字，一方面間下己意。徵引範圍頗為廣泛，上自先秦典籍，下至其朋輩，如李贄《九正易因》、程汝繼《周易宗義》等。《周易宗義》中亦大量引用潘士藻的見解，足見二人交往之情。

〔註3〕（明）潘士藻《讀易述》，《四庫提要著錄叢書》經部第4冊，北京出版社2018年版，第197頁。

〔註4〕（明）袁中道《珂雪齋集》卷十七《潘去華尚寶傳》，上海古籍出版社1989年版，第728頁。

〔註5〕（明）潘士藻《讀易述》，《四庫提要著錄叢書》經部第4冊，北京出版社2018年版，第197頁。

由於徵引繁富，在徵引過程中，同明清其他一些纂注體《易》著一樣，存在不少問題。筆者曾撰「史源學考《易》系列」七種，《讀易述》為第三種，運用史源學，對全書文字進行史源查考，找到其原始出處。茲拈出數例，加以辯證。

（一）誤引

卷五《復》上六：

> 吳草廬曰：「『君道』謂初陽所復之仁也。『迷復』之『凶』，不仁之甚者也。」〔註6〕

按：吳澄《易纂言》卷五《象上傳》：

> 「反」字與《象傳》「剛反」、《同人·象傳》「困而反則」、《序卦傳》「窮上反下」、《古文尚書》「乃反商政」之反同。〔註7〕

與《讀易述》所引不同。檢季本《易學四同》卷三《象彖爻上傳》

> 「反」，草廬吳氏以為與《象傳》「剛反」之「反」同。「君道」謂初陽所復初之仁也。「迷復」之「凶」，不仁之甚者也。〔註8〕

可見《讀易述》實據《易學四同》引文。但《易學四同》所謂「草廬吳氏以為」，僅為第一句，其下為季氏之見解，而非吳澄之說。《讀易述》不察，故有此誤。

又，《頤·象》：

> 先儒云：「禍從口出，患從口入。」故於頤養而慎節也。陳臬曰：「言語者，禍福之幾；飲食者，康疾之由。動止得其道，身乃安頤。苟禍患未免於身，何以養人？」〔註9〕

按：李衡《周易義海撮要》卷三《頤》：

> 先儒云：「禍從口出，患從口入。」正。言語者，禍福之幾。飲食者，康疾之由。動止得其道，身乃安頤。《子》。禍患未免於身，何以養人？陳臬。〔註10〕

〔註6〕 （明）潘士藻《讀易述》，《四庫提要著錄叢書》經部第 4 冊，北京出版社 2018 年版，第 364 頁。

〔註7〕 （元）吳澄《易纂言》，齊魯書社 2006 年版，第 393 頁。

〔註8〕 （明）季本《易學四同》，明嘉靖四十年（1561）刻本。

〔註9〕 （明）潘士藻《讀易述》，《四庫提要著錄叢書》經部第 4 冊，北京出版社 2018 年版，第 377 頁。

〔註10〕 （宋）李衡《周易義海撮要》，上海古籍出版社，1989 年版，第 92 頁。

《正》乃《正義》，《子》乃《子夏易傳》。此處未細究原文下之標注，誤將《子夏易傳》之說當作陳皋之說。

（二）張冠李戴

卷六《恆》九四：

> 胡旦曰：「以陽居陰，不正也。位又不中。不中不正，而居大臣之位，是無德而忝位者，故為治則教化不能行，撫民則膏澤不能下。」〔註11〕

按：引文見李衡《周易義海撮要》卷四《恆》。《周易義海撮要》引胡瑗、胡旦之說頗多，省稱「胡」，易造成混淆。檢胡瑗《周易口義》卷六《恆》：

> 今九四以陽居陰，是不正也。位不及中，是不中也。不中不正，不常之人也。以不常之人而居大臣之位，是無德忝位者也。至於為治則教化不能行，至於撫民則膏澤不能下，是猶田獵而無禽可獲也。〔註12〕

可見此實為胡瑗之說，而非胡旦之說。

又，卷十四《繫辭下傳》：

> 項氏曰：「德之薄，知之小，力之少，皆限於稟而不可強，聖人豈厚責以自能哉？責其貪位而不量己，過分而不能勝任爾。量力而負，其人不跌；量鼎而受，其足不折。今鼎足弱而實豐，有不折足、覆公餗者乎？自取之也，餗何辜焉。」〔註13〕

按：此節非項安世之說，實改換楊萬里之說。《誠齋易傳》卷十八《繫辭下》：

> 德之薄者尚可積而厚，知之小者不可強而大，力之少者不可勉而多，聖人亦豈責天下之人皆德厚而不薄、皆知大而不小、皆力多而不少哉？責其貪位而不量己，過分而不勝任耳。量力而負，其人不跌；量鼎而受，其足不折。今也鼎足之弱而鼎實之豐，有不折己之足、覆人之餗、敗己之身者乎？足之折、身之敗，自取之也；餗

〔註11〕（明）潘士藻《讀易述》，《四庫提要著錄叢書》經部第 4 冊，北京出版社 2018 年版，第 408 頁。

〔註12〕（宋）胡瑗《周易口義》，楊軍主編：《十八名家解周易》第五輯，長春出版社 2009 年版，第 389 頁。

〔註13〕（明）潘士藻《讀易述》，《四庫提要著錄叢書》經部第 4 冊，北京出版社 2018 年版，第 664 頁。

之覆，彼何辜焉？〔註14〕
兩相比勘可知。

其後錢澄之《田間易學・繫辭下傳》：

> 項平菴曰：「德之薄，知之小，力之少，皆限於所稟而不可強，
> 聖人豈厚責以所不能哉？責其貪位而不量己，過分而不能勝任
> 耳。」〔註15〕

查慎行《周易玩辭集解・下繫傳》：

> 項平甫曰：「德之薄，知之小，力之少，皆限於稟而不可強，聖
> 人豈厚責以不能哉？責其貪位而不量己，過分而不能勝任耳。〔註16〕

均據《讀易述》錄文而不察其誤。

（三）連引數人，僅標一人

卷四《剝》上九：

> 劉牧曰：果不見食者，葉為之蔽。上九不見食，三、五為之蔽。
> 六三應上九，而寧失群陰之心。六五比上九，而率群陰以求一陽之
> 寵。一陽之功大矣。〔註17〕

按：經過考索可以發現，劉牧之說至「三、五為之蔽」結束，以下部分引自吳
澄《易纂言》卷一《剝》。

又，卷五《大畜》六四：

> 述曰：彭山曰：牛，陰物，六之象也。六四為艮之初，童牛之
> 象。牿即《詩》所謂「輻衡橫木」，於牛角以防其觸也。自畜者，言
> 六四柔而得正。童牛未角之時而即牿之，牛習於牿而忘其觸焉，所
> 以消融血氣而畜之易也。惟四有順正之德，故大善而吉。《象》曰：
> 「六四元吉，有喜也。」喜其當大畜之時，能畜止其陰，不為陽剛
> 之害功，不勞而性無傷也。〔註18〕

〔註14〕（宋）楊萬里，何善蒙點校《誠齋易傳》，九州出版社 2019 年版，第 258~259 頁。
〔註15〕（明）錢澄之，吳懷祺校點《田間易學》卷四《繫辭下傳》，黃山書社 1998 年版，第 677 頁。
〔註16〕（清）查慎行著，《周易玩辭集解》，張玉亮、辜豔紅整理《查慎行集》第 1 冊，浙江古籍出版社 2018 年版，第 368 頁。
〔註17〕（明）潘士藻《讀易述》，《四庫提要著錄叢書》經部第 4 冊，北京出版社 2018 年版，第 358 頁。
〔註18〕（明）潘士藻《讀易述》，《四庫提要著錄叢書》經部第 4 冊，北京出版社 2018 年版，第 374 頁。

按：此節文字，以「言六四柔而得正」為界，乃分引兩人之說。

季本《易學四同》卷一：

> 牛，陰物，六之象也。未角謂之童。六，初，交於四，童牛之象也。牿即《詩》所謂「楅衡橫木」，於牛角以防其觸者也。自畜者，言六四柔而得正。童牛而即牿之，能止之於初也。陽剛乘陰之起，恐動於私，而所動之私即陰也，故以童牛之牿取象。蓋恐陽之動於初陰之時也。禁於初發，則畧無躁心之萌，而所發皆善，故曰「元吉」。〔註19〕

章潢《周易象義》卷二《大畜》：

> 蓋童牛未角之時，而先事以防閑之，則為力甚易。牛習於牿而忘其觸焉，所以消融其血氣而畜之易易也。惟四有順正之德，故大善而吉。《象》曰：「六四『元吉』，有喜也。」喜其當大畜之時，即能畜止其陰，不為陽剛之害，是禁於未發，功不勞而性無傷也。〔註20〕

《讀易述》標舉「彭山曰」，而實則前半係引季本之說，後半則是章潢之說。其後張振淵《周易說統》卷四《大畜》稱：「季彭山曰：童牛未角之時，而即牿之牛習於牿而忌其觸焉，所以消融血氣而畜之易也。」〔註21〕因不辨《讀易述》此節文字連引兩人，僅標一人，所引實章潢之說，而非季本之說。

又，卷五《大過·彖》：

> 仲虎曰：「既言『棟橈』，又言利往而後亨，是不可無大有為之才，而天下亦無不可為之事也。」（A）「危而不持，則將焉用？」（B）「大過之時大矣哉」，「君子有為之時也」。（C）「不曰義者，不可以常義拘；不曰用者，非常之可用。用權之時，成敗之機，間不容髮，可不謂之大乎？」〔註22〕

按：檢胡炳文《周易本義通釋》卷一《大過》：

> 或曰：「既言『棟橈』，又曰『利有攸往，亨』，何也？曰：『棟橈』以卦象言也。利往而後亨，是不可無大有為之才，而天下亦無

〔註19〕（明）季本《易學四同》，明嘉靖四十年（1561）刻本。
〔註20〕（明）章潢《周易象義》，國家圖書館藏明抄本（善本書號：03974）。
〔註21〕（明）張振淵《周易說統》，明萬曆四十三年（1615）石鏡山房刻本。
〔註22〕（明）潘士藻《讀易述》，《四庫提要著錄叢書》經部第4冊，北京出版社2018年版，第381頁。

不可為之事也，以占言也。」〔註23〕

可見「仲虎曰」至「而天下亦無不可為之事也」止。此下部分，（A）出《後漢書》卷五《孝安帝紀》，（B）係王《注》，（C）為楊繪之說，見李衡《周易義海撮要》卷三《大過》。

（四）標舉某人之說，卻夾雜他人之說

卷六《晉》初六爻：

> 述曰：程《傳》：「初居下位，未有官守之命。」「君子之於進退，或遲或速，唯義所當，未嘗不裕也。聖人恐後之人不達寬裕之義，故以『未受命』釋之。若有官守，不信於上而失其職，一日不可居也。」〔註24〕

按：「初居下位，未有官守之命」二語實出朱子《周易本義》，此下文字才為程《傳》內容。

卷八《困》九二：

> 章氏曰：（A）「『需於酒食』，自養以需時也。『困於酒食』，困而不失其所自養也。」（B）「『征凶』與『困於酒食』相反。」（C）「《象》曰：『困於酒食，中有慶也』，二有中德，所謂困而不失其所者。」〔註25〕

按：此節標舉「章氏曰」，實則僅（C）出章潢《周易象義》卷三《困》，而（A）出趙汝楳《周易輯聞》卷五《困》，（B）出季本《易學四同》卷二《困》。

又，卷九《旅》六五：

> 程《傳》：「此爻雖不言旅，而『射雉』即出旅之義。」「旅者，困而未得所安之時。『終以譽命』，譽命則非旅也。」〔註26〕

按：「此爻雖不言旅，而『射雉』即出旅之義」二語實出章潢《周易象義》卷

〔註23〕（元）胡炳文《周易本義通釋》，國家圖書館藏明嘉靖元年（1522）刻本（善本書號：12531）。

〔註24〕（明）潘士藻《讀易述》，《四庫提要著錄叢書》經部第4冊，北京出版社2018年版，第427~428頁。

〔註25〕（明）潘士藻《讀易述》，《四庫提要著錄叢書》經部第4冊，北京出版社2018年版，第495~496頁。

〔註26〕（明）潘士藻《讀易述》，《四庫提要著錄叢書》經部第4冊，北京出版社2018年版，第557頁。

四《旅》，此下文字才為程《傳》內容。

（五）糅雜諸人之說

卷二《需》九二：

> 履健居中，亦未嘗進而需焉，以待其會，雖小有言，以吉終
> 也。〔註27〕

按：此係糅雜兩人之說而成。

> 故亦未嘗進而需焉。偶其所處稍近險，非好進而近險也，故雖
> 小有言而終吉。（楊簡《楊氏易傳》卷四《需》）〔註28〕

> 履健居中，以待其會，雖「小有言」，以吉終也。（王《注》）
> 〔註29〕

（六）未究本源

卷九《艮》六二：

> 《紀聞》曰：「股動則腓隨，動止在股而不在腓也。士之處高
> 位，則有拯而無隨。在下位，則有當拯，有當隨，有拯之不得而後
> 隨。若不拯而惟隨，則如樂正子之於子敖，冉有之於季氏也。《咸》
> 於二言『腓』，三言『隨』，隨二而動者也。《艮》於二言『腓』，又
> 言『隨』，隨三而止者也。三列寅，不得止之宜；二陰柔，不能救
> 其所隨。然視《咸》之『執其隨』者有間矣。二與三，占皆在象中，
> 皆有一『心』字。二不能拯乎三，故『心不快』；三不肯下聽乎二，
> 故『厲薰心』。」〔註30〕

按：引文出張獻翼《讀易紀聞》卷四《艮》，但此乃張氏糅雜諸人之說而成，
今條列如下：

> 股動則腓隨，動止在股而不在腓也。……士之處高位，則有拯
> 而無隨。在下位，則有當拯，有當隨，有拯之不得而後隨。（程頤《周
> 易程氏傳》）〔註31〕

〔註27〕（明）潘士藻《讀易述》，《四庫提要著錄叢書》經部第4冊，北京出版社2018
　　　　年版，第250頁。

〔註28〕（宋）楊簡《楊氏易傳》，華齡出版社2019年版，第88頁。

〔註29〕（魏）王弼注，（唐）孔穎達疏《周易正義》，九州出版社2004年版，第65頁。

〔註30〕（明）潘士藻《讀易述》，《四庫提要著錄叢書》經部第4冊，北京出版社2018
　　　　年版，第529頁。

〔註31〕（宋）程頤撰，王校魚點校《周易程氏傳》，中華書局2016年版，第234頁。

若不拯而惟隨，則如樂正子之於子敖，冉求之於季氏也。（朱熹《晦庵集》卷六十《答余彞孫》）〔註32〕

《咸》六二與《艮》六二皆象「腓」。《咸》下體即艮也，艮以三為主。《咸》於二言「腓」，三言「隨」，隨二而動者也。三為下卦之主，不能自守而下隨於二，故「往吝」。《艮》於二言「腓」，又言「隨」，隨三而止者也。三列夤，不得止之宜；而二陰柔，不能救其所隨，故「其心不快」。雖然，視《咸》之「執其隨」者有間矣。（胡炳文《周易本義通釋》卷二《艮》）〔註33〕

據此，《讀易紀聞》拼接程頤、朱熹、胡炳文三人之說，而不注明。《讀易述》對《讀易紀聞》多有引用，由於對典籍較為熟悉，所以對於張氏係引用而不注明的文字，潘氏多直引原文。但此處卻未勘破。

此外，在引錄他人之說時，多有剪裁，且有誤字，此乃古人引書之常例，茲不贅述。

三、《讀易述》的轉引情況

由於《讀易述》的內容豐富，後世《易》籍對之多有徵引，如張振淵《周易說統》、張次仲《周易玩辭困學記》、何楷《古周易訂詁》、錢澄之《田間易學》、查慎行《周易玩辭集解》等。這些書一方面引用《讀易述》中潘世藻的觀點，同時也通過《讀易述》轉引他人之觀點。由於《讀易述》具有前舉的一些疏失，以致後人轉引時也出現了一些問題。

（一）未見原文而致誤

張振淵《周易說統》卷四《噬嗑》六三：

楊敬仲曰：「彼實強梗而又陰險，三噬而除之而反『遇毒』者，三無德也。以不中不正之行而刑人，人無有服從者，能不遇毒乎？然彼為間而三噬之，當矣。雖以不能致其心服為羞吝，而吝亦小耳，終『无咎』也。噬嗑以柔中為貴，三本柔順之質，非用法過刻者，且彼既有罪，終必服法，所以終『无咎』。」〔註34〕

〔註32〕（宋）朱熹著，郭齊、尹波點校《朱熹集》卷六十《答余彞孫》，第6冊，四川教育出版社1996年版，第3151頁。

〔註33〕（元）胡炳文《周易本義通釋》，國家圖書館藏明嘉靖元年（1522）刻本（善本書號：12531）。

〔註34〕（明）張振淵《周易說統》，明萬曆四十三年（1615）石鏡山房刻本。

按：此係引自《讀易述》卷四《噬嗑》，而非直引楊簡《楊氏易傳》。檢楊簡《楊氏易傳》卷八《噬嗑》：

> 夫彼為間，三噬而除之，當也，而反「遇毒」者，三無德焉，不當位也。無德者雖行之以正，猶難濟。雖然，三非間者，彼為間而三除之，於義為正，雖有「小吝」，終於「无咎」。〔註35〕

據此可知所引楊敬仲之說與《楊氏易傳》原文差別較大。另外，還夾雜有他人之說，如楊萬里《誠齋易傳》卷六《噬嗑》：「能不遇毒乎？故曰『位不當也』。」

（二）不辨引文起止而致誤

張振淵《周易說統》卷三《觀》：

> 季彭山曰：五本陽剛在上之君子，群陰自下觀之，非能中正以觀，何以使下觀皆化？非能化天下於中正，何以為大觀之生？故曰：「觀我生，君子无咎也。」孔穎達曰：「我教化善則天下著君子之風，教化不善則天下著小人之俗。君子風著，己乃无咎。所謂難乎其无咎也。」〔註36〕

檢季本《易學四同》卷一《觀》九五：

> 我者，對在下群陰而言。九五之生，謂君德也。君子即君也，蓋有三重之責者。九五以中正之德觀民，足以使民觀感，則彼無惡，此無射，而可以寡過，故曰无咎。〔註37〕

並無張振淵所引之說。究其原因，乃是誤引《讀易述》，曰：

> 彭山曰：「『我』，對下三陰而言。」陰至於壯，陽德生長之機微矣。五為觀之主，曰「觀我生」，即《象》「不薦」之「孚」也。通天下以生生之仁而示之極也，惟君子乃无咎。五本陽剛在上之君子，群陰自下觀之，非能中正以觀，何以使下觀皆化？非能化天下於中正，何以為大觀之主？故曰「君子无咎」也。孔《疏》：「我教化善，則天下著君子之風；教化不善，則天下著小人之俗。」君子風著，己乃无咎。蘇氏所謂難乎其无咎也。〔註38〕

〔註35〕（宋）楊簡著，張沛導讀《楊氏易傳導讀》，華齡出版社 2019 年版，第 146 頁。

〔註36〕（明）張振淵《周易說統》，明萬曆四十三年（1615）石鏡山房刻本。

〔註37〕（明）季本《易學四同》，明嘉靖四十年（1561）刻本。

〔註38〕（明）潘士藻《讀易述》，《四庫提要著錄叢書》經部第 4 冊，北京出版社 2018

　　《讀易述》所引，僅第一句為季本之說，其後為潘氏之說，後為孔《疏》。
張振淵未檢核季本《易學四同》，又不辨引文起止，因見《讀易述》有「彭
山曰」，遂誤將下文所云當作季本之說。

　　又，《繫辭下傳》

　　　　蘇氏曰：（A）「無守於中者，不有所畏則有所忽也。忽者常失
　　　之太早，畏者常失於太后。既失之，又懲而矯之，則終身未嘗及事
　　　之會矣。知幾者不然。其介也如石之堅，『上交不諂』，無所畏也；
　　　『下交不瀆』，無所忽也。上無畏，下無忽，事至則發而已矣。」
　　　（B）「夫知彰者眾矣，惟君子於微而知其彰；知剛者眾矣，惟君子
　　　於柔而知其剛。」（C）「故萬夫望之，以為進退之候也。」〔註39〕

按：蘇氏即蘇軾。（A）節係蘇軾之說，見《東坡易傳》卷八《繫辭傳下》。
此下文字，（B）節出項安世《周易玩辭》卷十四《繫辭下·其殆庶幾乎》；
（C）節乃敷衍蘇軾之說，《東坡易傳》卷八《繫辭傳下》有云：「知幾者，
眾之所望，以為進退之候也。」〔註40〕

　　《田間易學·繫辭下傳》全引此一節文字，稱「蘇子瞻曰」〔註41〕，顯為
迻錄《讀易述》之說而未加考辨。

　　又，卷十七《雜卦傳》：

　　　　龔氏曰：（A）「『動』者生於動，陽在下也。『止』者生於靜，
　　　陽在上也。」（B）「震一陽起於初，艮一陽止於終，此天道之起止，
　　　自東方而至於東北者也。《雜卦》言止者三：『艮止也』，『大壯則止』，
　　　『節止也』。《大壯》之止，與《遯》之退相反，謂陽德方盛，故止
　　　而不退也。此止有向進之象，非若《艮》之止而終也。《節》之止
　　　與《渙》之離相反，謂過而止之，使不散也。此乃人止之，非若《大
　　　壯》之自止也。」（C）「『損益，盛衰之始也』，此句發明損益之義
　　　最為親切。《泰》之變為《損》，損未遽衰也。然損而不已，自是衰

　　　　年版，第341頁。
〔註39〕（明）潘士藻《讀易述》，《四庫提要著錄叢書》經部第4冊，北京出版社2018
　　　　年版，第664頁。
〔註40〕（宋）蘇軾《東坡易傳》，曾棗莊、舒大剛主編：《三蘇全書》第1冊，語文出
　　　　版社2001年版，第380頁。
〔註41〕（明）錢澄之，吳懷祺校點《田間易學》卷四《繫辭下傳》，黃山書社1998年
　　　　版，第678頁。

矣。《否》之變為《益》，益未遽盛也。然益而不已，自是盛矣。為

人者能使惡日衰，善日盛，其為聖賢也孰御焉？為國者能使害日衰，

利日盛，其為泰和也孰御焉？」〔註42〕

按：龔氏即龔原。僅（A）節係龔原之說，見《周易新講義》卷十《雜

卦》。此下文字，（B）節出項安世《周易玩辭》卷十六《雜卦‧艮止也　節止

也　大壯則止》，（C）節出項安世《周易玩辭》卷十六《雜卦‧損益》。

而錢澄之《田間易學‧雜卦傳》曰：

> 龔深父曰：震一陽起於初，艮一陽止於終，天道之起止，自東
> 方而至於東北也。《雜卦》言止者三，《艮》與《大壯》、《節》也。
> 《大壯》之止，與《遯》之退反止。而不退有向進之象，非若《艮》
> 之止而終也。《節》之止與《渙》之離反，謂過而止之，使不散也。
> 此乃人止之，非若《大壯》之自止也。〔註43〕

所引實為項安世之說，而非龔深父之說。繹其致誤之由，亦是源於《讀易

述》。

（三）不察潘氏之引文而致誤

《讀易述》未注明係引用的引文，亦有被當成潘氏之說而加以引用。如卷

五《大畜‧彖》：

> 述曰：天下惟陽為大，亦惟陽為能畜。大畜者，陽能自畜，畜
> 之大者也。彭山曰：「畜以貞靜為主。……」〔註44〕

按：張振淵《周易說統》卷四：「潘雪松曰：天下惟陽為大，亦惟陽為能

畜。大畜者，陽能自畜，畜之大者也。」〔註45〕查慎行《周易玩辭集解》卷

四：「潘雪松謂陽能自畜。」〔註46〕而實則「天下惟陽為大，亦惟陽為能畜」

係潘氏之說，「大畜者，陽能自畜，畜之大者也」同後「彭山曰」一樣，亦出

季本《易學四同》卷一《大畜》。

〔註42〕（明）潘士藻《讀易述》，《四庫提要著錄叢書》經部第 4 冊，北京出版社 2018
年版，第 710～711 頁。

〔註43〕（明）錢澄之撰，吳懷祺校點《田間易學》卷四《雜卦傳》，黃山書社 1998 年
版，第 734～735 頁。

〔註44〕（明）潘士藻《讀易述》，《四庫提要著錄叢書》經部第 4 冊，北京出版社 2018
年版，第 371 頁。

〔註45〕（明）張振淵《周易說統》，明萬曆四十三年（1615）石鏡山房刻本。

〔註46〕（清）查慎行著《周易玩辭集解》，張玉亮、辜豔紅整理《查慎行集》第 1 冊，
浙江古籍出版社 2018 年版，第 132 頁。

　　以上就潘氏書中的一些引文問題略加舉例說明，並就後世《易》籍徵引《讀易述》產生的訛誤略加考辨，以期學界在使用《讀易述》及其他相關纂注體《易》著時，需要區分孰為人說，孰為己說。同時，在引用其引文時，最好核查原書。此外，也充分說明，對於纂注體《易》著的整理，除了常規的校勘之外，必須要做史源學考辨，方能直探本源。

張次仲《周易玩辭困學記》諸失舉例

摘　要

　　張次仲《周易玩辭困學記》是《四庫全書》收入的最後一部明代易籍。該書內容豐富，極有學術價值，然迄今尚未引起學界關注。書中大量徵引前賢時彥的見解，保存了大量的文獻，但在徵引時也存在一些失誤。本文運用史源學通考全書，從九個方面對其失誤進行舉例說明，以期為相關研究精確使用《周易玩辭困學記》一書提供便利，也藉以指出史源學對纂輯類易籍的整理具有重要的意義。

關鍵詞：張次仲；《周易玩辭困學記》；明代易學；史源學

一、張次仲及《周易玩辭困學記》

　　張次仲，字元岵，一字符岵。因自表讀書處曰待軒，學者稱其為待軒先生。甲申（1644）明亡之後，自號浙泛遺民。浙江海寧人。生於明萬曆己丑（十七年，1589），卒於康熙丙辰（十五年，1676），年八十八。

　　張次仲曾中明天啟辛酉（元年，1621）舉人，主考官為當世文宗錢謙益。錢氏看到張次仲的文章之後，「許其必冠南宮」〔註1〕。但不幸的是，其後屢上公車，都未能中選。甲申國變之後，閉門不出，潛心著述。清順治中，舉賢良方正，以病辭，不就。和同邑朱朝瑛（號康流）相互切磋學問，俱以經

〔註 1〕　（清）錢謙益《周易玩辭困學記序》，（清）朱彝尊著，林慶彰、蔣秋華、楊晉龍等點校《經義考新校》（第 4 冊），上海古籍出版社 2010 年版，第 1165 頁。按：此係錢氏佚文，參著者《〈錢牧齋全集〉所收〈春秋胡傳翼序〉辨誤——兼輯錢謙益佚文〈周易玩辭困學記序〉》，刊《圖書館雜誌》2019 年第 6 期。

學知名。黃宗羲在《張元岵先生墓誌銘》中寫道:「海昌有窮經之士二人:曰朱康流、張元岵。短簷破屋,皆拌數十年之力,曉風夜雨,沉冥其中。兩人每相攻難,故其成書,彼此援引,用張其說。」〔註2〕其刻苦勵學,由此可窺。《周易玩辭困學記》書中時有「康流曰」,經查考,這些引文大多出自朱朝瑛《讀易略記》,但有些則不知所出,恐為朱氏未寫入書中的言論或看法。這也足見二人學術交流之一斑。陳確《壽張元岵先生八十》稱:「先生八十道彌尊,夙注羲經更討論。心薄漢儒何但宋,世傳家學又曾孫。豐年預報三冬雪,元日初開百歲樽。古不慶生惟慶壽,倘分斗酒醉齊髡。」〔註3〕可知張氏沉潛學問,至老彌篤。

其生平著述,黃虞稷《千頃堂書目》卷二十七著錄《一經堂集》,朱彝尊《經義考》卷六十三著錄《周易玩辭困學記》十二卷(《四庫全書》所收為十五卷。今未見十二卷本,恐《經義考》所記有誤)、卷一百十六著錄《待軒詩記》六卷。託名盧文弨的《經籍考》則稱其「著《易經困學箋記》(原注:「《明史》作《周易玩辭困學記》十二卷」)、《詩弋》、《晉書鈔》、《唐藩鎮考》、《土室唔言錄》等書」〔註4〕。此外,《販書偶記》著錄《張待軒遺集》,《中國古籍總目》著錄《待軒遺詩》二卷,清刻《海昌二十三家詩文鈔》有《待軒遺集鈔》一卷。

張次仲以經學聞名,孫治《祭張元岵先生文》曾記載其生活,「閉門卻掃,蓬蒿自隱。絕床固雙跌遞見,庋架則七略充牣」〔註5〕。在這樣的環境下,「廼緝《易》而黜九師之邪,遂陳《詩》而衷四家之正。所擔闡者,中古憂患之情;所宣昭者,先民溫厚之訓」〔註6〕。

清乾隆間修《四庫全書》,張次仲《周易玩辭困學記》十五卷、《待軒詩記》八卷均加以採錄。在《四庫全書總目》中,館臣也對兩書有較高評價。

> 雖盡廢諸家義例,未免開臆斷之門,然其盡廢諸圖,則實有剗削榛蕪之力。且大旨切於人事,於學者較為有裨,視繪畫連篇,徒類算經、弈譜,而易理轉置不講者,勝之遠矣。(《四庫全書總目》

〔註2〕 (明)黃宗羲《南雷詩文集》中,《黃宗羲全集》(第20冊),浙江古籍出版社2012年版,第421頁。

〔註3〕 (清)陳確《乾初先生遺集》詩集卷九,清餐霞軒鈔本。

〔註4〕 託名(清)盧文弨《經籍考》,清鈔本。

〔註5〕 (清)孫治《孫宇臺集》卷二十五,清康熙二十三年孫孝楨刻本。

〔註6〕 (清)孫治《孫宇臺集》卷二十五,清康熙二十三年孫孝楨刻本。

卷六《周易玩辭困學記》提要）〔註7〕

　　故持論和平，能消融門戶之見。雖憑心揣度，或不免臆斷之私，而大致援引詳明，詞多有據，在近代經解之中，猶為典實。（《四庫全書總目》卷十六《待軒詩記》提要）〔註8〕

對於《周易玩辭困學記》，錢謙益所撰《序》對之頗為讚譽，稱：

　　出其《周易玩辭困學記》相正，大約根柢於窮理，而浸淫深湛，於《象》《爻》《十翼》之義，浩浩瀚瀚，上下數百餘家，無不辨析而折衷。近古以來之譚《易》，此其斐然者矣。其辨卦變之說，非某卦從某卦而來；悟因重之法，八卦無自十六、三十二以至六十四之說；希夷、康節作方圓圖，繪其所自得，非易本有此圖；一卦六爻，如主伯亞旅，無此以為君子，彼以為小人，背反錯雜之理。皆其浸淫深湛，而創獲於古人所未發。無論近代之士，即有宋諸君子，分路揚鑣，亦未必遽俯而殿其後也。〔註9〕

　　兩書在清代也產生了一定影響，如顧廣譽《學詩詳說》、查慎行《周易玩辭集解》〔註10〕分別對《周易玩辭困學記》、《待軒詩記》進行了多次援引，足見其學術價值。

　　但令人遺憾的是，這樣一位學者，其著述迄今未能得到整理。就研究而言，成果也較少。通過知網檢索，江西師範大學2018年、廣西師範大學2019年分別有題為《張次仲〈待軒詩記〉研究》的碩士學位論文，而《周易玩辭困學記》的研究則尚未得見。諸如朱伯崑《易學哲學史》（崑崙出版社2005年版），林忠軍、張沛、張韶宇《明代易學史》（齊魯書社2016年版）之類的易學專書，梳理明代易學典籍頗詳，亦未論及此書。這也是著者研究此書的一個初衷。

　　關於張次仲學《易》的經歷，其《自序》〔註11〕有較為詳細的記載。序

〔註7〕　（清）紀昀《欽定四庫全書總目》，中華書局，1997年，第52頁。
〔註8〕　（清）紀昀《欽定四庫全書總目》，中華書局，1997年，第204頁。
〔註9〕　（清）朱彝尊著，林慶彰、蔣秋華、楊晉龍等點校《經義考新校》（第4冊），上海古籍出版社，2010年，第1165～1166頁。
〔註10〕《周易玩辭集解》稱「張待軒曰」達三十一次。比勘兩書，《周易玩辭集解》另有多處引《周易玩辭困學記》之說，但未標明係引用。著者另有《查慎行〈周易玩辭集解〉諸失舉例——兼論史源學對易籍整理之重要性》一文加以考索。
〔註11〕（明）張次仲：《周易玩辭困學記》卷首，景印文淵閣四庫全書第36冊，臺北：商務印書館，1986年，第384～385頁。按：此序，康熙刻本失載。

稱：「余七歲就外傅，先君子教余經學，擬《春秋》，意徘徊未定。抱著而問筮人，謂：『孺子於《易》似有宿因，宜讀《易》。』遂授以文公《本義》。」但「矻矻窮年，不過為帖括應制之事，於潔靜精微之旨，了無窺見」。此一時期讀《易》，目的在於應對科考，因而未能窺見大《易》精微之旨。其後，這一狀況才得以慢慢轉變。「一日，經師講『潛龍勿用』，胸中憬然若有所觸，如電光石火，隨見隨滅。踰冠以後，漸涉人事，遭家多難，日行於凶咎悔吝之塗而莫之悔。老來憂患，轉迫端居，深念寡過之道，無踰讀《易》。」自此，張次仲開始了他辛苦而漫長的讀《易》、研《易》生涯。「屏跡蕭寺，晝夜紬繹，有未明瞭，更撿先輩箋疏傳注諸書，反覆參校，非謂有合於四聖，期自慊而後止。蓋風雨晦暝，疾病愁苦，二十年如一日也。賦性顓愚，不敢侈譚象數，又雅不信讖緯之說，惟從語言文字中，求其諦當有益身心者。輒便疏錄，歲久成帙，總不離經生習氣，謬題之曰《玩辭困學記》。」這也就是四庫提要所謂的「經二十餘年，凡六七易稿而後成」。

關於《周易玩辭困學記》的版本，諸書所載不同。《雍正浙江通志》卷二四一、《明史》卷九六著錄為十二卷；嵇璜《續通志》卷一五六、李格《民國杭州府志》卷八十六著錄為十五卷，李格注云「《乾隆志》作十二卷，蓋本《通志》。今據《四庫書目》改正」；嵇璜《續文獻通考》卷一四五、徐乾學《傳是樓書目》著錄為無卷數，徐乾學稱「六本。又一部，十本」。盧文弨《經籍考》著錄清鈔本《易經困學箋記》，稱「作《周易玩辭困學記》，十二卷」，則書名亦有別稱。

今所存僅見康熙本和四庫本。沈津先生在《美國哈佛大學哈佛燕京圖書館藏中文善本書志》中著錄了清康熙刻本，並就康熙本與四庫本的差別，進行了詳細的介紹，茲不贅述。沈先生通過各家書目的著錄情況，指出「此書曾有十五券、十二卷、八卷、六卷及不分卷之不同版本行世，及至今日，祇在《四庫》之十五卷本與此不分卷本矣」〔註12〕。

二、《周易玩辭困學記》諸失舉例

《周易玩辭困學記》一書的解《易》體例，和何楷《古周易訂詁》十六卷大體是一致的。《四庫全書總目》評價何楷之書，曰：

〔註12〕沈津主編：《美國哈佛大學哈佛燕京圖書館藏中文善本書志》（第一冊），南寧：廣西師範大學出版社，2011 年，第 31 頁。

取材宏富，漢、晉以來之舊說雜采並陳，不株守一家之言，又
辭必有據，亦不為懸空臆斷、穿鑿附會之說，每可以見先儒之餘
緒。〔註13〕

這個評價用在《周易玩辭困學記》上，也較為貼切。「取材宏富」，繁徵博引，
網羅剔抉前修時賢諸說，擇善而從，誠有利於多方位地解讀經義。但徵引太
多，所涉及的典籍較多，造成的工作量較大。在徵引過程當中，也難免會產
生一些錯誤和不足。筆者近來叢書史源學考《易》的研究，《周易玩辭困學
記》即為其中之一種。在研讀過程中，發現了一些問題，這主要表現在這樣
幾個方面。茲拈出數例，以供學界參考。

（一）《注》、《疏》混淆

如《蒙》卦九二：

輔嗣：「以陽居卦內，接待群陰，是剛柔相接。」〔註14〕

按：此係孔《疏》，而非王《注》。《蒙》九二《象》，《正義》曰：「以陽居於
卦內，接待群陰，是剛柔相接，故克干家事也。」〔註15〕

（二）張冠李戴

如《師》卦九二：

楊廷秀曰：「一陽五陰，則五陰歸一陽，一陽為主，《師》、《比》
是也。一陰五陽，則五陽歸一陰，一陰為主，《同人》、《大有》是
也。」

按：楊廷秀即楊萬里，著《誠齋易傳》，《周易玩辭困學記》屢見徵引。此處
引文實見楊簡《楊氏易傳》卷四《師》〔註16〕，非楊萬里之說。

又如《否》九四：

康流曰：「濟時之念，易於從俗。求通之心，隣於欲速。」

按：康流即作者好友朱康流。但此說見潘士藻《讀易述》卷三《否》，稱「劉
伯子曰」〔註17〕。

〔註13〕（清）紀昀：《欽定四庫全書總目》，中華書局1997年版，第52頁。
〔註14〕以下所引《周易玩辭困學記》之文，均據哈佛大學哈佛燕京圖書館藏康熙刻
本。
〔註15〕劉玉建：《〈周易正義〉導讀》，濟南：齊魯書社，2005，第140頁。
〔註16〕（宋）楊簡：《楊氏易傳》，北京：華齡出版社，2019年，第94頁。
〔註17〕（明）潘士藻：《讀易述》，明萬曆三十四年潘師魯刻本。

　　其中，最嚴重的，就是多次誤將胡居仁之說當作錢一本之說。如《比》六三、《泰》六四、《泰》六五、《臨·彖》、《噬嗑》初九、《復》上六、《坎·彖》、《坎》九二、《坎》九五，所引文字均見胡居仁《易像鈔》，而不是出自錢一本的《像象管見》。

（三）添字增疑

　　如《師》六五：

> 　　胡仲虎曰：二、三、四，皆將也；五，任將者也。於三曰「師或輿尸」，危之之詞，而不忍必言之也。至五則直書曰「弟子輿尸」，蓋謂五用二而又用三，必至於如此。故「長子帥師」不言吉，而「弟子輿尸」則曰「貞凶」，甚言任將之不可不審且專也。按：長子即丈人。自眾尊之曰丈人，自君稱之曰長子。《象》言師必用老成，則既貞又吉。爻言用老成，而或以新進參之，雖貞亦凶。古人一歲三田，所以習武事也。五居坤土之中，故取象「田有禽」。

按：此節引文既有「胡仲虎曰」，又有「按」，粗觀之下，給人的直觀印象就是前者為胡炳文（字仲虎）之說，後者為作者之按語。檢胡炳文《周易本義通釋》卷一《師》，曰：

> 　　二、三、四，皆將也；五，任將者也。五任二，長子為將，又使六三弟子參之，輿尸之敗，必矣。三爻辭曰「師或輿尸」，「或」者，非必之辭，蓋謂六三為將，其敗未必至於輿尸也。而「或輿尸」，凶何如哉！危之之辭，而不忍必言之也。至五則直書曰「弟子輿尸」，蓋謂五用二而又用三，必至於如此。故「長子帥師」不言吉，而弟子則直書曰「輿尸貞凶」，甚言五之任將不可不審且專也。長子即《象》所謂「丈人」也。自眾尊之則曰丈人，自君稱之則曰長子，皆長老之稱。《象》言師必用老成，則既貞又吉。爻言用老成，而或以新進參之，雖貞亦凶。吉凶之鑒昭然矣。〔註18〕

比勘文本可知，實則「按」字以下部分仍為胡仲虎之說。張氏妄添「按」字，容易給讀者增添錯覺。另外，「古人一歲三田」以後部分乃敷衍何楷《古周易訂詁》卷二《師》而成，其文曰：

〔註18〕　（元）胡炳文：《周易本義通釋》，景印文淵閣四庫全書第24冊，臺北：商務印書館，1986年，第328頁。

　　　　五居坤土之中，故取田象。於師言田者，古人一歲三田，所以

　　習武事也。〔註19〕

並不是非胡仲虎之說。由於不加區隔，也容易給人以誤導。這就涉及到下一

種不足。

（四）連引多人，不加區分

　　如《乾‧文言》：

　　　　子瞻曰：卦以言其性，爻以言其情。方其無畫之前，隱而未泄。

　　及有三畫之後，泄而未盡。至二體兼備，六爻陳列，然後曲盡其情

　　而無遺也。

按：通過考索，「卦以言其性，爻以言其情」見蘇軾《東坡易傳》卷一《乾》。

〔註20〕「方其無畫之前」以下文字見徐師曾《今文周易演義》卷一《乾》〔註21〕、

黃正憲《易象管窺》卷一《乾》〔註22〕。而此處僅標「子瞻曰」，如果不加考

索的話，就會讓人誤以為此一節都為蘇軾之論。

　　又如《臨》六三：

　　　　吳氏曰：處將盛時，少有說意，便是消局，故聖人先戒之以甘，

　　又教之以憂。甘則何念不弛？憂則何念敢放？兌，說也。兌為口，

　　坤為土，土爰稼穡作甘，兌口遇坤，故曰「甘臨」。

按：此係化用吳桂森《周易像象述》卷三《臨》之說。其文曰：

　　　　臨之病全在三爻，剛說無心而正，柔說未免以情用，便落了歡

　　娛私意之說，故曰「甘臨」。甘則何利之有？八月之消，其機皆在一

　　甘。憂與甘正是對病之藥。纔甘便入逸樂，就成消局；纔憂便知戒

　　謹，就成長局。故憂之可以補咎。凡兌三多言位不當，以柔居二剛

　　之上為不宜也，非以柔居剛之謂。〔註23〕

　　據此，則後一部分與吳氏無關。「兌為口」之下實為虞翻之說，見李鼎祚

〔註19〕（明）何楷：《古周易訂詁》，明崇禎刻本。
〔註20〕（宋）蘇軾：《東坡易傳》，曾棗莊、舒大剛主編《三蘇全書》（第 1 冊），北
　　　　京：語文出版社 2001 年，第 143 頁。
〔註21〕（明）徐師曾：《今文周易演義》，明隆慶二年（1568）董漢策刻本。
〔註22〕（明）黃正憲：《易象管窺》，《四庫全書存目叢書》經部第 10 冊，濟南，齊魯
　　　　書社，1996 年，第 420 頁。
〔註23〕（明）吳桂森：《周易像象述》，景印文淵閣四庫全書第 34 冊，臺北：商務印
　　　　書館，1986 年，第 455 頁。

《周易集解》卷五《臨》。〔註 24〕

　　再如《繫辭上傳》「是故易有太極」章：

　　　　房審權云：太極生兩儀、生四象、生八卦，非今日有太極而明
　　　日方有兩儀，後日乃有四象八卦也。又非今日有兩儀而太極遯，明
　　　日有四象而兩儀亡，後日有八卦而四象隱也。太極者，不分之陰陽。
　　　陰陽者，已分之太極。橫目所見，無非兩儀，無非四象八卦，即無
　　　非太極。周子云「無極而太極」，蓋恐人誤認太極別有一物，而於陰
　　　陽之外求之也。

按：經考索，「而四象隱也」之前係房審權之說，見焦竑《易筌》卷五《繫辭
上傳》。〔註 25〕「太極者，不分之陰陽。陰陽者，已分之太極」，見沈一貫《易
學》卷九《繫辭上傳》。〔註 26〕之後部分，則是檃括何楷《古周易訂詁》卷十
一《繫辭上傳》之說。〔註 27〕

（五）人我不分

　　除了牽連多家之外，書中還有人我不分的情況。如《坤・文言》：

　　　　鄭申甫曰：「陰疑於陽必戰」，是陰與陽交戰也。交戰而獨曰龍
　　　戰者，是時陰處其盛，目中已無陽矣。為其嫌於無陽也，故獨稱龍
　　　為戰，若曰陰犯順而龍戰之。以討陰之義與陽，不許陰為敵也。於
　　　陽氣衰微陵替之際，尊而號之曰龍，猶《春秋》書「天王狩河陽」、
　　　「公在乾侯」之意。

按：鄭申甫之說至「不許陰為敵也」止，見張振淵《周易說統》卷一《坤》
〔註 28〕。此下為張氏之說。

　　又如《巽》九二：

　　　　歸熙甫曰：禮文之繁縟，氣象之謙沖，苟出於心，雖煩不厭；
　　　苟當於禮，雖卑不屈。故曰「得中」。中者，誠而已。

〔註 24〕（唐）李鼎祚：《周易集解》，成都：巴蜀書社，1991 年，第 92 頁。
〔註 25〕（明）焦竑：《易筌》，《續修四庫全書》（第 11 冊），上海：上海古籍出版社
　　　　1995 年，第 152 頁。
〔註 26〕（明）沈一貫：《易學》，《四庫全書存目叢書》經部第 10 冊，濟南，齊魯書
　　　　社，1996 年，第 153 頁。
〔註 27〕（明）何楷：《古周易訂詁》，明崇禎刻本。
〔註 28〕（明）張振淵：《周易說統》，明萬曆四十三年石鏡山房刻本。

按：檢歸有光《易經淵旨》卷中《巽》，其說至「雖卑不屈」止。〔註29〕其後乃張氏之說。

又如《未濟》上九：

> 焦弱侯曰：《既濟》之終有亂之理，故上六以『濡首』表人事之危。《未濟》之終有濟之理，故上九以『濡首』表人事之失。《易》言人，不言天。既濟、未濟，皆人為之也。

按：檢見焦竑《易筌》卷四《未濟》上九，曰：

> 《既濟》之終有亂之理，故上六以濡首為人事之危。《未濟》之終有濟之理，故上九以濡首為人事之失也。六五以九二為孚，則上九之孚者，六三也。濟以孚為美，然而所以用此孚者，不可忽也。六三以坎從離，酒自下升而入於上，則飲食之象也。上九自離入坎，首反向下而入於酒，則濡首之象也。我飲食彼，則彼可以出險而成既濟之功。彼濡我，則並我而入於險矣。患難將終，天下將濟。當此之時，上之舉動豈可有失，失則敗矣。此君子謹於辨物居方之事。〔註30〕

據此，則《周易玩辭困學記》所引焦氏之說，至「表人事之失」而止。「《易》言人」以下則為張氏自己之見解。

又如《繫辭上傳》：

> 郭相奎曰：謂之「成位」，則「成男」、「成女」為不虛矣。夫以藐然之身，而與天地頡頏，宜有異人術，而止一易簡。則聖賢大非難事，人特自暴自棄耳。

按：此一節中，只有「夫以藐然之身，而與天地頡頏，宜有異人術，而止一易簡」為郭相奎之說，見《郭氏易解》卷十一《繫辭上傳·首章總論》〔註31〕。

（六）不究本源

如《乾·彖》：

> 潘去華曰：「凡彖以易象與天道雜言，見易之所象皆天道也；以

〔註29〕（明）歸有光《易經淵旨》，《四庫全書存目叢書》經部第 7 冊，濟南，齊魯書社，1996 年，第 747 頁。

〔註30〕（明）焦竑：《易筌》，《續修四庫全書》（第 11 冊），上海：上海古籍出版社1995 年，第 134 頁。

〔註31〕（明）郭子章：《郭氏易解》，上海：上海古籍出版社，2017 年，第 167 頁。

人事終之者，見易以天道，言人事也。此六十四卦之例。」

按：文見明代潘士藻（字去華）《讀易述》卷一。〔註32〕《讀易述》與《周易玩辭困學記》一樣，也是廣引他人之說，且時有引用卻不加以標明之處。此處非潘士藻原創，乃引用宋代項安世《周易玩辭》卷一《乾·彖》。〔註33〕

又如《大過·彖》：

> 錢塞庵曰：「『獨立不懼』，如木在水中，挺持而不傾欹。『遯世無悶』，如水過木杪，湮沒而不呈露。」

按：見錢士升《周易揆》卷四《大過》。〔註34〕然此說早見吳澄《易纂言》卷五《大過》：

> 君子大過人之事，其獨立不移也，如木在水中，挺特而不傾歌；其遯世不見也，如水過木杪，淹沒而不呈露。不懼於內，而無悶乎外，猶木不動搖，而任水之淹浸也。〔註35〕

另外，崔銑《讀易餘言》卷三《大象說·大過》〔註36〕、何楷《古周易訂詁》卷三《大過》均有相近之說。

又如《大壯》六五：

> 潘去華曰：「四以剛居柔，故『藩決』而『悔亡』。六五以柔居剛，故羊喪而『無悔』。四之所決，即九三所觸之藩；五之所喪，即上六不退之羊。」

見潘士藻《讀易述》卷六《大壯》。實則此語早見項安世《周易玩辭》卷七《大壯·喪羊於易》。張振淵《周易說統》卷五《大壯》亦引此語，稱「項平菴曰」。

（七）來源似是而非，不夠嚴謹

如《蹇》六四：

> 鄒汝光曰：連齊桓、管仲之交者，鮑叔也。連簡公、子產之交者，子皮也。連漢高、韓信之交者，蕭何也。

〔註32〕（明）潘士藻：《讀易述》，明萬曆三十四年潘師魯刻本。
〔註33〕（宋）項安世：《周易玩辭》，濟南：山東友誼書社，1991年，第19～20頁。
〔註34〕（明）錢士升：《周易揆》《四庫全書存目叢書》經部第20冊，濟南，齊魯書社，1996年，第684頁。
〔註35〕（元）吳澄：《易纂言》，濟南：齊魯書社，2006年，第398頁。
〔註36〕（明）崔銑：《讀易餘言》，景印文淵閣四庫全書第30冊，臺北：商務印書館，1986年，第55頁。

按：此語實出錢士升《周易揆》卷六《蹇》。〔註37〕檢鄒汝光《易會》卷四《蹇》，曰：

> 連威公、管仲之交者，鮑叔也。連簡公、子產之交者，子皮也。

> 變兌為麗澤，卦變《咸》。陰陽相感，亦來連象。〔註38〕

何楷《古周易訂詁》卷四《蹇》引「鄒汝光云」〔註39〕，與《易會》同。因鄒汝光有類似之說而致誤。

（八）引文不注

《周易玩辭困學記》很多地方注明某人曰，雖然標注有一些錯誤或不足，但讓人能夠知曉此處是引文，而非張氏之說。相比之下，書中還有大量的文字，雖然沒有標注是引用，但通過考索，可知是引用他人之說。

如《觀》六三：

> 按：「我」字凡論全卦，皆以主爻為我。《蒙》九二、《小畜》六四、《頤》上九、《小過》六五、《中孚》九二是也。獨《需》三《鼎》二《解》三《旅》四及觀之六三、九五各自以本爻稱我，非一卦之事。

按：經查，此一按語實節錄項安世《周易玩辭》卷五《觀·我》〔註40〕，非張氏之說。

又如《雜卦傳》：

> 咸，速也；恒，久也。

> 渙，離也；節，止也。

> 解，緩也；蹇，難也。

> 睽，外也；家人，內也。

《周易玩辭困學記》分別有解，曰：

> 有感則速，速則婚姻及時。有恆則久，久則夫婦偕老。

> 坎水在巽風之下，為風所離散。坎水在兌澤之上，為澤所節止。

> 出險之外，安舒寬緩之時。居險之下，大難切身之際。

〔註37〕（明）錢士升：《周易揆》《四庫全書存目叢書》經部第20冊，濟南，齊魯書社，1996年，第722頁。

〔註38〕（明）鄒汝光：《易會》，《四庫全書存目叢書》經部第7冊，濟南，齊魯書社，1996年，第707頁。

〔註39〕（明）何楷：《古周易訂詁》，明崇禎刻本。

〔註40〕（宋）項安世：《周易玩辭》，濟南：山東友誼書社，1991年，第202～203頁。

外，疏之也，故二女二心。內，戚之也，故一家一心。關子明
曰：「明乎外者，物自睽。明乎內者，家自齊」，亦可味。

通過考索，此四節注解均非張氏之說，而係他人之說，分見來知德《周易集注》卷十五《雜卦傳》〔註 41〕、吳澄《易纂言》卷十二《雜卦傳》〔註 42〕、來知德《周易集注》卷十五《雜卦傳》〔註 43〕、沈一貫《易學》卷十二《雜卦傳》〔註 44〕。

此類甚多，不另舉。

（九）轉引他書，未核原書而致誤

《周易玩辭困學記》有時注明某人說，實則據他書轉引，而非檢核原書所得。如《震》六二：

楊廷秀曰：「有墮甑弗顧之達，自有去珠復還之理。」

按：楊萬里《誠齋易傳》未見此語。而吳澄《易纂言》卷二《震》云：「若有墮甑弗顧之達，則有去珠復還之喜。」〔註 45〕胡廣《周易大全》卷十八《震》、蔡清《易經蒙引》卷七下《震》引用，均稱臨川吳氏曰。檢焦竑《易筌》卷四《震》：「廷秀曰：『有墮甑弗顧之度，必有去珠復還之喜。』」〔註 46〕追溯張次仲致誤之由，乃因轉引《易筌》而致。

以上就張氏書中的一些問題略加舉例說明。要解決這些問題，只有一個辦法，就是用史源學，對各條文字進行史源查考，找到其原始出處，方可辨別孰為甲說，孰為乙說；孰為人說，孰為己說。

辨明瞭甲說和乙說、引文與己說，一方面能夠較為準確地進行文本的句讀；更為重要的是，能夠使學界在研究《周易玩辭困學記》時，可以避免誤將他人之說當作張次仲之說，以致誤將他人之易學見解當作張次仲之易學見解而加以研究的弊病。

而這並非《周易玩辭困學記》存有的個別問題，而是古代纂輯類易籍（即

〔註 41〕（明）來知德：《周易集注》，北京：中華書局，2019 年，第 722 頁。
〔註 42〕（元）吳澄：《易纂言》，濟南：齊魯書社，2006 年，第 398 頁。
〔註 43〕（明）來知德：《周易集注》，北京：中華書局，2019 年，第 722 頁。
〔註 44〕（明）沈一貫：《易學》，《四庫全書存目叢書》經部第 10 冊，濟南，齊魯書社，1996 年，第 204 頁。
〔註 45〕（元）吳澄：《易纂言》，濟南：齊魯書社，2006 年，第 545 頁。
〔註 46〕（明）焦竑：《易筌》，《續修四庫全書》（第 11 冊），上海：上海古籍出版社 1995 年，第 110 頁。

輯錄諸家之說）裏非常普遍的一個現象。筆者從事的史源學考易系列，包括俞琰《周易集說》、張獻翼《讀易紀聞》、潘士述《讀易述》、焦竑《易筌》、何楷《古周易訂詁》、張次仲《周易玩辭困學記》、孫承澤《孔易釋文》七種，目的即是運用史源學的方法來整理纂輯類易籍，以期揭櫫其在纂輯類易籍整理工作的意義。

黃與堅《願學齋文集》
「書序」類文獻價值舉隅

摘　要

　　黃與堅《願學齋文集》四十卷，內容豐富，極具文獻價值。本文以《願學齋文集》中的書序為研究對象，條舉其中的《經義考序》《左傳紀事本末序》《遜志齋集序》《日下舊聞序》《錢遵王注牧齋詩集序》，以管窺其文獻價值，以期引起學界的關注。

關鍵詞：黃與堅；《願學齋文集》；《經義考》；《左傳紀事本末》；《遜志齋集》；《日
　　　　下舊聞》；《錢遵王注牧齋詩集》；文獻價值

　　太倉學者黃與堅著有《願學齋文集》四十卷，內容豐富，極具文獻價值。然而，該書因係抄本，流佈不廣，以致湮沒無聞，隱晦不彰，迄今尚未被學界關注。本文以《願學齋文集》中「書序」類文章為研究對象，對其文獻價值略作說明，以便引起進一步的研究。

一、黃與堅及《願學齋文集》

　　黃與堅，《清代學者象傳》、《國朝先正事略》卷三八、《清史列傳·文苑傳》均有傳，《清代學者象傳》稱：

> 　　黃與堅，字庭表，號忍庵，江南太倉人。順治十六年進士，授
> 知縣。康熙十八年，召試博學鴻詞，授編修，纂修《明史》。告成
> 後，覆命分修《一統志》。二十三年，充貴州鄉試正考官，遷贊善。
> 未幾，乞病歸。先生童年穎悟，詩文過目即記憶。三歲能識字，五
> 歲能誦詩。八歲酷好唐人詩，錄小本攜之出入，輒為蒙師所禁抑。

年十四，慨然有志於古學，欲遍讀周秦以下書。甫三年，讀周末諸子及六朝以上者幾盡[註1]。詩詞俱工，特其餘事。錢遵王敘其詩，謂「《長安》、《金陵雜感》諸篇，頓挫鉤鎖，纏綿惻愴，風情骨格，在韓致堯、元裕之之間。盱衡抵掌，後來不得不推此賢。久之，學殖益富，才力益老，散華落藻，驚爆都市，梅邨先生歎為知言。」[註2]性落落少所合，惟與人交，當生死患難，不渝初志。年七十餘卒。所著有《忍庵詩文集》等各若干卷。[註3]

而鄧之誠《清詩紀事初編》卷三載：「字庭表。順治十六年進士，授推官。旋以奏銷罣誤。康熙十七年應博學鴻詞徵試，授編修，擢贊善。典貴州鄉試。原銜充講官，以葬親乞歸。與堅工詩，以性情勝。年八十二卒。有《願學齋集》四十卷。」[註4]與《清代學者象傳》所載多有不同。

關於黃與堅的生卒年，江慶柏《清代人物生卒年表》[註5]據《明清江蘇文人年表》，陳文新主編《中國文學編年史（明末清初卷）》[註6]據錢仲聯主編《中國文學家大辭典·清代卷》均作1620～1701年。而馮其庸、葉君遠《吳梅村年譜》載其生於1624年，依據為：「黃與堅《願學齋文集》卷三十一《張南郭先生知畏堂集序》：『余年十五為張南郭、張西銘兩先生所知，余屏跡未之見。越三年，西銘死，余始哭其墓，因以識南郭。』可知張溥卒時黃與堅十八歲。溥卒於崇禎十四年，逆推十八年當為本年。」[註7]《吳梅村年譜》乃據黃與堅之自述立論，可能更接近真實。至於其卒年，或說「年

[註1] 按：（清）朱彝尊《經義考》卷68著錄黃與堅《易學闡一》，並錄其自序一篇。檢《願學齋文集》卷二五，有《易學闡一自序》兩篇，《經義考》所錄乃序二。兩序題目明言《易學闡一自序》，且序二明言書名「曰《闡一》」，知《清代學者象傳》所載書名脫「一」字。

[註2] 按：「頓挫鉤鎖，纏綿惻愴」等語，沈德潛《清詩別裁集》卷六、李元度《國朝先正事略》卷三八《文苑》、徐世昌《晚晴簃詩匯》卷四二均作錢謙益語。檢此語實出《黃庭表忍庵詩序》，載《牧齋有學集》卷二十，《清代學者象傳》誤作錢遵王語。

[註3] 葉衍蘭、葉恭綽編《清代學者象傳》，上海書店出版社2014年版，第98頁。

[註4] 鄧之誠《清詩紀事初編》，上海古籍出版社2012年版，第409頁。

[註5] 江慶柏《清代人物生卒年表》，人民文學出版社2005年版，第692頁。

[註6] 陳文新主編《中國文學編年史》明末清初卷，湖南人民出版社2006年版，第68頁。

[註7] 馮其庸、葉君遠《吳梅村年譜》，文化藝術出版社2007年版，第20～21頁。

七十餘卒」，或說「年八十二卒」〔註8〕，尚不能確知。

關於其著述，秦瀛《己未詞科錄》卷三記載較為完備，傳云：

> 黃與堅，字庭表，號忍庵，江南太倉人。順治己亥進士，候選
> 知縣，由江寧巡撫慕天顏薦舉編修，官至詹事府贊善。著有《大易
> 正解》《易學闡一錄》《諸經論說》《月令輯要》《願學齋集》《太倉州
> 志》《忍庵文集》。〔註9〕

就文集而言，柯愈春《清人詩文集總目提要》卷六稱：《願學齋集》四十
卷，清鈔本，中國國家圖書館藏。日本內閣文庫藏清刻本，為《忍庵集文稿》
二十卷；臺北「中央」圖書館藏《忍庵集文稿》不分卷，雍正五年婁東謝浦泰
鈔本。〔註10〕

《清代詩文集彙編》第74冊收錄《願學齋文集》四十卷附錄一卷，係婁
東嚴瀛抄本。依次為經解四卷、論一卷、議一卷、考一卷、說一卷、策問一
卷、志略一卷、賦一卷、表頌一卷、書三卷、記七卷、序十一卷、傳誄二卷、
墓誌銘三卷、碑版行狀一卷、題詞跋贊一卷，共計397篇。

二、《願學齋文集》「書序」類文獻價值舉隅

就文體而言，《願學齋文集》中內容最多的是序。從卷23到卷33，共十
二卷，103篇。

其中卷23所收文10篇，加之卷24第一篇，均為贈序。其餘部分均為書
序，共92篇。這些序文為前修時賢的著述而作，具有較高的文獻價值。特別
是一些序文，未被所序之書載錄，沉埋至今，亟待發掘。茲就已有刊本傳世的
五種頗為有名的典籍為例〔註11〕，加以說明。

（一）《經義考序》

> 孟子曰：「博學而詳說之，將以反說約也。」經以約為要，經

〔註8〕 （清）黃與堅《願學齋文集》卷首摘錄其傳記資料若干，所引《太倉直隸州志·
列傳》稱「年八十二卒」。（《清代詩文集彙編》第74冊，上海古籍出版社2010
年版，第5頁）

〔註9〕 （清）秦瀛《己未詞科錄》，天津圖書館歷史文獻部編《三十三種清代人物傳
記資料彙編》第43冊，齊魯書社2009年版，第548頁。

〔註10〕 柯愈春《清人詩文集總目提要》，北京古籍出版社2001年版，第138頁。

〔註11〕 《願學齋文集》另有一些序文，亦未被所序之書收錄，如卷32《金石錄補序》。
檢《叢書集成初編》本《金石錄補》，卷首僅有魏禧序、錢嘏序、葉奕苞自序。

義蓋詳說而反於經者也。諸經自孔子編纂以為教弟子相指授，迄於五六傳。周末諸子，詖辭橫作，及於秦火。而諸經之毀也，則不於秦而於楚。時非博士所議天下詩書百家語，雜燒之，是秦時經尚存。迨楚燒秦宮室而殆盡，而民間所藏未之或絕也。漢時隸書隨出，諸儒證解蜂灑叢集，而經義乃極全。然魏晉以降，古疏不行。至宋而經學大昌，疏復不用。嗟乎！經以秦廢之而義始興，以宋興之而義始廢。廢興之間，亦甚可感已。有宋諸儒，專以聖人意指掌之流俗，務使人人為說，可實踐行之，而一切古疏，輒以為其義踳駁，恣其去取。時以諸經取士，猶率其臆見而高下之，有大經中經小經之別。而領行訓詁，觀以一時所好尚，驅天下功名之士役，泛然奔走，出其塗而迄於今亦逐，蕩然不能復古。悲夫！此太史朱錫鬯先生循觀往昔，喟然而歎，有《經義》三百卷之輯也。夫道之大猶海也，海者汪洋浩瀚，莫之紀極，而一勺可盡諸海之變，以一可推萬也。若拘於一水，烏足以知滄海之大哉。淹中稺下，箋解繁夥。其後聚徒講學者，代不乏人。而歷宋元明，說以滋眾，以經之為道，淵微浩大，故其為說，舉古今上下洪纖之數，包括靡遺。若能六通四辟於其間，義疏雖多，而猶莫之能盡也。先生究心於此，發其藏書，匯而輯之。苟義與經焉，雖隻字單詞，必為摭取，使數百年間異彩精光畢觀於殘編殘簡之際。非先生博識宏材，為之採擇，何以有此巨藝哉！從文才智之士，其抱遺經而矻矻焉竭其心思，欲以一言附不朽者何限。而以觀《漢藝文志》、唐《崇文館書目》，莫傳於後者，百無二三，況並其目而堙沒者，又不可勝數乎？先生於此，力為搜致，即其書不傳，必大標其目，稍稍記載其為人，使觀之者知夫窮經之子，雖累劫沉灰，不知磨滅，而後世有所感興焉。思深哉！先生之所以裨益經教亦大矣。若夫經義之要，博猶約也。王文成有云：「經，常道也。無有弗具，無有弗同，無或變者也。」今先生所撰述已博矣，約不已，在是乎，非窮其變得其常者乎？我知後之學者，其必有省是編而抉微鈎奧，反之於道者。雖然，道非余言之所能畢也，故以先生之屬序，而僅取先生之所以為茲考者，匡略書其概，而於道弗之詳。

按：文載《願學齋文集》卷 25〔註12〕。《經義考》共 300 卷，朱彝尊（1629～1709）所撰，「通考歷代經義」，是經學文獻的專科目錄，也是輯錄體目錄的集大成之作。據張宗友《〈經義考〉研究》可知該書版本眾多，有初稿本、初刻本、盧見曾補刻本、《四庫全書薈要》本、《四庫全書》本、汪汝瑮補刻本等〔註13〕。今有林慶彰先生等整理本，名為《經義考新校》，是迄今最為完備的版本。諸本之間時有差異，就卷首而言，出入頗大。《經義考新校》匯錄諸版本卷首所載序跋題識，依次為盧見曾序、盧見曾奏狀、陳廷敬序、毛奇齡序、朱稻孫識語、盧見曾識語、乾隆御製詩、乾隆上諭、三寶紀文。

此序，諸本《經義考》均未載。文中稱「故以先生之屬序」，可知乃因朱彝尊「屬序」而作。朱彝尊請求黃與堅為《經義考》作序，但刊行的《經義考》又不載此序，其原因不詳，有待進一步考究。序中提及《經義考》的撰述緣由，因感於前人經學作品「蕩然不能復古」，而「有《經義》三百卷之輯也」，則黃與堅亦認為朱彝尊因「懼經學遺編放失而作」〔註14〕，與其後的朱稻孫觀點一致。

另外，《經義考》卷 68 著錄黃與堅《易學闡一》十卷，附載自序，但未介紹其生平。但觀此序，可知二人有交誼〔註15〕，闕載其生平殊不可解。

（二）《左傳紀事本末序》

古者惟有史而經即具於是，所謂記言記事，皆後世之強名也。

周自武成以下至於春秋，為一代之史而編年，則自《春秋》始。時左丘明奉之以為經，雖自為傳，仍以年月次於經，本末已具見。若

〔註12〕（清）黃與堅《願學齋文集》，《清代詩文集彙編》第 74 冊，上海古籍出版社 2010 年版，第 242～243 頁。

〔註13〕張宗友《〈經義考〉研究》，中華書局 2009 年版，第 4～6 頁。

〔註14〕張宗友《〈經義考〉研究》，中華書局 2009 年版，第 8 頁。

〔註15〕按：張宗友《朱彝尊年譜》（鳳凰出版社 2014 年版，第 372 頁）中惟於康熙二十八年（1689）末附載「送黃與堅歸里」，稱「《騰笑集》卷四有《送黃贊善與堅歸里四首》」，並附按語，云：「朱則傑《〈曝書亭集〉辨正》據『誰耐京華久索居，入春我亦返田廬』二句，斷其為庚午（1690）復官以前之作，但不能定在何年（《朱彝尊研究》，第 160 頁）。故繫於此。」後據《清史列傳》卷七十、《願學齋文集》卷前小傳，附載黃與堅生平，稱其生卒年為 1620～1701。其生年，前文已辨。關於朱彝尊此詩作年，據《清代學者象傳》黃與堅傳「二十三年，充貴州鄉試正考官，遷贊善。未幾，乞病歸」之記載，加之《送黃贊善與堅歸里四首》第一首「長店崗頭雪正寒」、第二首「梅花人日草堂開」之句，似當繫於康熙二十三年（1684）冬為妥。

荀悅、袁宏鐽戒之不立，徒以漢事冒昧編年，謂之左氏體，皆不知傳之有本末者也。夫《春秋》義為大，而其本末則見於事，公、穀二氏傳義不傳事，葉夢得猶以為義未必當而非之，以《春秋》之義體常合變，不易窺測，而事則人人可以稽覈也。孔子於《春秋》書二百四十二年之事，丘明親得其諮承，舉列國大小事，該綜隸括，或先經以發之，或後經以補之，不辭繁瑣，必期合乎聖人之大指。若其經無與者，則以入外傳，而本傳弗錄焉。故觀左氏所書事，可以知列國之所以盛衰。即左氏所書，以經文尋按之，某事書，某事不書，又有以知聖人用心之所至。蓋事見而義亦見也。夫《公》、《穀》二傳，非漢儒所傅會為經術者乎？然公孫弘用之以繩下、張湯用之以決獄。其深文峻刻，非聖人之所以為教也。故宋傅明良撰《三傳紀事本末》，卒以二傳牴牾，與經義相蒙晦，豈若一《左傳》之能著本末哉？宮詹高澹人先生湛學精思，審其若是，於是為《左氏紀事》一書，以《左》為主，取《外傳》、二《傳》暨周末諸子附於後，而又條分縷次，大為別白。其殘缺者紉綴之，舛錯者批補之，乖戾者刪削之，緊蔽而不明者次第而剖豁之。而復出之以己見，論斷其終始，至以列國各從其類。先王國，次諸侯國，率仿徐得之之《國統》，劃疆剖界，皎如列肩。其匯諸家，包括眾美，以輔經翼傳而有餘，誠古今之所莫也。嘗考春秋紀事，唐太和中有《分國要略》，宋天禧嘉祐中有纂《列國類纂》，俱以其時經學未興，著述淺陋，不足以垂後世。今我皇上秉神聖之資，而又聖學日新，以勉厲諸臣，兼以《春秋講義》風厲海內。先生服習有素，並纂是編，所以揚扢昌時者至矣。宋洪興祖云：「屬辭比事，《春秋》教也」，其言與古所云「事為《春秋》」甚相脗合。今先生即所事事，窮其本末，俾後之學者得以盡心焉，不幾於聖教直指津途，予之軌轍哉？某材識弇淺，特以生當盛世，並見先生詮解之精，有禆末學為讚歎，故不揣而次其大略如此。

按：文載《願學齋文集》卷 25〔註 16〕。《左傳紀事本末》五十三卷，高士奇（1645～1704）所撰，今有中華書局點校本，卷首有康熙二十九年（1690）

〔註16〕（清）黃與堅《願學齋文集》，《清代詩文集彙編》第 74 冊，上海古籍出版社 2010 年版，第 243～244 頁。

韓菼序，未載此序。

關於《左傳紀事本末》，《四庫全書總目》卷49著錄於史部紀事本末類，稱「因章沖《左傳事類始末》而廣之，以列國事蹟，分門件繫。」〔註17〕四庫館臣認為其是歷史著作，代表了主流觀點。但黃與堅之序，從經學眼光入手，認為高士奇改編《左傳》，並非只是單純的將其變成紀事本末體，而是有通過「輔經翼傳」，期「於聖教直指津途，予之軌轍」。這就為深入探究《左傳紀事本末》提供了一個新的視角。

不過，需要指出的是，文中稱「宋洪興祖云：『屬辭比事，《春秋》教也』，實則此語出自《禮記・經解篇》，出現較早，非洪興祖之說。

（三）《遜志齋集序》

嗚呼！此明方正學先生遺集也。先生有志乎古帝王之道，能於千百年治亂，推究本末，灼知其當。建文時，將以生平所學表見於世，而以國難滅族死。先是，姚廣孝有言：「孝孺死，讀書種子絕矣。」夫所謂種子者，非吾道所謂的傳乎？傳道之士，曠世一見，而遽殲滅之。其後文皇時，輯《性理》一書，使饀飣諸儒發明載道之故，埔垣昏途，使舉世相率而為瞍瞽，所疑誤不甚可痛乎？夫聖人之道，舉世以為迂闊而莫之行，獨先生以為必可行。《周禮》一書，文武周公成憲具在，間嘗推舉其說，以為孰真孰譌，而確求其義理之所寓，素所模述，皆能養其剛，大以浩然之氣，發之於元，暢達而後止。先生之於文也，可謂由中而發外，得其本源矣。文皇於抗節諸臣，備加慘毒，舉先生七年之內所以致君澤民者，一旦而反之，至於身既死而尚禁錮其文字。天順中，始間出，迨其後三四搜，輯集稍具，而後知先生之於道也，體之真，言之切。其求道之志，耿耿不磨，若猶見於斯。嗚呼！豈天欲存其道而得爰爰者於水沉未穰之後乎？明初，文以宋濂溪為稱首，然濂溪之文純雜互見。以先生文較之，迥然超出，而況先生之死節，又古今希有乎！夫先生不有其生，何有於文。然而文以見道，先生之所以不死者在乎此。若因其文益以知先生吾道之傳，使先生雖死而猶生，則固我等之志也。

〔註17〕（清）紀昀《欽定四庫全書總目》，中華書局1997年版，第684頁。

按：文載《願學齋文集》卷 25〔註18〕。《遜志齋集》乃方孝孺（1357～1402）之別集。檢崔建英《明別集版本志》，知《遜志齋集》有成化本、正德本、嘉靖本、萬曆本、崇禎本、康熙增刻本等〔註19〕。此序似為康熙年間增刻《遜志齋集》而作。

張常明編注《遜志齋外集》卷一廣搜明清乃至民國時期刊刻《遜志齋集》時的相關序跋〔註20〕，然未及此序。

（四）《日下舊聞序》

余嘗至關中，攬秦漢遺跡而有歎也。史言秦據崤函以成帝業，漢有天下亦以三秦為根本。故自古推大勢者，必有關中，諸東京以下莫及焉。而余觀之，西京地勢縈紆窈折，利於固守己耳，圖大其可乎？歷秦漢隋唐建都於此，遂以百二之說為固然。是以文章之士輒加揚厲，往往過當，而世之論者或未之察也。我國家定鼎於燕，總藺丘上谷之勝，以臨御天下，薄海內外，舉駢趨疊，跡萃於茲土，而燕都遂為萬古所不建顧。撥之往昔，記載鮮少，即有編輯二三，而義例殘缺，無以極古來形勢之大。以及典章文物先後之繁頤，余竊惑焉。秀水朱錫鬯先生方聞淹洽，踰於常等，與余同應召，受史職，兼得供奉內廷，覽金匱石室之藏。於是蒐輯所見，以類次之，共得四十有二卷，名之曰《日下舊聞》，以示余。因歎曰：嘻！斯非時當極盛而以成巨觀歟？夫燕自戰國時始聞中國，唐宋中，范陽燕山僅列邊陲，金元明締造都邑，始大建土宇。蓋燕國，固天作之以留於後，佑啟我國家者也。假令當日知其後有聖人宅於斯，則督亢一圖亦將興龍圖，同不朽。乃千百年間，必聖人起而文章以先顯，何耶？余以是知平陽蒲坂雖曰帝都，必俟堯舜而始著。此纂述之時，亦累世而一遇，不可以或失也。漢班固張衡諸人攄文繪藻，其得於史氏者為眾。今觀錫鬯所採擇，其言至一千二百種之多，而抽秘聘妍，若為前人所未睹。窮林而伐藝，不尤以見匠者之能乎。陶此口

〔註18〕（清）黃與堅《願學齋文集》，《清代詩文集彙編》第 74 冊，上海古籍出版社 2010 年版，第 247 頁。

〔註19〕崔建英輯，賈衛民、李曉亞整理《明別集版本志》，中華書局 2005 年版，第 9～10 頁。

〔註20〕張常明編《遜志齋外集》，上海古籍出版社 2009 年版，第 1～46 頁。

口，班張其人者歟？因京師之盛大以頌國家憲中之徽美，必將於茲取材焉。其曰三都兩京，當亦有勃然而興者矣。

按：文載《願學齋文集》卷27〔註21〕。《日下舊聞》，朱彝尊所撰。魯穎稱：

> 故宮博物院圖書館現存兩部康熙年間六峰閣藏版所刊《日下舊聞》，每部24冊，行款、牌記相同，均題有「朱竹垞太史輯」。不過一書鈐有「竹垞著書之一」陽文印，一書鈐「曝書亭藏」陰文印，此兩方印均見於《清儀閣藏名人遺印》，為朱彝尊之印。兩書最大的不同在於文前諸序的排列：前者依次是唐夢賚、張鵬、馮溥、徐乾學、王原、陳廷敬、朱彝尊自序、高士奇、姜宸英、徐元文；後者分別為徐乾學、徐元文、張鵬、唐夢賚、高士奇、姜宸英、朱彝尊自序、王原，缺少馮溥和陳廷敬之序，疑為裝訂之差異。〔註22〕

可知為該書作序之人較多，然刊本未載黃與堅序。上文《經義考序》中研究黃與堅與朱彝尊有交誼，此文中則言二人「同應召，受史職，兼得供奉內廷」，足見交誼之深。

（五）《錢遵王注牧齋詩集序》

> 余嘗乘舟過洞庭，騁望而有歎也，曰：太白之詩其何以說哉？西望楚江與蜀江合，而云「楚江分」；長沙距東南三百里日出所，而云「日落」。是沙是勢皆違反也。杜甫之奇李白曰「細論文」，其亦以此類而云然乎？故余嘗以為李詩可不注，杜詩不可以不注也。胡宗愈云學士大夫謂杜曰詩史，而以今諸詩家論之，虞山錢牧齋先生其詩史之續乎？少陵所為詩，自天寶至大曆，三十餘年而止耳。牧齋自神廟以降，黨局紛拏，至於盜賊蜂起，宗社虞爛，五十年間，舉古今未有之奇遇，志寓於詩，殆千百變而史猶不足以盡之。且吾觀先生和蘇諸詩，其體格如蘇。蘇固以史而為詩，未嘗不以是而賈福。以是知少陵之後有東坡，東坡之後有牧齋，固詩史之一再傳而千百續也。而注詩之難亦在此。錢子遵王之於詩學也，密造深思，稔知其故，乃取先生之詩而訓解之，其義該，其事核，其詞櫽括而

〔註21〕（清）黃與堅《願學齋文集》，《清代詩文集彙編》第74冊，上海古籍出版社2010年版，第258～259頁。

〔註22〕魯穎《試析朱彝尊〈日下舊聞〉的創作原因》，朱誠如、王天有主編《明清論叢》第十二輯，故宮出版社2012年版，第445頁。

昭晰，余反覆而觀之，喟然曰：嘻！至矣哉！夫昔之注詩者黔矣，
注杜詩有千家，若黃魯直、呂大防猶紕繆屢見；蘇注亦不下數十家，
若呂伯恭、王龜齋者差稱善本，而後人猶不盡以為然。詩注之難如
此，而余獨於遵王有深信，以為超詣者和耶？蓋昔之所以為注者，
率臆而為之，或以古割裂而就詩，或以詩改竄而就古，遷就多而凡
傅會穿鑿以滋甚，皆由鞭前策後，不能相反而妄加控搞之故也。今
遵王趨侍於先生者有年，飫聞緒論，疏而錄之，如房融筆記，不隔
一手，故能一字句皆得之詒承，迴愈於昔人擬議之為，而先生亦以
發皇心曲屬之遵王也。先生之生平歲概鬱紆未發者，得注而發之激
烈如石大之奪雷，蕭條如霜颸之富葉，而以按之家國之間，則皆文
筆也，詎非大觀乎？若藏海瀾翻，機鋒湊泊，較李善之注《頭陀寺
碑》而猶過之，則尚以為詩人之緒餘，不足深論也。嗟乎！先生之
冀遵王也深矣遠矣。其競年互，以此心兩兩豫照，以故記莂慇拳，
有把臂之託者。此中有死生未之磨滅者，是豈他人所能測量哉。即
遵王於此，或不能罄瀝而書之，而余欲以語言文字少竭其衷藏，恐
猶未概百一也。先者，遵王以詩注屬余序，余諾之，三年不及為。
比復以申請，余笑曰：余之於斯編也，得無如中山之辟千日乎？而
今者彷彿言之，亦以為劉元石之乍醒而已矣。

按：文載《願學齋文集》卷 27〔註 23〕。錢遵王，即錢曾（1629～1701），字遵
王，號也是園，虞山（今江蘇常熟）人。錢謙益（1582～1664）族曾孫，清代
著名藏書家，著有《述古堂藏書目》（亦稱《述古堂書目》）、《也是園藏書目》、
《讀書敏求記》等。

　　錢曾另一貢獻，就是注解錢謙益之詩。錢謙益在《復遵王書》中指出自
己作詩「於聲句之外，頗寓比物託興之旨。廋辭讔語，往往有之」，因此「居
恒妄想，願得一明眼人，為我代下注腳，發皇心曲，以俟百世。」在看了錢
曾之注解後，不禁發出了這樣的感慨：「今不意近得之於足下」「今一一為足
下拈出，便不值半文錢矣」。〔註 24〕這也正如《牧齋遺事》所云：「遵王博學

〔註23〕　（清）黃與堅《願學齋文集》，《清代詩文集彙編》第 74 冊，上海古籍出版社
　　　　2010 年版，第 261～262 頁。
〔註24〕　（清）錢謙益著，錢曾箋注，錢仲聯標校《牧齋有學集》，上海古籍出版社 1996
　　　　年版，第 1360 頁。

好古，注《初學》、《有學》兩集，牧翁深器之，謂能紹其緒云。」〔註25〕

序中對錢曾注牧齋詩之優勢、成就多有指陳。但錢仲聯標校《牧齋初學集》《牧齋有學集》《牧齋雜著》、卿朝暉輯校《牧齋初學集詩注彙校》附錄相關序跋多篇，均未收錄此文，則黃與堅之序並未附刻於錢集。序中稱「遵王以詩注屬余序」，則為錢曾委託作序，但後來又未被錢曾收入書中，未知何故。

三、《願學齋文集》「書序」類文獻價值總結

前文條舉了黃與堅為五部傳世典籍所作序文，現結合其他書序，以便總結《願學齋文集》中「書序」的文獻價值。大體可歸結為如下幾個方面：

（一）補充目錄之闕失。比如《願學齋文集》卷 25 有陸翼王《禮記集說辨疑序》〔註26〕、卷 26 有王仲昭《太極圖說序》〔註27〕、陶石簣《四書要達講義序》〔註28〕、陳揮奇《四書心印序》〔註29〕，可知有《禮記集說辨疑》、《太極圖說》、《四書要達講義》、《四書心印》諸書，為經學著作。檢《經義考》，並未載錄這些典籍，可為補充。又如，卷 27 有《朱遙岑先生集杜序》，稱「朱遙岑先生負異才，精詩學而酷嗜於少陵……今所集者，累累成帙。讀之者以為少陵之句而不知其為遙岑之詩，以為遙岑之詩而又不知其為少陵之句」〔註30〕，知朱遙岑有《集杜》之作。檢《杜集敘錄》，未載朱遙岑其人其書，亦可補其闕。

（二）增益文學批評史料。《願學齋文集》中為友人詩集、文集所作之序頗多，集中體現了黃與堅的文學批評思想。比如卷 24《范羽園寱言堂詩草序》，稱：

> 屈原之文本乎忠孝，其志潔，其情摯，其文瑰……漢魏以降，

〔註25〕李爽《錢注杜詩研究》，上海古籍出版社 2016 年版，第 269 頁。

〔註26〕（清）黃與堅《願學齋文集》，《清代詩文集彙編》第 74 冊，上海古籍出版社 2010 年版，第 245～246 頁。

〔註27〕（清）黃與堅《願學齋文集》，《清代詩文集彙編》第 74 冊，上海古籍出版社 2010 年版，第 250～251 頁。

〔註28〕（清）黃與堅《願學齋文集》，《清代詩文集彙編》第 74 冊，上海古籍出版社 2010 年版，第 252 頁。

〔註29〕（清）黃與堅《願學齋文集》，《清代詩文集彙編》第 74 冊，上海古籍出版社 2010 年版，第 253 頁。

〔註30〕（清）黃與堅《願學齋文集》，《清代詩文集彙編》第 74 冊，上海古籍出版社 2010 年版，第 270 頁。

言詩者率乎本於《離騷》，或咀其精華，或採其菁藻，沿晉而為六季之學。幾百年間，諸家雜陳言之，害道者庸有之，或遂以其書為不可讀，其說似矣而非也。夫詩，貫道之器也。得其道而性情以疏瀹，志氣以發抒，無往而非詩也者。否則，詩雖美，不可以為詩。《詩三百》皆古人之饘飣糟粕也，何有於六季獨以其言為訾謷哉？〔註31〕

序中對《詩經》、屈賦、六朝詩學均有論說，並著重提出了詩乃「貫道之器」的文學主張。《願學齋文集》卷首有熊賜履、陳廷敬二人所作序，熊序開篇稱「文也者，道之著也」，又稱黃與堅之文「實有道焉存乎其間」〔註32〕；陳序則引黃與堅自白，稱「始吾為學，因文以見道」〔註33〕，均可與《范羽園寱言堂詩草序》合觀，以見其文學觀。

另外，卷28有《沈昭於文集序》，篇首提出了「世之為文者，其途有二：行世之文、傳世之文而已」〔註34〕，並對這兩種類型進行了詳細的區分，這也為文學作品的評價提供了新的視角。

（三）梳理學術演進歷程。比如卷25有《經學雜考序》，歷敘了經學自「秦火之後」的演進情況，言簡意賅，宛如一篇濃縮的經學史。特別是其中提及的漢儒、宋儒治經之特性，如稱漢儒「祗於一事一物證據之微末，而不知其所本，是以道逾言而逾不明」，而宋儒「一以理為斷，比物醜類」〔註35〕，可謂洞悉個中三昧，切中肯綮，見解深邃。

（四）知曉一些典籍的相關情況。黃與堅的很多書序是為其友人之書而作，這些書部分已經失傳，詳情難以確知。而通過其序，一方面可以知曉黃與堅語他們的交往情況，同時，借助序中的記載，可以知道這些典籍的相關情況，比如書名、卷數、編纂過程、刊印情況、以及書之得失等等方面。卷27有《學文堂史論序》，稱「毗陵陳子椒峰著《學文堂史論》成，自庖犧迄

〔註31〕（清）黃與堅《願學齋文集》，《清代詩文集彙編》第74冊，上海古籍出版社2010年版，第237頁。

〔註32〕（清）黃與堅《願學齋文集》，《清代詩文集彙編》第74冊，上海古籍出版社2010年版，第1頁。

〔註33〕（清）黃與堅《願學齋文集》，《清代詩文集彙編》第74冊，上海古籍出版社2010年版，第2頁。

〔註34〕（清）黃與堅《願學齋文集》，《清代詩文集彙編》第74冊，上海古籍出版社2010年版，第266頁。

〔註35〕（清）黃與堅《願學齋文集》，《清代詩文集彙編》第74冊，上海古籍出版社2010年版，第244頁。

明末，得一百五十卷」〔註36〕，陳椒峰即陳玉璂。檢鄧之誠《清詩紀事初編》〔註37〕、張舜徽《清人文集別錄》〔註38〕等書，在介紹陳玉璂生平著述時，均未提及此書。《清史列傳》卷 71《文苑二》有其傳，稱「著有《史論》數百卷」〔註39〕，不明其實際卷數，可據此序補充。

（五）其他方面的文獻價值。《願學齋文集》中還有一些書序比較專門，如卷 24《吳中開江書序》〔註40〕論吳中水利、卷 25《易學闡一自序》論《周易》〔註41〕、卷 27《太倉州志序》論方志〔註42〕、卷 32《番禺彭氏家譜序》〔註43〕論彭氏、《蜀郭氏家譜序》〔註44〕論郭氏、《太倉顧氏家譜序》〔註45〕論家譜、《巢松樂府序》〔註46〕論樂府流變，等等，對於瞭解相關的情形也具有一定的文獻價值。

最後，對於其他門類的作品的文獻價值，亦附帶論及。如「經解」類四卷 53 篇，數量頗多，這在文集中是不多見的。針對經書中的相關問題，如《五行說》、《洪範五行論》、《九疇論》、《唐虞曆法考》等，為探究當時的經學議題提供了第一手材料。「傳誄」類二卷 18 篇、「墓誌銘」類三卷 30 篇、「碑版行狀」類一卷 8 篇，也為瞭解相關人物的生平提供了較為完備的記錄。

〔註36〕（清）黃與堅《願學齋文集》，《清代詩文集彙編》第 74 冊，上海古籍出版社 2010 年版，第 259 頁。

〔註37〕鄧之誠《清詩紀事初編》，上海古籍出版社 2012 年版，第 441 頁。

〔註38〕張舜徽《清人文集別錄》，華中師範大學出版社 2004 年版，第 39 頁。

〔註39〕（清）佚名撰，王鍾翰點校《清史列傳》，中華書局 1987 年版，第 5795 頁。

〔註40〕（清）黃與堅《願學齋文集》，《清代詩文集彙編》第 74 冊，上海古籍出版社 2010 年版，第 234 頁。

〔註41〕（清）黃與堅《願學齋文集》，《清代詩文集彙編》第 74 冊，上海古籍出版社 2010 年版，第 240～242 頁。

〔註42〕（清）黃與堅《願學齋文集》，《清代詩文集彙編》第 74 冊，上海古籍出版社 2010 年版，第 262～263 頁。

〔註43〕（清）黃與堅《願學齋文集》，《清代詩文集彙編》第 74 冊，上海古籍出版社 2010 年版，第 296～297 頁。

〔註44〕（清）黃與堅《願學齋文集》，《清代詩文集彙編》第 74 冊，上海古籍出版社 2010 年版，第 297～298 頁。

〔註45〕（清）黃與堅《願學齋文集》，《清代詩文集彙編》第 74 冊，上海古籍出版社 2010 年版，第 298～299 頁。

〔註46〕（清）黃與堅《願學齋文集》，《清代詩文集彙編》第 74 冊，上海古籍出版社 2010 年版，第 300～301 頁。

《錢牧齋全集》所收《春秋胡傳翼序》辨誤——兼輯錢謙益佚文《周易玩辭困學記序》

摘　要

　　清代丁祖蔭輯有《牧齋集補》一卷，收錄錢謙益佚文 39 篇，今收入錢仲聯先生整理的《錢牧齋全集》中。通過審繹文意、比勘文本可知丁祖蔭所輯錢謙益《春秋胡傳翼序》存有謬誤。《春秋胡傳翼》乃錢時俊所著，書前有翁憲祥、錢謙益二人所作之序。丁祖蔭所輯《春秋胡傳翼序》乃揉雜翁憲祥《序》文前半、錢謙益《序》文後半而成。另外，朱彝尊《經義考》載有錢謙益《周易玩辭困學記序》，《錢牧齋全集》失收，今予以補輯。

關鍵詞：錢謙益；《錢牧齋全集》；辨誤；輯佚

　　錢謙益（1582～1664）的作品，以錢仲聯先生標校的《錢牧齋全集》搜羅最全。全書八冊，分《牧齋初學集》三冊、《牧齋有學集》三冊、《牧齋雜著》二冊。該書的刊行，為學界提供了極大便利。

　　對於錢謙益集外之文，歷來學人多有輯錄，《牧齋雜著》中收錄較多，如丁祖蔭輯《牧齋集補》、錢仲聯輯《牧齋集再補》等。自《錢牧齋全集》刊行之後，學界對錢謙益佚文又時有發見，如張暉、張明強、王彥明、孫中旺、趙會娟、王亞楠、陳開林均有輯補的相關成果。〔註 1〕然而所輯之佚文不無

〔註 1〕張暉：《錢牧齋集外評語二則》，《文學遺產》2009 年第 3 期，第 22 頁。張明強：
　　《新發現錢謙益佚文考論》，《蘇州大學學報》2013 年第 3 期，第 155～159 頁。

可議之處。〔註2〕本文對《錢牧齋全集》中《春秋胡傳翼序》一文進行考誤，
並對《全集》失收之《周易玩辭困學記序》予以輯補。

一、《錢牧齋全集》所收《春秋胡傳翼序》辨誤

清代丁祖蔭（1871～1930），字芝孫，號初我、初園。江蘇常熟人。近代
學者、藏書家。曾輯《牧齋集補》一卷，根據各類總集、別集、方志、墨蹟等，
收錄錢謙益集外之文 39 篇。其中第一篇《春秋胡傳翼序》，據錢時俊《春秋胡
傳翼》錄文。其文曰：

> 六經，聖人治世之書也。《春秋》獨佐以刑賞，二百四十二年行
> 事，凜然萬世衮鉞焉。漢興，治春秋者，自江都、瑕丘劉公子而下，
> 亡慮數十家。左氏、公、穀，並先後行世。大要業擅專門，訓詁成
> 癖，大義蓋闕如也。嗣後王安石亂以新說，《春秋》至不得列學官，
> 三傳亦稍稍廢格。康侯氏於經術擯棄之餘，潛心闡釋，會宣尼之微
> 言，掆三傳之緒言，折衷康成、元凱、伊川諸家之渺說，匯輯成傳。
> 其議論比勘，即不無太過，總之褒貶予奪，不離筆削宗旨，所謂史
> 外傳心者非耶？

> 國家以經術取士，奉康侯如功令，句櫛字梳，幾無遺漏。第是
> 經旨微而約，緒博而該。經生家童習白紛，涉其涯異，甚有不如《大
> 全》為何種書者。嘗考孔子作《春秋》，大概仍魯舊史，然且遍求百
> 二十國寶書。又如周因老聃觀書柱下，歸而載之於筆。作者之不易，
> 蓋如斯也。後世學者，株守臆說，竊竊然得一先生之言，曰春秋春
> 秋在是。政如管窺蠡測，奚當於大方者哉？

> 使君錢先生，業世青緗，《春秋》家夙稱龍象。茲取大全一書，
> 陶汰而斟酌之。上自三傳，下迄諸子百家，繁蕪者芟，精覈者存。

張明強：《錢謙益集外文〈浮石禪師諸會語錄序〉錄考》，《文獻》2014 年第 1 期，
第 166～168 頁。王彥明：《錢謙益佚文考釋》，《文獻》2014 年第 5 期，第 83～
88 頁。孫中旺：《錢謙益集外佚文〈山居詩引〉考論》，《圖書館雜誌》2014 年
第 10 期，第 104～107 頁。趙會娟《錢謙益集外文四則》，《文獻》，2015 年第 3
期，第 92～102 頁；王亞楠《新見錢謙益集外佚文考釋——兼論清代詩人潘
高》，《古典文獻學術論叢》第五輯，第 66～69 頁。陳開林《錢謙益集外佚文
二篇輯釋》，《常熟理工學院學報》，2017 年第 3 期，第 103～106 頁。

〔註2〕 注：《山居詩引》一文已見丁祖蔭輯《牧齋集補》，此乃重輯。《山居詩引》見
錢仲聯標校《牧齋雜著》，上海古籍出版社，第 864～865 頁。

他如外傳及箋疏，與胡傳相發明者，亦附見錯出，令人開卷洞了。
其於康侯，如車之輪，如鳥之翮，真可相御而行者矣。不佞少治易，
於《春秋》家言，獨有深嗜。迨承乏楚、閩，時獲與諸名家商榷疑
義，輒津津有合也。歸來夙好不忘，遂以是經課孫兒輩。每欲一洗
剿襲之陋，為窮經指南，適錢先生《胡傳翼》成，徵序於余。余竊
觀之，微顯闡幽，廣大悉備。宣尼千百載以上心事，怳然旦暮遇之。
方今經術大明，其以治《春秋》名家者，又不啻如董如劉。若而輩
更得先生為之表章，諸儒之大成，功令在是，童而習之，用以郛眾
說、斷國語，不猶賢於諸說鈴書肆乎哉？

　　且夫欲遡傳而明經也，猶之遡胡而明諸傳也。今之學者，射題
如覆，拾句如沈。胡氏之堂奧，茫乎未窺，安望遡而上之。用章之
為是編也，豈惟胡氏功臣，抑亦導明經者之先路也。近世趙恒先生
著《錄疑》以續塞耳，三年而發之聲矣。余少不自量，欲網羅百家，
推明孔氏筆削之旨，未三載而以懶廢，令余得深湛如用章，豈遂遜
古人哉？姑書之以志餘愧而已。辛亥夏四月，錢謙益受之父書於娶
江舟中。〔註3〕

　　清代黃虞稷《千頃堂書目》卷2著錄錢時俊《春秋胡傳翼》三十卷，注
云「常熟人，萬曆甲辰進士。萬曆辛亥序。」〔註4〕據姜亮夫《歷代人物年
里碑傳綜表》可知：錢時俊，字用章，號仍峰，生於明嘉靖四十四年（1565），
卒於明崇禎七年（1634）。〔註5〕錢時俊係錢謙益之族侄、錢曾之祖。今考
《春秋胡傳翼序》，文中提及錢時俊三處：「使君錢先生，業世青緗，春秋家
夙稱龍象」「適錢先生《胡傳翼》成」「用章之為是編也」。前後稱謂不一，
並且就錢謙益、錢時俊二人的關係而言，文中不應出現「使君錢先生」之稱。
尋繹其文意，當為錢時俊之同輩友人所為。

　　今檢朱彝尊《經義考》卷206「春秋類」著錄錢時俊《春秋胡傳翼》，錄
有錢謙益之《序》。錄文如下：

　　　吾姪水部用章氏輯《春秋胡傳翼》成，不佞讀而歎曰：嗟乎！
經學之不明，未有甚於春秋者也。他經以經為經，而《春秋》以傳

〔註3〕（清）錢謙益著，錢仲聯標校《牧齋雜著》，上海古籍出版社2007年版，第859
　　　～861頁。
〔註4〕（清）黃虞稷《千頃堂書目》，上海古籍出版社2001年版，第65～66頁。
〔註5〕姜亮夫《歷代人物年里碑傳綜表》，中華書局1959年版，第471頁。

為經，他經之傳，傳經為傳，而《春秋》則人自為傳，自漢洎元，未有底也。明興，乃始布侯於文定，海內靡然從之，無敢操戈者。於《左氏》則核者誣之，於二氏則誣者核之，此則胡之失也。仲尼之所削者，不可見矣；其所筆者，具在據事直書，內不敢易史書，外不敢革赴告；而一字褒貶，口銜天憲，亦可以令吳楚之僭王者乎？此又胡之失也。元年之元也，鼎銘先之矣；五等諸侯之稱公也，儀禮先之矣。由此推之，凡所謂一字一句傳義比例者，非棄灰之刑，則畫蛇之足也。此又胡之失也。昔之《春秋》以三傳為經，今之《春秋》以胡氏一家言為經。雖然，胡氏之書大義備焉，況功令在是，童而習之，用以郭眾說，斷國論，不猶賢於說鈴書肆乎哉？用章之為是編也，豈惟胡氏功臣，抑亦導明經者之先路也。近世趙恒先生著《錄疑》以續塞耳，三年而發之聲矣。余少不自量，欲網羅百家，推明孔氏筆削之旨，未三載而以懶廢，令余得深湛如用章，豈遂遜古人哉？姑書之以志餘愧而已。〔註6〕

《經義考》所收《春秋胡傳翼序》，文尾無寫作時間，這是朱彝尊刪削所致。對《經義考》這一不足，翁方綱在《丁小疋傳》中曾有論及，稱「顧所載序跋，多刪去末行年月」，並且有與友人「相約補正秀水朱氏序尾年月」之舉〔註7〕。除此之外，再對比《錢牧齋全集》《經義考》所收《春秋胡傳翼序》，二文結尾部分完全相同。而《經義考》所收《序》文中稱「吾姪水部用章氏」，與錢謙益的身份相符，並且內容完整。據此，可知丁祖蔭所輯錢謙益《春秋胡傳翼序》存有謬誤。

《春秋胡傳翼》有萬曆三十九年（1611）刊本〔註8〕，《續修四庫全書總目提要》（經部）載有張壽林所撰提要，稱「是編前有萬曆辛亥翁憲祥及錢謙益敘」〔註9〕。翁憲祥，字兆隆，常熟人。萬曆二十年進士。《明史》列傳122有其傳，載「（萬曆）四十一年，命輔臣葉向高典會試，給事中曾六德以論救被察

〔註6〕（清）朱彝尊著；林慶彰，蔣秋華，楊晉龍等點校《經義考新校》，上海古籍出版社2010年版，第3740頁。

〔註7〕（清）翁方綱《復初齋文集》，文海出版社1966年版，第532～533頁。

〔註8〕（清）邵懿辰撰，邵章續錄《增訂四庫簡明目錄標注》，中華書局1959年版，第118頁。

〔註9〕中國科學院圖書館整理《續修四庫全書總目提要》（經部），中華書局1993年版，第745頁。

官坐貶，旨皆從內出。憲祥力諫。中官黃勳、趙祿、李朝用、胡濱等不法，亦連疏彈劾。久之，擢太常少卿。居數年卒」〔註10〕。據此，則翁憲祥年輩與錢時俊差同。序文中稱錢時俊為「錢先生」，較為符合實際。丁祖蔭所輯《春秋胡傳翼序》前半部分文字實乃翁憲祥《序》文。丁氏失之不謹，誤合翁憲祥、錢謙益二《序》為一，並逸去中間部分。丁氏致誤之緣由，當是所見《春秋胡傳翼》缺頁，恰好脫落翁憲祥《序》文後半、錢謙益《序》文前半，以致翁憲祥《序》文前半、錢謙益《序》文後半合二為一。因錢謙益《序》文末有題署，故丁氏定為錢謙益之文，而未審前後文意不一致。《錢牧齋全集》據之收錄，亦失之考索。

二、錢謙益佚文《周易玩辭困學記序》

朱彝尊《經義考》卷63著錄張次仲《周易玩辭困學記》十二卷，附有錢謙益序文一篇。今迻錄如下：

> 錢謙益序曰：天啟辛酉，余典浙闈，得元岵文，許其必冠南宮。乃屢上公車，而余言不果驗，是亦遇之窮也。元岵中年多遭閔凶，獨能出險脫親於不測之難。老際陽九，杜門讀經，旦夕忘倦，則其識力之遠過，有不在文章者，亦何必以南宮一第為重哉。戊戌暮春，泛舟西湖，元岵過訪，問其家居何為，對曰：「讀《易》。」出其《周易玩辭困學記》相正，大約根柢於窮理，而浸淫深湛，於《象》、《爻》、《十翼》之義，浩浩瀚瀚，上下數百餘家，無不辨析而折衷。近古以來之譚《易》，此其斐然者矣。其辨卦變之說，非某卦從某卦而來；悟因重之法，八卦無自十六、三十二以至六十四之說；希夷、康節作方圓圖，繪其所自得，非易本有此圖；一卦六爻，如主伯亞旅，無此以為君子，彼以為小人，背反錯雜之理。皆其浸淫深湛，而創獲於古人所未發。無論近代之士，即有宋諸君子，分路揚鑣，亦未必遽俯而殿其後也。元岵猶不自滿，假謂更遲十餘年，是書庶幾可成。書成，將與身俱隱。余謂不然。蒙莊氏之言曰：「千載而下，知其解者，旦暮遇之」。《玄經》之誕妄，桓譚以為絕倫，元岵之書，布帛菽米之書也，寧患無知之者哉？〔註11〕

〔註10〕 （清）張廷玉《明史》第20冊，中華書局1974年版，第6113頁。
〔註11〕 （清）朱彝尊著；林慶彰，蔣秋華，楊晉龍等點校《經義考新校》，上海古籍出版社2010年版，第1165～1166頁。

張次仲（1589～1676），字元岵，號待軒，天啟辛酉（1621年）舉於鄉〔註12〕。《四庫全書》收其《周易玩辭困學記》十五卷、《待軒詩記》八卷。錢謙益在清乾隆時期的命運，鄧之誠稱「清高宗禁燬所著書，特立《貳臣傳》，另入乙編，示不得與洪承疇伍」〔註13〕。因此，《四庫全書》著錄張次仲《周易玩辭困學記》時，只保留了張次仲《自序》，錢謙益《序》則予以刪芟。《四庫全書總目》卷5為《周易玩辭困學記》所撰提要亦絕不提及錢謙益作序之事〔註14〕。

據統計，朱彝尊《經義考》錄自錢謙益的相關文字共計70則。由於錢謙益之書在乾隆朝遭禁燬，因此《四庫全書》收錄《經義考》時對書中所涉錢謙益之處多有處理〔註15〕。此文文首「錢謙益」，四庫薈要本《經義考》作「錢陸燦」、文津閣四庫全書本《經義考》作「龔鼎孳」，乃係四庫館臣所改，不足為據。而文淵閣四庫全書本《經義考》仍題作「錢謙益」，可謂百密一疏，失之改換。稽考文中所載「天啟辛酉，余典浙闈」「戊戌暮春，泛舟西湖」等記載，恰與錢謙益行實相符，方良先生《錢謙益年譜》中多有論證〔註16〕。關於其鄉試之事，黃宗羲亦多有記載。黃宗羲所撰《張元岵先生墓誌銘》中載張次仲「舉天啟辛酉浙江鄉薦，虞山處之若畏友」〔註17〕《張待軒先生哀辭》亦載「天啟辛酉舉鄉試，座主錢牧齋天下宗工，以得先生為喜」〔註18〕，與《序文》所載適相符合。

開林按：昔年撰寫此文時，未得見《春秋胡傳翼》一書。僅據前人目錄著錄，知「書前有翁憲祥、錢謙益二人所作之序」，故認為「丁祖蔭所輯《春秋胡傳翼序》乃揉雜翁憲祥《序》文前半、錢謙益《序》文後半而成」。今見日本內閣文庫藏《春秋胡傳翼》，係明萬曆三十九年刻本，卷首實有金學魯、翁憲祥、錢謙益三序，此《春秋胡傳翼序》乃揉雜金學魯《序》文前半、錢謙益《序》文後半而成。特為更正舊說，並附三序文字、圖片如下。

〔註12〕崔富章《四庫提要補正》，杭州大學出版社1990年版，第100頁。
〔註13〕鄧之誠《清詩紀事初編》，上海古籍出版社1984年版，第307頁。
〔註14〕（清）永瑢《四庫全書總目》，中華書局1965年版，第33頁。
〔註15〕楊晉龍《〈四庫全書〉處理〈經義考〉引錄錢謙益諸說相關問題考述》，林慶彰、蔣秋華《朱彝尊〈經義考〉研究論集》上冊，「中央研究院」中國文哲研究所籌備處2000年版，第407頁。
〔註16〕方良《錢謙益年譜》，中國書籍出版社2013年譜，第39、208頁。
〔註17〕（清）黃宗羲著，陳乃乾編《黃梨洲文集》，中華書局1959年版，第188頁。
〔註18〕（清）黃宗羲著，陳乃乾編《黃梨洲文集》，中華書局1959年版，第298頁。

春秋胡傳翼序

六經，聖人治世之書也。《春秋》獨佐以刑賞，二百四十二年行事，凜然萬世衷鉞焉。漢興，治《春秋》者，自江都、瑕丘、劉公子而下，亡慮數十家。《左氏》、《公》、《穀》，並先後行世。大要業擅嵩門，訓詁成癖，大義蓋闕如也。嗣後王安石亂以新說，《春秋》至不得列學官，三傳亦稍稍廢格。康侯氏於經術擯棄之餘，潛心闡繹，會宣尼之微旨，捃三傳之緒言，折衷康成、元凱、伊川諸家之渺說，匯輯成傳。其議論比勘，即不無太過。總之，褒貶予奪，不離筆削宗旨，所謂史外傳心者非耶？

國家以經術取士，奉康侯如功令，句櫛字梳，幾無逗漏。第是經旨微而約，緒博而該。經生家童習白紛，涉其涯略，甚有不知《大全》為何種書者。嘗考孔子作《春秋》，大概仍魯舊史，然且遍求百二十國寶書。又如周因老聃觀書柱下，歸而載之於筆。作者之不易，蓋如斯也。後世學者，株守臆說，竊竊然得一先生之言，曰春秋春秋在是。政如管窺蠡測，奚當於大方者哉？

使君錢先生，業世青緗，《春秋》家夙稱龍象。茲取《大全》一書，陶汰而斟酌之。上自三傳，下迄諸子百家，繁蕪者芟，精覈者存。他如《外傳》及《箋疏》，與《胡傳》相發明者，亦附見錯出，令人開卷洞了。其於康侯，如車之輔，如鳥之翮，真可相御而行者矣。不佞少治《易》，於《春秋》家言，獨有深嗜。迨承乏楚、閩，時獲與諸名家商確疑義，輒津津有合也。歸來夙好不忘，遂以是經課孫兒輩。每欲一洗剿襲之陋，為窮經指南，適錢先生《胡傳翼》成，徵序於余。余竊觀之，微顯闡幽，廣大悉備。宣尼千百載以上心事，怳然旦暮遇之。方今經術大明，其以治《春秋》名家者，又不啻如董如劉。若而輩更得先生為之表章，諸儒之大成既集，不刊之令典斯完，向所稱訓詁之癖與夫株守剿襲者，曠然發矇振聵，則是編寧止翼傳，真可翼經！《春秋》一日不泯，先生羽翼之功未有艾也。後之誦法先生者，其必以余為知言。時萬曆辛亥孟夏吉旦錢唐金學魯書。

胡傳翼序

余邑侍御錢汝瞻先生以《詩經》名家，而長公用章好《春秋》，

又以《春秋》起家矣。頃被命視榷武林，行清能高特聞，而居恒閉衙齋，讀《春秋》，不異經生時也。憶余從用章同硯席治《春秋》，未嘗不切磋究之，而用章獨攻苦，博雅自命。每謂余曰：「《春秋》取士本康侯，顓矣。《春秋》化工也，故程叔子曰觀百物然後見化工之神。左氏識國史備事詞，公、穀多精裁。諸家饒義疏，即康侯亦曷嘗不淵源熔冶，而《大全》一書，則文皇帝所以廣厲學官者，又非不犁然其也。經生家苦瀚灝，一切度置而枯守康侯，安在屬辭比事乎？屬辭則經緯錯綜，比事則牽合傅會，如獄吏抱成牘，捨律例，傳一人之爰書，而下上其手，亦見其迫窘詰屈，而證佐幾窮哉！且也，縱橫貫穿，商略典據，吾落其材而取其實，用以經世華國，鼓吹休明。其言文，其行遠，豈有外焉？有味乎！「《春秋》三傳束高閣，獨抱遺經窮終始」，蓋識之也。夫欲窮終始，則惡能束三傳？今獨不得牴牾康侯，如會稽之私考，新安之屬辭等書，盡故刪訂《大全》，蒐精簡要，以翼康侯、便承學？庶幾佐化工於備物乎！」余謝不敏，而心領之。日承乏浙閩兩闈間，往往以此求士，蓋周旋罔墜，用章教也。頃辱函其所輯《胡傳翼》睨余曰：「是僅脫稿武林公署者。二十年相訂之素盟，豈他人所得敘乎？」余喜而卒業，用章真信人。且歎其精勤之久，至居官視榷，而心手不置也。世之說者曰無田甫田，吾百函併發，安暇討論潤色為？而且鍼膏肓、起廢疾、發墨守，有童習而白紛爾。嗟乎！捷收之與奢願，詎不霄淵哉！自捷收者眾，而士習人心日趨簡陋，父以教子，師以教弟，誰復窮經？自喜者，是書成，其助申功令以嘉惠後學，寧有既哉？昔吾鄉桑先生說《詩》，欲令匡生解頤。今用章說《春秋》，豈惟翼《胡傳》，而又知錢氏之治經，不沾沾一家名矣。敬序用章之攻苦與不忘素盟者如此。時萬曆辛亥清河友人翁憲祥兆隆譔。

春秋胡傳翼序

余姪水部用章氏輯《春秋胡傳翼》成，不佞讀而歎曰：嗟乎！經學之不明，未有甚於《春秋》者也。他經以經為經，《春秋》則以傳為經。他經之傳，傳經為傳，而《春秋》則人自為傳。大官賣餅之相□也，棄疾、膏肓之遞勝也，柳子厚所謂黨枯竹，護朽骨，以至於傷夷、詆諆者。自炎漢洎胡元，而未有底也。明興，乃始布侯

於文定，海內靡然從之。數十年來，輕材卓詭之士，能以意出入紫陽之傳注，而無敢操戈胡氏者，不佞則時時掩卷三歎也。五家之說，鄒、夾既亡，左氏親為國史，受經仲尼，其視高竇一再傳之門人，所見所聞所傳聞區以別矣。范武子謂左失也誣。夫岱陰濟之屬負茲也，季姬之擇配也，誣孰甚焉！左無是也。於《左氏》則核者誣之，於二氏則誣者核之，此則胡之失也。仲尼之所削者，不可見矣；其所筆者，具在據事直書，內不敢易史書，外不敢革赴告；而一字褒貶，口喇天憲，亦可以令吳楚之僭王者乎？此又胡之失也。元年之元也，鼎銘先之矣；五等諸侯之稱公也，《儀禮》先之矣。由此推之，凡所謂一字一句傳義比例者，非棄灰之刑，則畫蛇之足也。此又胡之失也。昔之《春秋》以三傳為經，今之《春秋》以胡氏一家言為經。昔之晦，晦於聚訟；今之晦，晦於畫一。株守蔓附，不為章明其說，後世必有以介甫之新說代亡秦之虐焰者。此不佞所以掩卷三歎也。雖然，胡氏之書韙矣。正君臣，畫夷夏，自靖康陸沉，而□明再□持世之大義備焉。昔人誤書舉燭而楚國治，況功令在是，童而習之，用以郛眾說，斷國論，不猶賢於說鈴書肆乎哉？且夫欲遡傳而明經也，猶之遡胡而明諸傳也。今之學者，射題如覆，拾句如瀋。胡氏之堂奧，茫乎未窺，安望遡而上之？用章之為是編也，豈唯胡氏功臣，抑亦導明經者之先路哉！余閱古之明經者，邵公稱神，元凱成癖，彼皆以窮年畢世，肆力嵩門。近世趙恒先生著《錄疑》以續塞耳，三年而發之聾矣。余少不自量，欲網羅百家，推明孔氏筆削之指，未三載而以懶廢，令余得深湛如用章，豈遂遜古人哉？姑書之，以志餘愧而已。辛亥夏四月，錢謙益受之父書於婁江舟中。

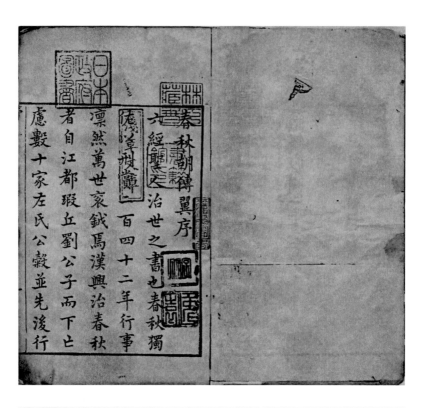

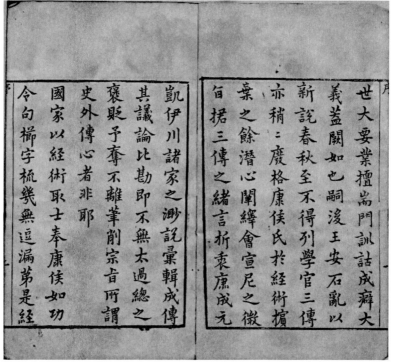

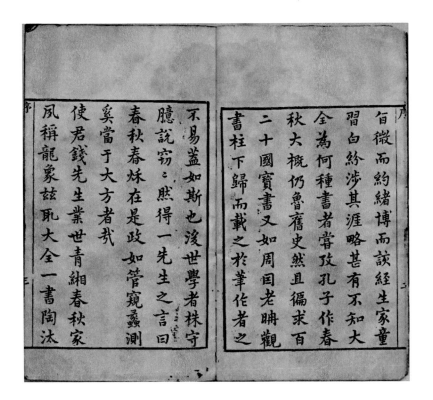

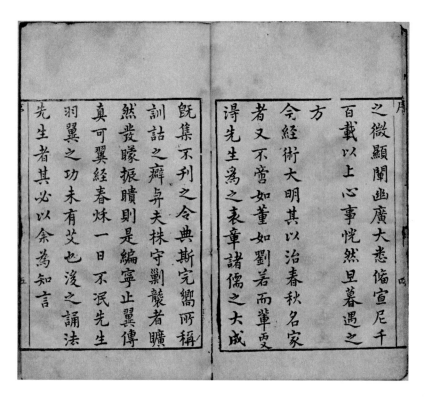

之微顯闡幽廣大悉備宣尼千
百載以上心事怳然旦暮遇之
今經術大明其以治春秋名家
者又不啻如董如劉著而輩更
得先生為之表章諸儒之大成
方

既集不刊之令典斯完嚮所稱
訓詁之癖与夫株守剿襲者曠
然歿曉振瞶則是編寧止翼傳
真可翼經春秌一日不泯先生
羽翼之功未有艾也後之誦法
先生者其必以余為知言

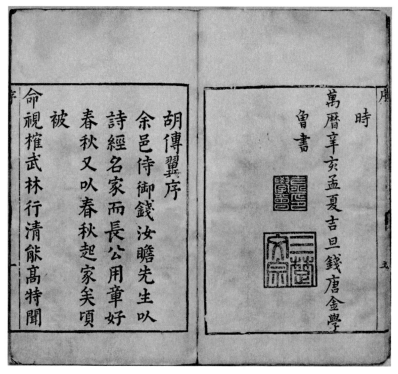

時
萬曆辛亥孟夏吉旦錢唐金學
曾書

胡傳翼序
余邑侍御錢汝瞻先生以
詩經名家而長公用章好
春秋又以春秋起家矢頃
被
命視権武林行清能高特聞

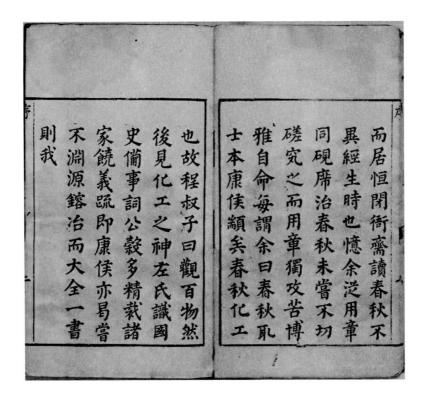

而居恒閉衛齋讀春秋不
異經生時也憶余泛用章
同硯席治春秋未嘗不切
磋究之而用章獨攻苦博
雅自命每謂余曰春秋耶
士本康侯潁矣春秋化工
則我

也故程叔子曰觀百物然
後見化工之神左氏識國
史備事詞公穀多精戴諸
家饒義疏即康侯亦嘗當
不淵源鎔冶而大全一書

文皇帝所以廣屬學官者又
非不犁然其也經生家苦
灝瀚一切度置而枯守其
康侯安在屬辭比事乎屬
辭則經緯錯綜比事則牽
合傳會如獄吏抱成牘舍

律例傳一人之愛書而下
上其手亦見其迫窘詰屈
而證佞幾窮弐且也縱橫
貫穿商略典據吾落其材
而耶其實用以經世華國
鼓吹休明其言文其行遠

盍有外焉有味乎春秋三
傳東高閣獨抱遺經窮終
始蓋讚之也夫欲竟終始
則惡躰束三傳矣今獨不
得抵牾康侯如會稽之私
考新安之屬鞾等書盍姑

刪訂大全蒐精簡要以翼
康侯優承學庶幾佐化工
於備物乎余謝不敏而心
領之日承乏浙闇兩闈間
往二以此求士蓋周旋圓
隆用章教也頃辱函其所

輯胡傳翼际余曰是僅肫
稿武林公署者二十年相
訂之素盟豈他人所得敘
乎余喜而卒業用章真信
人且歎其精勤之久至居
官視權而心手不置也世

之說者曰無田甫田吾百
函並發安暇討論潤色爲
而且鍼膏肓趑廢疾發墨
守有童習而白紛爾嗟乎
揑收之與奢顧詎不霄淵
哉自揑收者眾而士習人

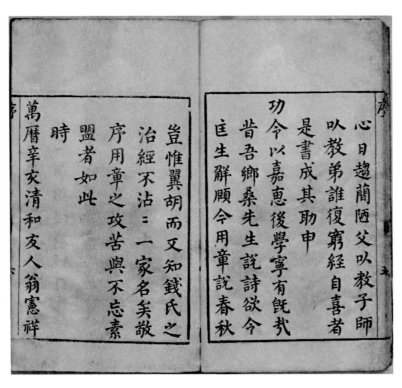

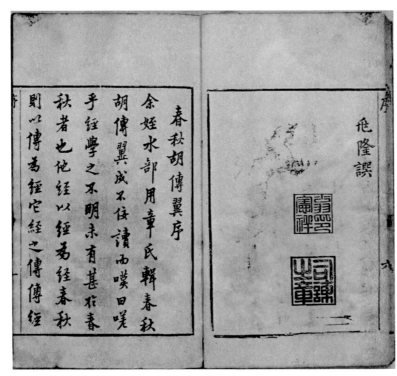

為傳而春秋則人自為傳大
官賣餅之相聲也棄疾膏
盲之逾膝也柳子厚而謂黨
枯竹護朽骨以至於傷夷誣
諱者自炎漢洎胡元而未有
底也

明興乃始帝侯於文定海
內靡然浸淫之數十年來輕
黠卓詭之士能以意出入獄
陽之情誑而無敢撓戈胡氏
者不使則時之掩卷三嘆也
五家之說鄒夾既亡左氏親

為國史受經仲尼其視高
寘一再傳之門人所見所聞
而傳聞區以別矣范武子
謂左失也誣夫伐陰諂之
屬負莊也季姬之擇配也誣
執甚焉寫左如是也于左氏則

檢者誣之于二氏則誣者橫
之此則胡之失也仲尼之所
削者不可見矣其所筆者
具在援事直書肉不敢易
史書外不敢草赴告而一
字褒貶口斷天憲孰可以含

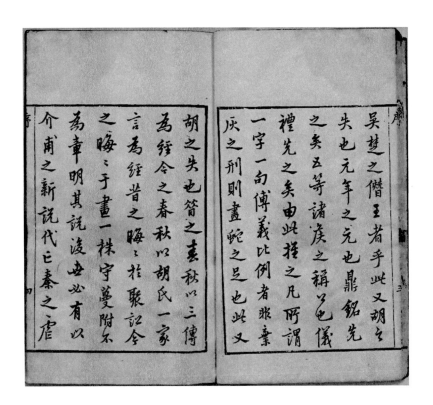

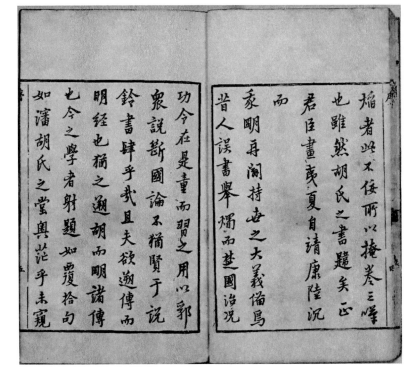

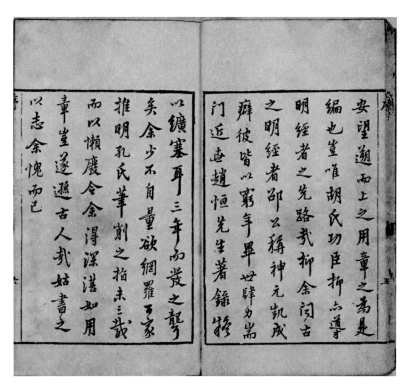

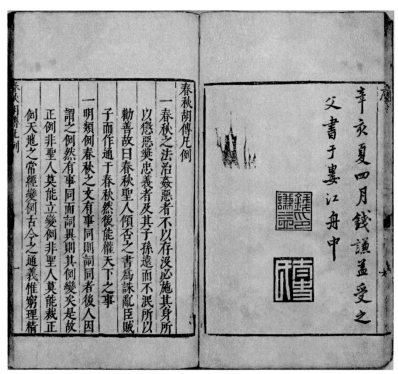

錢謙益佚文輯考

摘　要

　　錢仲聯先生標校的《錢牧齋全集》搜羅錢謙益詩文頗全，然而尚有遺珠之憾。筆者翻檢清人典籍，發見其書札四通、序文二篇，乃其佚文。通過佚文的輯補，可以更清楚地瞭解錢謙益的交遊活動以及其詩文創作的取材，也為探究其詩學觀、《莊》學觀提供了新的材料。另外，《錢牧齋全集》所收之文，通過所序之書進行比勘，可以補充錢文的寫作時間。

關鍵詞：錢謙益；《錢牧齋全集》；交遊；詩學；《莊》學；輯佚

　　錢謙益（1582～1664），字受之，號牧齋，江蘇常熟人。作為文壇宗主，錢謙益生平著述宏富。今人錢仲聯先生搜集其詩文作品用力至勤，整理編校為《錢牧齋全集》，分《牧齋初學集》三冊、《牧齋有學集》三冊、《牧齋雜著》二冊。該書網羅繁富，為學界開展相關研究提供了極大的便利。然而，囿於資料的分散和典籍的見聞，《錢牧齋全集》難免有遺珠之憾。自該書刊行後，學界時有輯佚成果出現〔註1〕。筆者新見其書札四通、序文二篇，經檢核，

〔註1〕 關於錢謙益佚文的輯佚成果，計有：張暉《錢牧齋集外評語二則》，《文學遺產》2009年第3期；張明強《新發現錢謙益佚文考論》，《蘇州大學學報》2013年第3期；張明強《錢謙益集外文〈浮石禪師諸會語錄序〉錄考》，《文獻》2014年第1期；王彥明《錢謙益佚文考釋》，《文獻》2014年第5期；孫中旺《錢謙益集外佚文〈山居詩引〉考論》，《圖書館雜誌》2014年第10期；趙會娟《錢謙益集外文四則》，《文獻》2015年第3期；王亞楠《新見錢謙益集外佚文考釋──兼論清代詩人潘高》，《古典文獻學術論叢》第五輯；陳開林《錢謙益集外佚文二篇輯釋》，《常熟理工學院學報》2017年第3期；張明強《錢謙益集外文二篇考釋》，《圖書館雜誌》2019年第6期；陳開林《錢牧齋全集》所收

為《錢牧齋全集》所未收,且未被學界論及。茲迻錄文本進行整理,並加以考釋,以就正於方家。

一、錢謙益佚札

周亮工《賴古堂尺牘新鈔》內中載錄錢謙益尺牘十一篇,其中《示從子求赤》(見《賴古堂尺牘新鈔》二選《藏弆集》卷十一)三篇〔註2〕,均載《牧齋有學集》卷四十五,乃《家塾論舉業雜說》中文;《與胡白叔》(見《賴古堂尺牘新鈔》三選《接鄰集》卷十三,下四篇同),已載《牧齋初學集》卷八十六,題為《題胡白叔六言詩》;《與人》,已載《牧齋初學集》卷八十五,題為《跋前後漢書》;《與梅村先生書》,已載《牧齋有學集》卷三十九,題為《與吳梅村書》,且文本不及《牧齋有學集》完備,缺文末一節;《與周減齋》,已載《牧齋有學集》卷四十六,題為《王石谷畫跋》。尚有四篇,《錢牧齋全集》未收。

(一)《與冒辟疆》

> 武林舟次,得接眉宇,乃知果為天下士,不虛所聞,非獨淮海維揚一後人也。救荒一事,推而行之,豈非今日之富鄭公乎?閩中雖能物色,不免五雲過眼。天將老其材而大用之,幸努力自愛。衰遲病發,田光先生所謂「駑馬先之」之日也。然每見駃騠,猶欲望影嘶風,知不滿高明一笑耳。雙成得脫塵網,仍是青鳥窗前物也。漁仲放手作古押衙,僕何敢叨天功。他時湯錢筵前,幸不以生客見拒,何如?嘉貺種種,敢不拜命。花露海錯,錯列優曇閣中。焚香酌酒,亦歲晚一段清福也。

按,文載周亮工《賴古堂尺牘新鈔》卷五〔註3〕。關於此札,孟森先生曾有考證,稱:

> 詳其文義,尚是一面之後,初通書問。且於巢民誤中副車,方

〈春秋胡傳翼序〉辨誤——兼輯錢謙益佚文〈周易玩辭困學記序〉〉,《圖書館雜誌》2019 年第 6 期。

〔註 2〕按:其二「趙濬穀子有僑才」一篇,又見王肯堂《鬱岡齋筆麈》卷二,文首一節云:「李廓庵先生嘗為余述其師趙濬谷先生之議論也。濬谷名時春,為嘉靖丙戌會元,仕至都御史,勳名著於邊陲。廓庵先生以女妻之,其子有僑才,不課督以舉子業,廓庵怪而問之。」餘下文字相同。錢謙益當係據此迻錄。

〔註 3〕(清)周亮工《賴古堂尺牘新鈔》,《周亮工全集》第 8 冊,鳳凰出版社 2008 年版,第 389～390 頁。

作慰藉之語，知必係周旋小宛事之後所通第一書，即《憶語》所謂「接宗伯書，娓娓灑灑」者也。觀書末有「花露海錯」，致謝「嘉貺」，則虞山之好事，亦冒氏有以求之。又言「歲晚清福」則作書時必已在臘月，至書達時為月之望日，可知其必為十二月之望。〔註4〕

檢《影梅庵憶語·紀遇》載：「姬孤身維谷，難以收拾。虞山宗伯聞之，親至半塘，納姬舟中。……至月之望，薄暮侍家君飲於拙存堂，忽傳姬抵河干。接宗伯書，娓娓灑灑，始悉其狀。且即馳書貴門生張祠部，立為脫籍。」〔註5〕錢謙益馳書張祠部，為董小宛脫籍，即信中所言「雙成得脫塵網」。冒辟疆有《和書雲先生己巳夏寓桃葉渡口即事感懷原韻》詩一首，詩後有長跋，中稱「至牧齋先生，以三千金同柳夫人為余放手作古押衙，送董姬相從，則壬午秋冬事。董姬十三離秦淮，居半塘六年，從牧齋先生遊黃山，留新安三年，年十九歸余」〔註6〕，又與信中「放手作古押衙」相應。雙成、古押衙，乃借用唐代薛調《無雙傳》故事。此事發生在崇禎壬午，即崇禎十五年（1642）。

另外，信中提及「救荒一事」，在范景文《冒辟疆救荒記序》中有記載：「壬午七月既望，偶同侍御孩未方公觀佛事，時冒辟疆在座，辟疆具述畿城棄兒之慘，……前冬捐產救荒，其里人沾被者以億萬計。」〔註7〕冒辟疆《樸巢文選》中尚有《救荒記》〔註8〕，可為參證。

（二）《與減齋》

撫躬責己，歸命宿世。此理誠然誠然。不肖歷閱患難，深淺因果，乃知佛言往因，真實不虛。業因微細，良非肉眼所能了了。已多生作受，亦非一筆所能判斷。惟有洗心懺悔，持誦《大悲咒》《金剛》《心經》，便可從大海中翻身，立登彼岸也。荔枝、名酒，從剌促中將寄。不惟念我之厚，而好以暇整善敗不亂，亦可以占後福矣。寄到之日，正遠歸荒邨，與荊婦明燈夜談，遍酌兒女，共一愾歎。因加喪亂殘生，妻孥相對，良非容易事也。新詩燈前浴誦，怨而不怒，

〔註4〕 孟森《清代史實六考》，故宮出版社 2012 年版，第 54 頁。
〔註5〕 （清）冒辟疆《影梅庵憶語》，《冒辟疆全集》上冊，鳳凰出版社 2014 年版，第 583～584 頁。
〔註6〕 （清）冒辟疆《同人集》卷十一，《冒辟疆全集》下冊，鳳凰出版社 2014 年版，第 1515 頁。
〔註7〕 （清）冒辟疆《冒辟疆全集》下冊，鳳凰出版社 2014 年版，第 765～766 頁。
〔註8〕 （清）冒辟疆《冒辟疆全集》上冊，鳳凰出版社 2014 年版，第 317～321 頁。

信大雅之音也。梟橋銀箏，尚裹紅淚，須歸棹盤桓，再賡魯陽之什耳。三家村中，都無片楮，掊拾非報，未盡馳念。

按，文載周亮工《賴古堂尺牘新鈔》卷五〔註9〕。減齋即周亮工。關於錢謙益與周亮工的交往，孟晗《周亮工年譜》據錢謙益《賴古堂詩集序》〔註10〕「癸巳春，余遊武林，得元亮《清漳城上》四章，讀而歎曰：『余與元亮別八年矣，久不見元亮詩』」之語，自癸巳（順治十年，1653 年）逆推八年，即順治三年（1646），斷定周亮工「初識錢謙益，當在是年」〔註11〕。《牧齋有學集》卷十七另有《賴古堂文選序》，據同書卷三十八《答王於一論文書》「乙未冬，為周元亮敘《賴古堂文選》」〔註12〕之記載，可知作於乙未，即順治十二年（1655）。

此信中提及「荔枝、名酒，從刺促中將寄」，可知周亮工曾有給錢謙益寄荔枝、名酒之舉。又言「新詩燈前洛誦」，則所寄之物除荔枝、名酒之外，尚有詩作。

荔枝乃南方水果，因此周亮工給錢謙益寄物之事只能在其居處南方之時。檢孟晗《周亮工年譜》，知其曾仕閩，且撰有《閩小記》。順治四年（1647）「四月，擢福建按察使」〔註13〕，「十月抵邵武」〔註14〕，1648 年「初夏抵福州」〔註15〕。1649 年「五月，擢升為福建右布政使」〔註16〕，「冬十月，奉委代覲北上」〔註17〕。1650 年「七夕後返福州」〔註18〕，1653 年「夏五月，升福建左布政使」〔註19〕，1654 年「夏秋之際，擢督察院左副都御史」〔註20〕，「十月離閩」〔註21〕。

〔註9〕（清）周亮工《賴古堂尺牘新鈔》，《周亮工全集》第 8 冊，鳳凰出版社 2008 年版，第 390～391 頁。

〔註10〕按，錢謙益序載《賴古堂集》卷首，又載《牧齋有學集》卷十七，題為《周元亮賴古堂合刻序》。

〔註11〕孟晗《周亮工年譜》，廣西師範大學碩士學位論文，2007。

〔註12〕（清）錢謙益《牧齋有學集》，上海古籍出版社 1996 年版，第 1327 頁。

〔註13〕孟晗《周亮工年譜》，廣西師範大學碩士學位論文，2007。

〔註14〕孟晗《周亮工年譜》，廣西師範大學碩士學位論文，2007。

〔註15〕孟晗《周亮工年譜》，廣西師範大學碩士學位論文，2007。

〔註16〕孟晗《周亮工年譜》，廣西師範大學碩士學位論文，2007。

〔註17〕孟晗《周亮工年譜》，廣西師範大學碩士學位論文，2007。

〔註18〕孟晗《周亮工年譜》，廣西師範大學碩士學位論文，2007。

〔註19〕孟晗《周亮工年譜》，廣西師範大學碩士學位論文，2007。

〔註20〕孟晗《周亮工年譜》，廣西師範大學碩士學位論文，2007。

〔註21〕孟晗《周亮工年譜》，廣西師範大學碩士學位論文，2007。

其後，1655 年「六月，福建總督佟代以閩事具疏參劾，奉旨解任奉勘」〔註22〕，「冬，抵南京」〔註23〕。1656 年「正月自南京啟程赴閩」〔註24〕。1658 年「六月出閩」〔註25〕。

此係周亮工兩次仕閩梗概。此信究竟作於哪一次，亦有線索可徵。

檢錢謙益《牧齋有學集》卷六《秋槐別集》有《放歌行贈櫟園道人遊武夷》長詩，同卷另有《丁家水亭再別櫟園》，均作於 1656 年「正月自南京啟程赴閩」之時，周亮工《賴古堂集》卷八《錢牧齋先生賦詩相送張石平顧與治皆有和次韻留別》，即步《丁家水亭再別櫟園》韻。其中，《放歌行贈櫟園道人遊武夷》有句云：「扁舟東下值元夕，紅燈綠酒停姑蘇。皋橋銀箏裏紅淚，遲君拂拭追歡娛。」〔註26〕而此箚中「皋橋銀箏，尚裏紅淚」一語，當為「皋橋銀箏裏紅淚」而發，故此信當作於《放歌行贈櫟園道人遊武夷》之後。因此，只能是奉勘福建之時。

另附錢謙益、周亮工、顧與治詩，以備參考。錢謙益《丁家水亭再別櫟園》〔註27〕：

> 燈暈離筵酒不波，同雲釀雪暗秦河。
>
> 人於患難知心少，事值間關眉語多。
>
> 鼓角三更莊舄淚，殘棋半局魯陽戈。
>
> 荔枝醞熟鱸魚美，醉倚銀箏續放歌。

周亮工《錢牧齋先生賦詩相送張石平顧與治皆有和次韻留別》〔註28〕：

> 寒潮入夜不增波，苦憶敲冰渡濁河。
>
> 失路自憐酒伴少，看山無奈淚痕多。
>
> 交情雨雪猶分袂，時事東南未罷戈。
>
> 凍盡勞勞亭下柳，那堪重聽故人歌。

顧與治即顧夢遊（1599～1660），傳見施閏章《顧高士夢遊傳》。著有《顧與治詩集》八卷，《送周元亮司農被誣入閩勘問》見卷七〔註29〕：

〔註22〕孟晗《周亮工年譜》，廣西師範大學碩士學位論文，2007。

〔註23〕孟晗《周亮工年譜》，廣西師範大學碩士學位論文，2007。

〔註24〕孟晗《周亮工年譜》，廣西師範大學碩士學位論文，2007。

〔註25〕孟晗《周亮工年譜》，廣西師範大學碩士學位論文，2007。

〔註26〕（清）錢謙益《牧齋有學集》，上海古籍出版社 1996 年版，第 267 頁。

〔註27〕（清）錢謙益《牧齋有學集》，上海古籍出版社 1996 年版，第 273 頁。

〔註28〕（清）周亮工《賴古堂集》，華東師範大學出版社 2014 年版，第 183 頁。

〔註29〕（清）顧夢遊《顧與治詩集》，《四庫全書禁燬叢書》第 51 冊，北京出版社 1997 年版，第 390 頁。

秦淮吹綠不成波，情滿春觴雪滿河。

鵑月夢回親舍遠，鴒原詩好淚痕多。

一生寵辱閒看偶，十載勳名半枕戈。

誰使勞臣傷蕙苡，百城曾否問謳歌。

張石平，即張天機。吳偉業有《武林謁同年張石平》詩，題下自注：「河南人，官梁儲觀察。」吳翌鳳注：「張天機字石平，蘭陽人，崇禎辛未進士。」〔註30〕其和詩今未見。

（三）《與人》

余觀唐末，嘗錄有名儒者方乾等十五人，賜孤魂及第。每念瞿元初（純仁）〔註31〕、邵茂齊（濂）、顧雲鴻（朗仲），輒泫然流涕。唐以詩取士，如干者雖不第，其詩已盛傳於後世。而三君子之擅場者，獨以時文耳。嗚呼！今之時文，有不與肉骨同腐朽者乎？三君子之名，其將與草亡木卒漸盡而已乎？當今之世，有援唐故事追錄名儒者乎？縱慫錄之，其何所挾以附於乾等之後也？悲夫！

按，文載周亮工《賴古堂尺牘新鈔》三選《接鄰集》卷十三〔註32〕。檢《牧齋初學集》卷五十五《瞿元初墓誌銘》，中有云：

余觀唐末，嘗錄有名儒者方乾等十五人，賜孤魂及第。每念君與茂齊、朗仲，輒泫然流涕。唐以詩取士，如干者雖不第，其詩已盛傳於後世。而君等之擅場者，獨以時文耳。嗚呼！今之時文，有不與肉骨同腐朽者乎？君等之名，其將與草亡木卒漸盡而已乎？當今之世，有援唐故事追錄名儒者乎？縱慫錄之，其何所挾以附於乾等之後乎？〔註33〕

二文近同。《瞿元初墓誌銘》稱「每念君與茂齊、朗仲」「君等之擅場者」「君等之名」，而《與人》稱「每念瞿元初、邵茂齊、顧雲鴻」「三君子之擅場者」「三君子之名」，尋繹文本，《與人》似為錢謙益寫完《瞿元初墓誌銘》之後，摘錄部分文字寄示友人。所寄何人，今不可知。

〔註30〕（清）吳偉業《吳梅村詩集箋注》，吳翌鳳箋注，世界書局 1936 年版，第 342 頁。
〔註31〕按，括號中文字原為小字注文，今統一字號，加括號以作區分。下同。
〔註32〕（清）周亮工《接鄰集》，《周亮工全集》第 13 冊，鳳凰出版社 2008 年版，第 811～812 頁。
〔註33〕（清）錢謙益《牧齋初學集》，上海古籍出版社 2009 年版，第 1374 頁。

（四）《與顧與治》

京兆之阡，北邙之冢，高墳石闕，歸然九京者多矣。松楸鬱然，碑版相望，樵人牧豎，行歌過之，而士大夫鮮有回車太息者。比玉一老書生，歿無三尺之息，一抔之土，沉埋於陳根墮樵之中，乃有如足下者訪其墓，乞文以表之。董相之陵，下馬之石猶存；白傅之墳，漬酒之土嘗澤。以今視昔，豈不然哉？百世而後，風人志士，義足下之為，必有過比玉之墓，迴翔而不忍去者，其益以此知比玉也已。

按，文載周亮工《賴古堂尺牘新鈔》三選《接鄰集》卷十三〔註34〕。檢《牧齋初學集》卷六十六《宋比玉墓表》，篇首云：

金陵顧與治來告我曰：「夢遊與莆田宋比玉交，夫子之所知也。比玉歿十餘年矣，夢遊將入閩訪其墓，酹而哭焉。比玉無子，墓未有刻文，敢以請於夫子。興化李少文亦比玉之友也，巡方於閩，屬表其墓而刻焉。夫子其謂何？」〔註35〕

篇末云：

嗚呼！京兆之阡，北邙之冢，高墳石闕，歸然九京者多矣。松楸鬱然，碑版相望，樵人牧豎，行歌過之，而士大夫鮮有回車太息者。比玉一老書生，歿無三尺之息，一抔之土，沉埋於陳根墮樵之中，乃有如與治者訪求其墓，乞文以表之。董相之陵，下馬之名猶存；白傅之墳，漬酒之土常澤。以今視昔，豈不然哉？百世而後，風人志士，義與治之為，必有過比玉之墓，迴翔而不忍去者，其益以此知比玉已矣。與治往謀於少文，伐石而志之曰：是惟莆陽宋比玉之墓。虞山錢謙益為之表。崇禎十五年三月。〔註36〕

《與顧與治》與《宋比玉墓表》篇末文字近同。《宋比玉墓表》稱「乃有如與治者訪求其墓」，而《與顧與治》稱「乃有如足下者訪其墓」，且《接鄰集》所載《與顧與治》，題下有注：「時與治為宋比玉乞墓表。」據此可知，錢謙益在顧與治為宋比玉乞墓表時，寫了此信，後來又錄入到《宋比玉墓表》中。

關於此信的寫作時間，亦可略加考訂。

〔註34〕（清）周亮工《接鄰集》，《周亮工全集》第 13 冊，鳳凰出版社 2008 年版，第 812～813 頁。

〔註35〕（清）錢謙益《牧齋初學集》，上海古籍出版社 2009 年版，第 1529 頁。

〔註36〕（清）錢謙益《牧齋初學集》，上海古籍出版社 2009 年版，第 1529～1530 頁。

黃錫蕃《閩中書畫錄》卷八引《莆田縣志》載：

> 客死石城，歸葬於莆，御史李嗣京按閩，為立墓表。其略曰：
> 「文齊玉局，詩儷青蓮。琴心酒德，風流傾江左之英；書聖畫禪，
> 購求盡海外之使。」足畢其梗概矣。〔註37〕

李嗣京，字嘉錫，又字少文。此即《宋比玉墓表》所稱「興化李少文亦比玉之
友也，巡方於閩，屬表其墓而刻焉」。《顧與治詩集》卷六有《拜宋比玉墓》，
題下注云：「時李直指為刻集、樹墓石。」〔註38〕所言亦同。

《宋比玉墓表》又稱：

> 比玉之死吳門也，余與程孟陽引延陵嬴博之義，欲窆之虞山，
> 而其家以其喪歸。孟陽期余往弔，久而未果。與治之為，余與孟陽
> 之志也，其何忍辭。〔註39〕

此事，錢謙益在別處亦有記載：

> 客死吳門，其卒也，孟陽撫之乃瞑而受含。余與孟陽欲留葬虞
> 山，不果，返葬。後十餘年，金陵顧夢遊入閩，哭其墓，乞余為文，
> 伐石以表之。（《列朝詩集》丁集卷十三下宋玨傳）

> 予初識與治，見其威儀庠序，筆墨妍雅，喜王國之多士，而華
> 玉、英玉之有後也。莆田宋比玉客死吳門，歸葬於閩。家貧無子，
> 詩草散佚。與治裹糧走三千里，漬酒墓門，收拾遺草，請予勒石表
> 其墓。（《牧齋有學集》卷四十九《顧與治遺稿題辭》）〔註40〕

與墓表所云相符。

《閩中書畫錄》載李嗣京為宋比玉立墓表，墓表今尚存，原題為《海內
名士宋比玉先生墓表》〔註41〕，稱：「華陽李嗣京以崇禎辛巳奉命來巡閩服，
壬午春王，爰至於莆，先生即世，奄欻一紀。」檢《明史》卷二百四十六《毛
士龍傳》，載「（崇禎十六年）士龍聞，劾逮福建巡按李嗣京」。壬午為崇禎十
五年，則李嗣京撫閩時間僅為十五年（1642）春後至十六年（1643），其為宋

〔註37〕（清）黃錫蕃《閩中書畫錄》，1943 年合眾圖書館叢書本。
〔註38〕（清）顧夢遊《顧與治詩集》，《四庫禁燬書叢刊》第 51 冊，北京出版社 1997
年版，第 371 頁。
〔註39〕（清）錢謙益《牧齋初學集》，上海古籍出版社 2009 年版，第 1529 頁。
〔註40〕（清）錢謙益《牧齋有學集》，上海古籍出版社 2009 年版，第 1590 頁。
〔註41〕宋湖民《海內盛名士宋比玉先生墓表考證》，載林國梁主編《福建興化文獻》，
臺北市莆仙同鄉會 1978 年版，第 473～477 頁。

比玉立墓表亦在此間。李嗣京稱「先生即世，奄欻一紀」，宋湖民據此及宋比玉之詩作，考訂宋比玉之死「當在崇禎辛未四年四月之後」，即 1631 年後。但未言及具體年份。檢錢保塘《歷代名人生卒錄》卷七載「宋比玉，崇禎五年卒，年五十七」，可知其生卒年為 1576～1632 年。錢謙益《宋比玉墓表》寫於崇禎十五年（1642）三月，稱「比玉歿十餘年矣」，所言亦相符。

《顧與治詩集》卷三有《虎丘舟次投錢牧齋先生》，其二詩末注云：「時予入閩，拜比玉墓，先生許為表墓文。」〔註42〕檢《錢謙益年譜》1641 年載「冬，錢、柳二人偕遊鎮江、蘇州等地。柳如是留蘇州養病，未回常熟度歲，居沁園」，則遊蘇州後，錢謙益回常熟度歲〔註43〕，可知顧與治投詩，為本年冬無疑。顧與治於投詩外，或曾寫信提及乞墓表之事，今不可知，則錢謙益此回信或即作於此時。

此外，顧與治還委託周亮工為宋比玉撰墓表。《賴古堂集》卷四有《懷顧與治》詩，題下注：「予入閩時，與治送予江上，留連不能去。時以宋比玉墓表、費筆山嗣君見託。」〔註44〕但周亮工集中未見此墓表，似未撰成。此事亦載周亮工《顧與治詩集序》：

> 宋比玉之沒，與治既輯其遺稿，慫恿李侍御少文為梓行。復走虞山，乞錢宗伯為墓表。少文方按閩，與治屬少文鐫於墓側。會少文得代，遂不果。越十餘年，予廁閩臬，過金陵，與治又諄諄屬予。予令其族孫祖謙勒石歸，以石刻示，與治喜動眉睫，若重負方釋者。〔註45〕

周亮工稱「予廁閩臬」，則顧與治請其撰墓表當在 1656 年（參《與減齋》一篇）。時隔向錢謙益乞墓表已十數年，對待亡友之情，由此可見一斑，正如周亮工序中所言，「其平生好義，務不朽其亡友類如此」〔註46〕。

二、錢謙益佚序

（一）《唐人詠物詩序》

> 有唐一代之詩，初、盛以高古渾厚勝，中、晚以穠麗工巧勝，

〔註42〕（清）顧夢遊《顧與治詩集》，《四庫禁燬書叢刊》第 51 冊，北京出版社 1997 年版，第 336 頁。
〔註43〕方良《錢謙益年譜》，中國書籍出版社 2013 年版，第 99 頁。
〔註44〕（清）周亮工《賴古堂集》，華東師範大學出版社 2009 年版，第 58 頁。
〔註45〕（清）周亮工《賴古堂集》，華東師範大學出版社 2009 年版，第 280 頁。
〔註46〕（清）周亮工《賴古堂集》，華東師範大學出版社 2009 年版，第 280 頁。

氣運使然。雖復各有同異，然當時所最矜重者（者，乾隆本無），在
弔古、感時之什，言懷、酬贈次之，詠物又次之。其詩率以初、盛、
中、晚而分，所尚不以初盛中晚而異，則知詠物諸篇，非唐人所樂
擅場，以標後世風騷之旨者也。

及觀宋元諸公之作，下迨謝、瞿詠物百首，雕形鏤狀，極態窮
妍，如虎頭、道子圖寫人物，神情俱肖，又若靜鑒澄波，纖毫曲折
全攝照中，可謂奪天巧而殫人工矣。至究其所謂摹物入微、綴景盡
致者，卒不越唐人冶範。則知詠物諸篇雖非唐人所樂擅場以標風騷
之旨，而出其餘技，猶足絕調千秋。茲詠物者所由不得不遠法乎唐，
觀詠物者不得不專取乎唐也。

適樂讀以《唐人詠物選》見示（此句，乾隆本作「賈人請以唐
詩詠物選從事」），其目該而不復，其類比而不紊，規條略仿陳例，
附見別出新裁。體以五七律、排、絕為準，不錄五七言長歌等篇，
蓋欲後人不襲宋元纖瑣卑弱之風，先去漢魏六朝繁言疊敘之累，而
專法唐人簡淨風雅之什也。

雖然，詠物之難，古固勝今，今亦勝古。如近世雁字、落花諸
詩，即令唐人創之，難免後來居上，寸長尺短，踵事增華，氣運使
然，亦復各有同異，讀其詩而論其世，斯詩學見矣。今學詩者將法
唐人詠物乎？抑法雁字、落花乎？知其異而求其同，斯詩派正矣。
（「今學者」至此，順治本無）予謂欲法唐人者，先法詠物；欲得詠
物之深意者，當先觀茲選，其庶幾乎？虞山蒙叟錢謙益撰。（此句，
乾隆本無）

按：文載陳伯海、李定廣編著《唐詩總集纂要》〔註47〕，據清順治十七年刻本
《唐人詠物詩》卷首所載錄文，署名錢謙益。又載陳伯海主編《歷代唐詩論評
選》〔註48〕、陳伯海《唐詩學文獻集粹》〔註49〕，據清乾隆重刻本《唐人詠物
詩》卷首所載錄文，署名聶先。二本文字略有不同。

對此，《唐詩總集纂要》中有說明：今存有清順治十七年（1660）
刻本，藏上海圖書館。標「莊太史、黨太府同選，盧陵聶樂讀編輯」，

〔註47〕陳伯海、李定廣編著《唐詩總集纂要》，上海古籍出版社 2016 年版，第 506 頁。
〔註48〕陳伯海主編《歷代唐詩論評選》，河北大學出版社 2003 年版，第 834 頁。
〔註49〕陳伯海主編《唐詩學文獻集粹》，上海古籍出版社 2016 年版，第 925～926 頁。

「碧梧紅豆邨莊論定」，「知庵矗幾允久恭校」，「吳門朱原赤梓」。「碧梧紅豆邨莊」即錢謙益。……乾隆十一年（1746）有重刻本，此本將順治本錢謙益序改署「矗先」，莊同生序改署「高簡」，標「盧陵矗晉人、嘉善俞長仁選輯」，藏上海圖書館。〔註50〕

錢謙益之書在乾隆朝被禁燬，書中涉及其人者亦多有改換，如朱彝尊《經義考》引錢謙益之說甚多，在收入《四庫全書》時，凡「錢謙益曰」之處均遭改頭換面。乾隆重刻本《唐人詠物詩》錢謙益序因刪去文末題署，且改署「矗先」，以致湮沒，幸賴順治初刻本，得知原作者。

錢謙益不僅精於詩歌創作，同時嫻於詩學。特別是其纂輯的《列朝詩集》八十一卷，對明代詩學多有抉發。在其集中，曾多為前修時賢的詩歌選本作序。如《牧齋有學集》卷十五有《唐詩英華序》《唐詩鼓吹序》《鼓吹新編序》《愛琴館評選詩慰序》《歷朝應制詩序》，《牧齋初學集》卷三十二有《虞山詩約序》，等等。這些文獻集中體現了錢謙益的詩學思想。

此序則專為唐人詠物詩而發，認為詠物詩「非唐人所樂擅場」，但「出其餘技，猶足絕調千秋」。職是之故，後人若欲學習詠物者，「不得不遠法乎唐」。

在《唐詩英華序》《唐詩鼓吹序》等文中，錢謙益對「世之論唐詩者，必曰初、盛、中、晚」〔註51〕的現象進行了批駁。而《唐人詠物詩》「所選皆律、絕二體，分天、地、水、木各類編次」〔註52〕，不以初盛中晚為界分，深契錢謙益之詩學觀，以故贊其「其目該而不復，其類比而不紊」。

（二）《讀莊一唊序》

> 莊學之分裂久矣。以禪理入之者，有王秀、呂惠卿之學；以爐火入之者，有俞玉吾、林得之學。雲間之沈友聖氏，以《讀莊一唊》示余，曰：「此侍御顧公所著也。贈侍御開明先生好讀《莊子》，有所悟，入，侍御稟之庭訓，敷陳其旨，猶老泉氏之易學，東坡受之為傳也。」其說首尾鈎貫，直抒胸臆。然不以異學參之，則又諸家之所不及也。古人著書，未有不明其意之所在。西螺注《莊子》，約而該，亦云得其意而已。

〔註50〕陳伯海、李定廣編著《唐詩總集纂要》，上海古籍出版社 2016 年版，第 504 頁。
〔註51〕（清）錢謙益《牧齋有學集》，上海古籍出版社 2009 年版，第 707 頁。
〔註52〕陳伯海、李定廣編著《唐詩總集纂要》，上海古籍出版社 2016 年版，第 503 頁。

按，《湖北藝文志附補遺》卷八道家類據《漢川志》著錄顧如華《讀莊一映》，並附載錢謙益序〔註53〕。黃叔璥《國朝御史題名》載：「顧如華，湖廣漢川人，順治己丑進士。由廣平縣知縣，行取山東道御史，巡按四川，兩浙巡鹽，外轉溫處道。」〔註54〕丁宿章《湖北詩徵傳略》卷九載：「顧如華，字質夫，號西巘。順治進士，官浙江參議。有《質思齋詩文集》《六是堂》《涉園》等集，《讀莊一映》《病中移心集》。」〔註55〕而《湖北藝文志附補遺》著錄其著述，除《讀莊一映》外，尚有《西臺奏議》《楷書》《顧氏聞見錄》《深遠集參補注釋》《顧如華集》。

《讀莊一映》不分卷，《子藏·道家部·莊子卷》第九六冊據清木活字排印本收錄。卷前有申涵光等序，錢序失載，或同前舉《唐人詠物詩序》，因違禁而遭刪削。

錢謙益精熟《莊子》，晚年自號蒙叟，文中對《莊子》屢加援引，如《獄中雜詩三十首》之二：

> 夜柝驚呼夢亦便，晝應如夜夜如年。都將永日銷長係，只倚孤魂伴獨眠。畫獄腳跟還有地，覆盆頭上不多天。此中未悟逍遙理，枉讀《南華》第一篇。〔註56〕

《姚叔祥過明發堂共論近代詞人戲作絕句十六首》之十五：

> 王績鄉人笑子虛，兔園典冊竟何如。憑君若問金條脫，解道《南華》是僻書。〔註57〕

《櫂歌十首為豫章劉遠公題扁舟江上圖》之四：

> 楚尾吳頭每刺船，藏舟夜半事依然。《陰符》三卷篝燈讀，不及《南華》有內篇。〔註58〕

通過此序可略窺其莊學思想，即主張注《莊》須「不以異學參之」。然《漢川志》所錄似非全文。不過歷盡劫灰，留存片紙，亦堪珍重。

通過輯補錢謙益佚文，一方面可以補充《錢牧齋全集》之闕，使其內容更

〔註53〕（清）（宣統）湖北通志局編著《湖北藝文志附補遺》，湖北教育出版社2002年版，第474頁。
〔註54〕（清）黃叔璥《國朝御史題名》清光緒刻本。
〔註55〕（清）丁宿章《湖北詩徵傳略》，清光緒七年孝感丁氏涇北草堂刻本。
〔註56〕（清）錢謙益《牧齋初學集》，上海古籍出版社2009年版，第388～389頁。
〔註57〕（清）錢謙益《牧齋初學集》，上海古籍出版社2009年版，第607頁。
〔註58〕（清）錢謙益《牧齋有學集》卷八，上海古籍出版社2009年版，第731頁。

加完備。同時，也為相關研究提供了一些新的材料。比如，1641 年載「冬，錢柳二人偕遊鎮江、蘇州等地」，二人此間交遊如何，《錢謙益年譜》未載。通過《與顧與治》一文，可知二人有交往。這些待發之覆，尚待深入考察。

另外，《錢牧齋全集》所收之文，亦有可補之處。如，《牧齋有學集》卷十四《建文年譜序》《玉劍尊聞序》，作年均不詳。檢《北京圖書館藏珍本年譜叢刊》第 38 冊所收清初刻本《建文年譜》，錢謙益序末另有「歲在戊戌春王三月二十有一日石渠舊史蒙叟錢謙益謹撰」〔註 59〕，可知寫於戊戌年，即順治十五年（1658）。檢《瓜蒂庵藏明清掌故叢刊》本《玉劍尊聞》，錢謙益序末另有「順治丁酉仲春二月望日通家眷社弟虞山蒙叟錢謙益謹序」〔註 60〕，可知寫於丁酉年，即順治十四年（1657）。此二序，因《牧齋有學集》未交代寫作時間，故《錢謙益年譜》失載。

又如，《牧齋有學集》卷十六《新刻震川先生文集序》，文末云：「而進士君大雅不群，能表章其家學。南豐之瓣香，不遠求而有託，斯可喜也。謹牽連書之以為序。」〔註 61〕此序亦載《震川先生集》卷首，末云：「而比部君大雅不群，能表章其家學。南豐之瓣香，不遠求而有託，斯可喜也。歲在庚子五月晦日，虞山年家後學錢謙益再拜謹序。」〔註 62〕除文本有差異外，更重要的是，可以知道此序寫於庚子年，即順治十七年（1660）。《震川先生集》於此序下，另有歸起先識語、錢謙益《與歸進士論校震川集書》。《與歸進士論校震川集書》載《牧齋有學集》卷三十八，文末題署「庚子五月二十八日」，故《錢謙益年譜》於 1660 年載「五月二十八日，作《與歸進士論校震川集書》」〔註 63〕，而不及《新刻震川先生文集序》，可補其闕。

又如，《牧齋初學集》卷二十八有《少司空晉江何公國史名山藏序》，檢《名山藏》卷首所載序，文末有「崇禎十三年庚辰閏正月舊史常熟錢謙益捧手撰」〔註 64〕，可知作於崇禎十三年（1640）；同書卷二十九有《洪武正韻牋序》，宋濂撰、楊時偉補牋《洪武正韻》有明崇禎四年刻本，卷首有錢謙益

〔註 59〕（清）趙士喆《建文年譜》，《北京圖書館藏珍本年譜叢刊》第 38 冊，北京圖書館出版社 1999 年版，第 7 頁。
〔註 60〕（清）梁維樞《玉劍尊聞》，上海古籍出版社 1986 年版，第 5 頁。
〔註 61〕（清）錢謙益《牧齋有學集》卷十五，上海古籍出版社 2009 年版，第 707 頁。
〔註 62〕（明）歸有光著，周本淳校點《震川先生集》，上海古籍出版社 2007 年版，第 9 頁。
〔註 63〕方良《錢謙益年譜》，中國書籍出版社 2013 年版，第 125 頁。
〔註 64〕（明）何喬遠《名山藏》，江蘇廣陵古籍刻印社 1993 年版，第 6 頁。

序，文末有「崇禎辛未虞山舊史錢謙益謹敘」〔註65〕，可知作於崇禎四年
（1631）。

錢謙益生平所作序跋甚多，《牧齋初學集》收書序六卷、《牧齋有學集》
收書序八卷，若能依此法，取《錢牧齋全集》所收之序與所序之書加以比勘，
當可獲知一些書序的寫作時間，這對於研究錢謙益生平亦有參考價值。

〔註65〕 （明）宋濂撰、楊時偉補箋《洪武正韻》，《四庫全書存目叢書》經部第207冊，
齊魯書社1997年版，第11頁。

《列朝詩集小傳》訂補

摘　要

　　作為明代詩歌總集，錢謙益《列朝詩集》以收錄完備、考訂精審而著稱，自來享有盛譽。由於卷帙浩繁，錢陸燦曾輯錄出書中的傳記部分而成《列朝詩集小傳》一書，別本單行，查檢極為便捷。全書共纂錄兩千餘位明代詩人的傳記，內容宏富，極具文獻價值。然而，囿於見聞，《列朝詩集小傳》也存在一些不足之處，有待考訂。文章通過稽考相關載籍，對書中二則記載失誤之處進行辨正，對九處闕漏的文本予以考補，對三位身份不明的作家加以考實。

關鍵詞：錢謙益；《列朝詩集小傳》；明代人物；斷代總集

　　錢謙益（1582～1664）所纂《列朝詩集》八十一卷，收錄有明一代兩千餘位詩人的代表作，並撰有相關傳記，內容宏富，極具文獻價值。其後，錢謙益族孫錢陸燦輯錄書中人物小傳成《列朝詩集小傳》十卷（以下簡稱「《小傳》」），別本單行，對於查考明代作家傳記極為便利。

　　然而，錢謙益所纂錄的傳記尚存有一些不足之處。首先，部分作家張冠李戴、名字互置，存有訛誤。其次，多處文本存有闕字現象，內容涉及到作家表字、里貫等方面。再次，部分作家身份不明，存疑待考。曾媛《〈列朝詩集小傳〉闕字訂補》〔註1〕一文對《小傳》中的部分闕文予以補充，並間附對較為簡略的傳記有所增益。鑒於《小傳》中的不足之處，本文對《列朝詩集小傳》中的失誤進行辨正，對闕文進行考補，對身份不明的作家加以考實。工作底本為上海古籍出版社 1983 年 10 月新 1 版標點排印本。

〔註 1〕曾媛《〈列朝詩集小傳〉闕字訂補》,《圖書館研究與工作》, 2009 年第 2 期。

一、辨誤

1. 乙集頁二二五「呂伯剛」條:「伯剛,字□□,金華人。」

按:黃虞稷《千頃堂書目》卷十七著錄呂肅《栗山吟稿》,云:「字伯剛,金華人。」〔註2〕嵇曾筠《雍正浙江通志》卷二百四十九據《嘉靖金華縣志》著錄呂肅《栗山吟稿》,稱其「字伯剛,金華人。」可知《小傳》誤置呂伯剛名、字。

2. 丁集下頁六一七「孫御史承恩」條:「承恩,字□□,蒲州人。嘉靖丁未進士,官監察御史。」

按:《列朝詩集》丁集第十五錄孫承恩詩二首,一為《山門》(山門落日望江干)、一為《江上曲》(春雨既過行水濱)。此二詩又見陳田《明詩紀事》己簽卷九(另有一首《冬日登王母宮》),作者題為孫永思,小傳云:「永思,字性孝,蒲州人。嘉靖丁未進士,除行人,擢浙江道御史。」〔註3〕

朱彝尊《明詩綜》卷四十三亦載錄孫永思詩二首(《海珠寺譙同鄉李崔二鴻臚》、《登鎮海樓用韻》),傳云:「永思,字性孝,蒲州人。嘉靖丁未進士,除行人,選授浙江道御史。」〔註4〕與《明詩紀事》所載為一人。

今檢阮元《道光廣東通志》卷二百四十三《宦績錄十三》載孫永思小傳甚詳,迻錄如下:

> 孫永思,字性孝,蒲州人。嘉靖庚戌進士。歷御史,巡按廣東。性莊重,寡言笑,出語必中利弊,諸司憚之,比之包孝肅。時仕者多漁獵其民,永思按三尺法,率屬以廉,墨吏望風改轍。監乙卯鄉試,所拔多知名士,撰《粵臺十二詠》,世傳誦之。〔註5〕

就表字、里貫、中進士時間、官職而言,朱彝尊、陳田、阮元所載孫永思與《小傳》適相符合。

孫承恩,何三畏《雲間志略》卷十、趙宏恩《乾隆江南通志》卷一百四十一《人物志》均有其傳。茲節錄《雲間志略》如下:

> 孫承恩,字貞甫,號毅齋,太守雪岑公衍之子,華亭人。公年

〔註2〕 (清)黃虞稷撰,瞿鳳起、潘景鄭整理《千頃堂書目》,上海古籍出版社2001年版,第461頁。

〔註3〕 (清)陳田《明詩紀事》,上海古籍出版社1993年版,第2022頁。

〔註4〕 (清)朱彝尊《明詩綜》,中華書局2007年版,第2154頁。

〔註5〕 (清)阮元《道光廣東通志》,《續修四庫全書》第674冊,上海古籍出版社1996年版,第164頁。

方二十，以儒士登弘治甲子鄉書，舉正德辛未進士，改翰吉，授編
修。〔註6〕

另外，黃虞稷《千頃堂書目》卷二二著錄孫承恩《孫文簡公集》二卷、
《使郢稿》一卷，云：「字貞父，華亭人。太子少保、禮部尚書，兼翰林院學
士，掌詹事府事。贈太子太保、諡文簡」〔註7〕。據此記載，孫承恩生平行
實與《小傳》所載無一相符，可知錢謙益乃誤「孫永思」為「孫承恩」。

二、補闕

1. 甲前集頁六十「吳會」條：「吳會，字慶伯，□□人」。

按：《四庫全書總目》卷一百七十四「集部二十七」著錄《書山遺集》二
十卷，云：

> 元吳會撰。會字慶伯，金谿人。至正三年，嘗舉鄉薦第一。入
> 明不仕，至洪武戊辰乃卒。以一足病廢，自稱獨足先生。所作詩文，
> 即名《獨足雅言》，凡二十卷。〔註8〕

《書山遺集》，今存乾隆三十四年刻本，見錄《續修四庫全書》、《四庫全
書存目叢書》。書前有吳直所作《書山先生本傳》，云：

> 先生諱會，字慶伯，一字伯慶，號書山，行大。三始祖宣公居
> 南豐，家大而蕃。自十七世祖宋進士官泗州通守熊公來居金谿之書
> 山。……元至正三年，鄉薦第一。慕陶靖節風，不求仕進，託足疾
> 不應。築室中原，別號獨足翁以自怡。我朝定鼎，屢辟不出。……
> 所著有《天文圖說》、《易經纂微》、《杜詩評釋》。其自作詩章成帙，
> 繡梓者名《獨足雅言》。〔註9〕

書末又附有吳堝《傳聞考》，載「先生享年七十有三，卒於洪武戊辰」、
「先生生元仁宗丙辰十一月二十四日辰時」〔註10〕，故可知吳會卒年為1316

〔註6〕（明）何三畏《雲間志略》，《四庫禁燬書叢刊》史部第 8 冊，北京出版社 1997
年版，第 361 頁。

〔註7〕（清）黃虞稷撰，瞿鳳起、潘景鄭整理《千頃堂書目》，上海古籍出版社 2001
年版，第 551 頁。

〔註8〕（清）永瑢等撰《四庫全書總目》，中華書局 1965 年版，第 1547 頁。

〔註9〕（元）吳會《吳書山先生遺集》，《續修四庫全書》第 1325 冊，上海古籍出版
社 1996 年版，第 284～285 頁。

〔註10〕（元）吳會《吳書山先生遺集》，《續修四庫全書》第 1325 冊，上海古籍出版
社 1996 年版，第 334 頁。

～1388 年。嵇璜《續文獻通考》卷一百九十《經籍考》著錄吳會《書山遺集》二十卷，亦稱：「會，字慶伯，金谿人。至正中舉鄉薦第一，入明不仕」。可知其為金谿（今江西撫州）人。此外，清代錢熙彥所編《全元詩補遺》中亦有其小傳。李修生主編《全元文》第 57 冊載其文 5 篇，楊鐮編《全元詩》第 57 冊錄其詩 424 首。

2. 甲前集頁六二「遊莊」條：「遊莊，字子敬，□□人。」

按：朱彝尊《明詩綜》卷十五上、陳田《明詩紀事》甲簽卷二十四均錄遊莊詩一首，只載「莊字子敬」，不言其里貫。今檢曾燠《江西詩徵》卷三十三載元代詩人有游子敬，云：「子敬，臨川人。有《雪漁詩集》。」〔註11〕可知遊莊乃臨川（今江西撫州）人。《全元詩》第 52 冊錄其詩 19 首。

3. 甲前集頁六三「陳安」條：「陳安，字克盟，□□人。」

按：朱彝尊《明詩綜》卷十五上錄陳安詩二首、陳田《明詩紀事》甲簽卷二十四錄陳安詩一首，均稱「安字克盟」，不詳其里貫。今檢曾燠《江西詩徵》卷三十七載元代詩人有陳安，云：「安，字克盟，金谿人。」〔註12〕《明詩綜》所錄《中秋有感》、《題高理贍所題小景圖》、《明詩紀事》所錄《高大使吳淞歸》均載《江西詩徵》。《全元詩》第 67 冊錄其詩 9 首。

4. 甲集頁一二一「元宣」條：「宣，字伯常，□□人。」

按：明代郭子章《豫章詩話》卷五載：「豫章鐵柱宮井中鐵柱，相傳為晉許旌陽鎮蛟之柱，歷代名賢多有題詠……國朝元宣字伯長有詩云：湖上波濤一劍空，冶金留取鎮龍宮。八方靈索懸坤軸，萬古蒼標定劫風。不用斷鼇重立極，秖令降怪暗銷雄。神仙本是空無事，即此方知濟世功。」〔註13〕同卷又載：「寫韻軒亦豫章佳景也。虞邵菴二詩甚佳，繼之者我明有元宣詩二首：……其二……。二詩不減邵菴，首作似和邵菴韻。」〔註14〕張寅彭先生稱《豫章詩話》「以江西地域為限輯集詩學資料，在詩學撰作中開創了地域詩

〔註11〕（清）曾燠《江西詩徵》，《續修四庫全書》第 1688 冊，上海古籍出版社 1996 年版，第 627 頁。

〔註12〕（清）曾燠《江西詩徵》，《續修四庫全書》第 1688 冊，上海古籍出版社 1996 年版，第 687 頁。

〔註13〕（明）郭子章《豫章詩話》，吳文治主編《明詩話全編》（第 5 冊），江蘇古籍出版社 1997 年版，第 5098～5099 頁。

〔註14〕（明）郭子章《豫章詩話》，吳文治主編《明詩話全編》（第 5 冊），江蘇古籍出版社 1997 年版，第 5101 頁。

話的新體例」〔註15〕，則元宣當為江西人，具體郡邑不詳。

《豫章詩話》載「元宣字伯」，與《小傳》「字伯常」稍有差異。同時，《列朝詩集》甲集卷十八所載元宣《題鐵柱》一詩，後四句作：「不用斷鼇扶四極，誰令鑄鼎象群凶。登真未了神仙事，累代方知濟世功。」〔註16〕與《豫章詩話》所載相較，文本差異較大，足資比勘。

5. 甲集頁一二一「危進」條：「進，字伯明，□□人。」

按：清代吳升《大觀錄》卷十《明賢詩翰姓氏》載「危太學進：公名進，字伯明，太朴子。詩列《光嶽英華》三體詩中。其七言律，音響琅琅。書有父風。」〔註17〕太樸，即危素之表字。危素乃金溪（今屬江西）人。故可知此處缺字當為「金溪」。

6. 甲集頁一四二「陳延齡」條：「延齡，字□□，□□人。盧熊高陵編有《和公武孫王墓長歌》。」

按：朱彝尊《明詩綜》卷二十五錄陳延齡詩二首，云：「延齡，初名壽，字昌年，嘉興人。景泰中郡掾吏，有《玉崖子集》。」〔註18〕陳田《明詩紀事》丙籤卷十一錄其詩一首，云：「延齡，初名壽，字昌年，嘉興人。景天間郡掾史，有《松雲集》。」〔註19〕二書所載別集名不同。檢黃虞稷《千頃堂書目》卷十九著錄陳延齡《玉崖子集》，云：「初名壽，字昌年，嘉興人。景泰中郡掾史。一作《松雲集》」〔註20〕，據此可知《玉崖子集》、《松雲集》實乃同書異名。

此外，沈季友《檇李詩繫》卷九載陳掾史壽，云：「壽字昌年，號玉崖，後復名延齡，嘉興人。景泰間郡掾史。有《松雲集》」〔註21〕，得知玉崖乃其別號。

7. 乙集頁二三六「朱綝」條：「綝，字士林，□□人。」

按：朱彝尊《明詩綜》卷十九上錄朱琳詩一首，小傳云：「琳，字玉林，

〔註15〕汪湧豪、駱玉明編《中國詩學》第 3 卷，東方出版中心 2008 年版，第 38 頁。
〔註16〕（清）錢謙益《列朝詩集》第 4 冊，中華書局 2007 年版，第 1880 頁。
〔註17〕（清）吳升《大觀錄》，《續修四庫全書》第 1066 冊，上海古籍出版社，1996 年版，第 538 頁。
〔註18〕（清）朱彝尊《明詩綜》，中華書局 2007 年版，第 1079 頁。
〔註19〕（清）陳田《明詩紀事》，上海古籍出版社 1993 年版，第 1117 頁。
〔註20〕（清）黃虞稷撰，瞿鳳起、潘景鄭整理《千頃堂書目》，上海古籍出版社 2001 年版，第 507 頁。
〔註21〕（清）沈季友《檇李詩繫》，《景印文淵閣四庫全書》第 1475 冊，臺灣商務印書館 1987 年版，第 223 頁。

號雨椿。嘉興人。」〔註22〕朱氏立論之基乃是沈季友《檇李詩繫》，該書卷八載「朱琳，字玉林，號雨椿。以下三家皆永宣間人，爵里無考，詩見《英華》」〔註23〕。

陳田《明詩紀事》甲籤卷二十錄朱綝詩三首，小傳云：「綝字士林。田按：士林詩見《滄海遺珠》，未詳其里貫。《檇李英華》有朱琳詩，琳字玉林，號雨椿，嘉興人，當別是一人。竹垞《詩綜》錄士林《雨中過韶州》一律，誤作玉林詩，特正其訛，俾仍舊貫焉。」〔註24〕《雨中過韶州》乃朱綝之詩，朱彝尊誤繫於朱琳，陳田特為訂正。然於朱綝之里貫仍付之闕如。

今檢謝儼《康熙雲南府志》卷十一載朱士林，云：「名綝，泰興人。洪武間以詩累安置。」其後，鄂爾泰《雍正雲南通志》卷二十三載朱琳，云：「字士林，泰興人。洪武間以詩累安置雲南。」前舉《檇李詩繫》可知朱琳（字玉林）乃永樂、宣德時期之人，而朱綝乃洪武時人，顯非一人。故《雍正雲南通志》所載「朱琳」，當為「朱綝」。因此，朱綝乃泰興人。

8. 丁集中頁四七七「時川姜龍」條：「龍，字□□，太倉人。」

按：明代俞汝楫《禮部志稿》卷四十二、卷四十三、卷四十四並載「姜龍夢賓，直隸太倉人。」其後，鄂爾泰《雍正雲南通志》卷十九：「姜龍，字夢賓，江南蘇州人。嘉靖間任瀾滄兵備，立哨設守，盜賊屏息，楊慎有《蜻蛉謠》頌之。」穆彰阿《嘉慶大清一統志》卷四百八十七亦載「姜龍，蘇州人。嘉靖間任瀾滄兵備。」楊慎《蜻蛉謠》見《升菴集》卷十二《古樂府》。可知姜龍表字為夢賓。

9. 丁集中頁五〇六「王貢士應辰」條：「應辰，□□，永嘉人，嘉靖中進士……。」

按：王應辰，方志中多有其小傳，如湯日昭《萬曆溫州府志》卷十二《人物志二》，然所載較略。王棻《光緒永嘉縣志》卷十七《人物志五‧文苑》亦載其生平：

> 王應辰，字拱甫，號海壇。世居五馬坊，至應辰始徙蟾湖。曾祖漢濱以尚義輸粟，授七品散官；祖輔，宛平丞；父翰，鴻臚寺紀

〔註22〕（清）朱彝尊《明詩綜》，中華書局 2007 年版，第 958 頁。
〔註23〕（清）沈季友《檇李詩繫》，《景印文淵閣四庫全書》第 1475 冊，臺灣商務印書館 1987 年版，第 187 頁。
〔註24〕（清）陳田《明詩紀事》，上海古籍出版社 1993 年版，第 419 頁。

事序班，生應辰於京邸。聰敏絕倫，髫年對客賦詩，人稱奇童。既
補郡學生，竟日下帷，不問家人生業。淹貫經史，能為古文詞，尤
工於詩，為名流所推許。顧屢試不第，嘉靖辛酉以貢授上海訓導。
丁母憂，未赴，與王憲副叔果同修縣志。丙寅卒，年六十二。應辰
孝友天至，廉靜謙和。蚤歲肆力詞章，晚乃遜志聖學，於白沙、陽
明二家大端指歸，日究心賞，因更號體齋子。所著語錄有《省言》、
詩文有《正情集》、《簡淡集》、《旨苕齋詩話》。論者謂其文宗秦漢，
詩則三唐。於學無所不闚，潛心理窟，旁通內典其葬也，叔果銘其
墓。〔註25〕

據此可知王應辰，字拱甫，號海壇，又號體齋子。因屢試不第，嘉靖辛
酉（1561 年）以貢授上海訓導，並未中進士，《小傳》稱「嘉靖中進士」乃
誤記。王應辰於丙寅年（嘉靖四十五年，1566）卒，年六十二，可知其生於
弘治十八年（1505）。

王應辰的著述，前舉二書載有《省言》、《正情集》、《簡淡集》、《旨苕齋
詩話》。今檢黃虞稷《千頃堂書目》卷二十六著錄《正情集》三卷、卷三十二
著錄《旨苕齋詩話》。另外，《千頃堂書目》卷八著錄王應辰《瑞安仙巖志》
四卷，《萬曆溫州府志》、《光緒永嘉縣志》小傳均失載。

三、考實

1. 頁一○四「謝璚樹」條：「倪瓚詩序曰：『……。』詩出朱存理鈔
   本，其名未考。」

按：《小傳》所云「倪瓚詩序」，即倪瓚所作《謝璚樹詩序》，見載朱存
理《珊瑚木難》卷六。朱彝尊《明詩綜》卷十五下錄謝林詩三首，小傳云：
「林，字璚樹，武進人，應芳子。有《雪樵集》、《煮雪窩稿》。《詩話》：璚
樹，名林，本係一人。《列朝詩集》復出，誤也。」〔註26〕今檢《列朝詩集》
甲集錄謝應芳，書中並未錄謝林。朱彝尊稱「《列朝詩集》復出」，失之檢討。

陳田《明詩紀事》甲籤卷二十四錄謝林詩一首，小傳云：「林，字璚樹，
武進人。有《雪樵集》、《煮雪窩稿》。田按：璚樹，龜巢老人子。倪雲林稱
其『隱居教授，以樂其志。家無儲粟，不為愁苦無聊之言』，蓋亦高蹈之士，

〔註25〕 （清）王棻《光緒永嘉縣志》，《中國方志叢書》華中地方第 475 號，成文出版
社 1983 年版，第 1578～1579 頁。
〔註26〕 （清）朱彝尊《明詩綜》，中華書局 2007 年版，第 706 頁。

所謂此父此子也。」〔註27〕

另外，清代吳升《大觀錄》卷十《明賢詩翰姓氏》亦載「謝教讀林」，稱：「公名林，字瓊樹，武進人，應芳子。入明不仕，隱居授徒，家無儲粟，不為愁苦之言。著《雪窩稿》。」〔註28〕萬斯同《明史藝文志》著錄謝林《雪樵集》、《煮雪窩稿》，並云「謝應芳子，官新鄭教諭。」〔註29〕俱可參證。

2. 頁一五五「馮翁」條：「馮翁不知何許人⋯⋯題詩稱馬二子，或馬生，或塞馬先生。」

按：此則屢見於明人著述，如鄭曉《吾學編》卷六《建文遜國臣記》、張朝瑞《忠節錄》卷五、李贄《續藏書》卷七《遜國名臣》、徐象梅《兩浙名賢錄》卷八《忠烈》、徐學聚《國朝典匯》卷二《朝端大政》、傅維鱗《明書》卷一百四十二《列傳八》。《明史》列傳第三十一亦載「燕兵之入，一夕朝臣縋城去者四十餘人。其姓名爵里莫可得而考。然世相傳，有程濟及河西傭、補鍋匠之屬」，並云：

> 補鍋匠者，常往來夔州、重慶間。業補鍋，凡數年，川中人多識之。一日，於夔州市遇一人，相顧愕然。已，相持哭，共入山岩中，坐語竟日。復相持哭，別去。其人即馮翁也。翁在夔以章句授童子，給衣食，能為古詩。詩後題「馬二子」，或「馬公」，或「塞馬先生」。後二人皆不知所終。〔註30〕

可知諸人均為建文帝從亡之人。其身份撲朔迷離，當發端於鄭曉《五忠傳》，載「雪菴和尚」、「河西傭」、「川中補鍋匠」、「馮翁」、「東湖樵夫」，文載明代賀復徵編《文章辨體匯選》卷五三七《傳十》。與此同時，明代史書中亦不乏對馮翁進行考訂者，如《文章辨體匯選》卷六二六《錄二》所載明史仲彬《致身錄》，載諸人之姓名甚詳。其後，黃景昉《國史唯疑》卷一即利用此則材料對諸人有所考辨，稱：

> 自程濟之《從亡隨筆》、史仲彬之《致身錄》出，而二百餘年之晦跡始彰，疑案盡解，殆天意乎。晦跡如耶溪樵為廖平、雪菴和尚

〔註27〕（清）陳田《明詩紀事》，上海古籍出版社 1993 年版，第 496 頁。

〔註28〕（清）吳升《大觀錄》，《續修四庫全書》第 1066 冊，上海古籍出版社，1996 年版，第 541 頁。

〔註29〕（清）萬斯同《明史藝文志》，王承略、劉心明主編《二十五史藝文經籍志考補萃編》第 24 卷，清華大學出版社 2014 年版，第 386 頁。

〔註30〕（清）張廷玉《明史》第 13 冊，中華書局 1974 年版，第 4062～4063 頁。

為吳成學、馬二子為馮潅、補鍋匠為黃直、河西傭為王之臣、東湖樵夫為柳一景。〔註31〕

黃景昉之說，於徐昌治《昭代芳摹》卷十一、谷應泰《明史紀事本末》卷十七、趙士喆《建文年譜》卷中、尹守衡《皇明史竊》卷八十一併加轉錄。根據這些材料，可知馮翁即馮潅，乃黃岩（今浙江台州）人，鄂爾泰《雍正雲南通志》卷二十三、陶元藻《全浙詩話》卷三十六有載。

3. 丁集中頁五二一「朱秀才陽仲」條：「陽仲，以字行，失其名，遂寧人。七歲能屬文，刻意騷雅。嘉靖甲午，以試解死武林之逆旅。其友侍御黃中輯其遺集。」

按：朱彝尊《明詩綜》卷五十錄朱陽仲詩一首，稱：「陽仲以字行，失其名，遂寧人。有青城山人集。」〔註32〕陳田《明詩紀事》己簽卷二十錄其詩三首，小傳與《明詩綜》同。朱彝尊、陳田沿襲錢謙益之說，均認為陽仲「以字行，失其名」。

今檢徐象梅《兩浙名賢錄》卷二《儒碩》有朱應鍾傳，云：

朱應鍾，字陽仲，遂昌人。天資警敏，篤學勵行，嘗結青山白雲樓，讀書其中。家故饒，一委之兄弟，侈用廢業不問也。聞王陽明先生倡道稽山，徒步往從之，深為器重。一時名人，士如開化方豪、青田陳中州輩，皆與之遊。著聲吳越間，年三十二而卒，士林痛惜之。〔註33〕

另外，黃虞稷《千頃堂書目》卷二十三著錄朱應鍾《朱陽仲詩選》五卷，云：「字陽仲，遂昌人，號青城山人。刻意為詩，尤工五七言。友人黃中刻其遺集。」〔2〕610 可知朱陽仲其名為應鍾。

文章對《小傳》中記載失誤之處辨正二則，考補闕文九則，考實身份不明的作家三則，共涉及十四人。通過相關的考索，能夠使《小傳》的內容趨於完善和準確。然而，囿於見聞，尚有未盡之義，只能付之闕如，留待學界的進一步研究。

〔註31〕 （明）黃景昉撰，陳士楷、熊德基點校《國史唯疑》，上海古籍出版社 2002 年版，第 24 頁。

〔註32〕 （清）朱彝尊《明詩綜》，中華書局 2007 年版，第 2533 頁。

〔註33〕 （明）徐象梅《兩浙名賢錄》，《續修四庫全書》第 542 冊，上海古籍出版社 1996 年版，第 78～79 頁。

《列朝詩集小傳》傳文考補

摘　要

　　《列朝詩集小傳》纂錄二千餘位明代詩人的傳記，內容宏富，同時也存在一些不足。通過稽考典籍，對《列朝詩集小傳》記載簡略的 14 位作家生平進行補充，對 4 位缺傳的作家生平行實加以考補。

關鍵詞：錢謙益；《列朝詩集小傳》；明代人物；斷代總集

　　錢謙益（1582～1664），字受之，號牧齋，江蘇常熟人。清初文壇盟主。晚年所纂《列朝詩集》八十一卷，收錄有明一代二千餘位詩人的代表作，並撰有相關傳記。內容宏富，極具文獻價值。嗣後，其族孫錢陸燦輯錄書中人物小傳成《列朝詩集小傳》十卷（以下簡稱「《小傳》」），別本單行，對於查考明代作家傳記極為便利。

　　然而，錢謙益所纂錄的傳記尚存有一些不足。如文本不全，存有闕文；部分作家張冠李戴，名字互置；部分作家身份不明，存疑待考。除此之外，尚有部分作家傳記簡略，或僅言名字、里貫，抑或僅引錄他人之評語，不詳其名字；更有部分作家並無小傳。

　　比如丁集上（《小傳》第 378 頁）載喬長史，不詳其名，小傳僅云「《中麓集》有《次喬松菊長史醉楊妃菊詩》」，其名字、生平不詳。《中麓集》乃李開芳所著。曾遠聞先生在《李開先年譜》中對此有相關考訂，得知「喬長史，名奉先，號松菊，章丘人。」〔註1〕針對《小傳》傳文的不足，曾媛《〈列朝詩集

〔註 1〕曾遠聞《李開先年譜》，齊魯書社 1991 年版，第 34 頁。

小傳〉闕字訂補》〔註2〕、筆者《〈列朝詩集小傳〉訂補》〔註3〕曾對部分條目加以考訂。本文通過稽考相關資料，對記載簡略的傳記進行補充，對缺傳的作家生平加以考補。本文工作底本為上海古籍出版社 1983 年 10 月新 1 版標點排印本。

一、增益不詳之小傳

1.「方布衣烱」條：「烱，字用晦，號杏林布衣。」(《小傳》甲前集 p68)

按：黃仲昭《弘治八閩通志》卷七十二《人物》有其傳，歸入「藝術」類，載：

> 方烱，字用晦，莆田人。學醫於蜀人虞仲文。少年時，有講僧暴死，眾醫駭散，將入殮，口已噤矣。烱以管吹藥內鼻中，良久，吐痰數升愈。由是莆中他醫皆廢。烱醫以脈為主，必辨其表裏虛實，而無論乎貧富貴賤。歲疫設鼎孔道，病者造，先使其徒診視，相與審訂而後治療，率多應驗者。能詩攻書，自號杏翁。所著有《杏林肘後方》、及《傷寒書》、《脈理精微書》傳世。〔註4〕

此外，黃錫蕃《閩中書畫錄》卷五、倪濤《六藝之一錄》卷三百六十五、孫岳頒《佩文齋書畫譜》卷四十一都有方烱的小傳，均稱其「自號杏翁」，所載與《弘治八閩通志》同。而鄭傑《全閩詩錄》戊集卷二、鄭方坤《全閩詩話》卷六載方烱「號杏林」，所記不同。檢陳世鎔纂《福州西湖宛在堂詩龕徵錄》卷八載「烱，字用晦，號杏林，又號杏翁。莆田人。至正中布衣」〔註5〕，則融鑄二說。諸書所載，方烱別號有「杏翁」、「杏林」二種，並無《小傳》所云「號杏林布衣」之說。

其著述，萬斯同《明史藝文志》著錄為《脈理精微》、《杏林肘後方》十卷、《傷寒書》，與《弘治八閩通志》略同。

2.「阮布衣孝思」條：「阮孝思，字維則。虞堪詩序云：『至正丁未，余與東海生俱僑練水。……東海生，阮維則也。』」(《小傳》甲集 p134)

〔註2〕曾媛《〈列朝詩集小傳〉闕字訂補》，《圖書館研究與工作》，2009 年第 2 期。

〔註3〕陳開林《列朝詩集小傳〉訂補》，《忻州師範學院學報》2016 第 1 期。

〔註4〕（明）黃仲昭《弘治八閩通志》，福建人民出版社 2006 年版，第 1011 頁。

〔註5〕（清）陳世鎔纂《福州西湖宛在堂詩龕徵錄》，福建人民出版社 2007 年版，第 446 頁。

　　按：《小傳》僅言其表字。沈季友《檇李詩繫》卷三十八載：「阮孝思，字維則，陳留人。」〔註6〕王昶《嘉慶直隸太倉州志》卷五十《人物》載歷代「僑寓」之人，亦有其傳，云：「阮孝思，字維則，陳留人。工詩文。元季僑居嘉定，與秦旹、王彝、金文徵、張辰輩齊名。」〔註7〕其里貫可知為陳留（今河南開封）。

　　今檢《光緒嘉定縣志》卷二十《人物志五》「僑寓」類載：

　　　　虞堪，字勝伯，長洲人。道園從孫，詩有淵源。至正丁未，與

　　阮孝思並僑邑中。洪武中為雲南府學教授，卒官。孝思，字維則，

　　號東海生，陳留人，詩文與張辰齊名。〔註8〕

亦可證阮孝思乃陳留人，並可知其別號為東海生，與《小傳》所言「東海生，阮維則也」適相符合。而張豫章等編《御選元詩》，於「姓名爵里二」稱：「阮孝思，字維則，平江路嘉定州人」〔註9〕，則不知阮孝思實乃僑寓嘉定之人，可謂失之考索。

　　3.「謝恭」條：「謝恭，高季迪有《送謝恭詩》。」（《小傳》甲集 p141）

　　按：高季迪即高啟，所著《高太史大全集》中，除了《送謝恭詩》之外，另有《聞謝恭夜詠詩》。（劉基亦有《送謝恭詩》。）朱彝尊《明詩綜》卷十五下錄謝恭詩一首，云：「恭，字元功，長洲人。徽弟。有《蕙庭集》。」〔註10〕陳田《明詩紀事》甲簽卷二十同。〔註11〕而黃虞稷《千頃堂書目》卷十七著錄謝恭《蕙庭稿》，云：「字元初，長洲人。徽之弟。」〔註12〕萬斯同《明史藝文志》卷一著錄謝恭《蕙庭集》，云「字元幼，徽弟。」〔註13〕

〔註6〕（清）沈季友《檇李詩繫》，《景印文淵閣四庫全書》第 1475 冊，臺灣商務印書館 1987 年版，第 899 頁。

〔註7〕（清）王昶《嘉慶直隸太倉州志》，《續修四庫全書》第 698 號，上海古籍出版社 1996 年版，第 68 頁。

〔註8〕（清）程其珏修、楊震福等纂《光緒嘉定縣志》，《中國地方志集成》上海府縣志輯第 8 冊，上海書店出版社 2010 年版，第 435 頁。

〔註9〕（清）張豫章等編《御選元詩》，《景印文淵閣四庫全書》第 1439 冊，臺灣商務印書館 1986 年版，第 448 頁。

〔註10〕（清）朱彝尊《明詩綜》第 2 冊，中華書局 2007 年版，第 723 頁。

〔註11〕（清）陳田《明詩紀事》，上海古籍出版社 1993 年版，第 414 頁。

〔註12〕（清）黃虞稷撰，瞿鳳起、潘景鄭整理《千頃堂書目》，上海古籍出版社 2001 年版，第 468 頁。

〔註13〕（清）萬斯同《明史藝文志》，王承略、劉心明主編《二十五史藝文經籍志考補萃編》第 24 卷，清華大學出版社 2014 年版，第 384 頁。

據此，其表字，則有「元功」「元初」「元幼」三說。吳升《大觀錄》卷十《明賢詩翰姓氏》載謝徽傳，稱其「字元懿」，「與弟恭字元功並有才遭。」〔註14〕其表字似以「元功」為是。

4.「林徵士敏」條：「敏，字漢孟，號瓢所道人，林子羽之高弟也。王恭有《送林漢孟應召詩》。」（《小傳》甲集 p144）

按：魯曾煜《乾隆福州府志》卷六十《文苑》載：「林敏，字漢孟，長樂人。讀書過目成誦，為詩清新雋永，以盛唐為宗。屢薦，皆弗就。同時長樂有陳本，字叔固、閩縣有林枝，字昌達，俱善詩文，耽隱不仕。」〔註15〕

另外，陳田《明詩紀事》甲籤卷三十錄林敏詩四首，云：「敏字漢孟，長樂人。有《青蘿集》三卷。田按：漢孟別號盤所道人，林子羽詩弟子。詩在二玄之上，不入十子之列，可謂不幸。竹垞《靜志居詩話》謂『閩十子外能詩者有林漢孟』，而《詩綜》不錄一字，余亟錄四詩以補其缺。」〔註16〕陳田稱林敏別號「盤所道人」，與《小傳》「號瓢所道人」稍有不同。

5.「夢蘇道人王錡」條：「錡，字元禹，別號夢蘇道人。……隱居荻溪，以著述自娛。吳文定表其墓。」（《小傳》丙集 p300）

按：吳文定即吳寬，著有《家藏集》七十七卷，載於《四庫全書》第 1255 冊。《小傳》所謂「吳文定表其墓」，即吳寬《王葦菴處士墓表》，見《家藏集》卷七十四。文載：「長洲之野有隱居讀書曰王葦菴處士，其諱錡，字元禹，葦菴其自號也。家世力農……弘治十二年十月晦，處士以疾卒，享年六十八。」〔註17〕據此可知王錡，號葦菴，為長洲人。弘治十二年（1499）卒，年六十八，則其生年為宣德七年（1432）。

《四庫全書總目》卷一百四十三於「小說家類存目一」著錄王錡《寓圃雜記》十卷，云：「明王錡撰。錡字元禹，別號夢蘇道人，長洲人。是書載明洪武迄正統間朝野事蹟，於吳中故實尤詳。然多摭拾瑣屑，無關考據。」〔註18〕

〔註14〕（清）吳升《大觀錄》，《續修四庫全書》第 1066 冊，上海古籍出版社 1996 年版，第 535 頁。

〔註15〕（清）徐景熹修、魯曾煜纂《乾隆福州府志》，《中國方志叢書》第 72 號，成文出版社 1967 年版，第 1141 頁。

〔註16〕（清）陳田《明詩紀事》，上海古籍出版社 1993 年版，第 566 頁。

〔註17〕（清）吳寬《家藏集》，《景印文淵閣四庫全書》第 1255 冊，臺灣商務印書館 1986 年版，第 736～737 頁。

〔註18〕（清）永瑢等撰《四庫全書總目》，中華書局 1965 年版，第 1219 頁。

6.「彭提學綱」條：「《升菴詩話》：『雲南提學彭綱《詠刺桐花》云云，風韻可愛。』刺桐花，雲南名為鸚哥花，花形酷似之。」（《小傳》丙集 p357）

按：《小傳》僅節錄楊慎對彭綱《詠刺桐花》一詩的評語，對其生平概未提及。今檢朱彝尊《明詩綜》卷二十五錄彭綱詩三首，云：「綱字性仁，清江人。成化乙未進士。雲南提學副使。有《雲田集》。」〔註19〕《詠刺桐花》亦載曾燠《江西詩徵》卷五十二、陳田《明詩紀事》丙簽卷七。彭綱《雲田集》，黃虞稷《千頃堂書目》卷二十有著錄。

此外，劉松《隆慶臨江府志》卷十二、過庭訓《本朝分省人物考》卷六十二、李賢《明一統志》卷五十五、謝旻《雍正江西通志》卷第七十四並有其傳，言之頗詳。茲迻錄《本朝分省人物考》傳文如下：

> 彭綱，字性仁，清江人。中成化戊子解元，乙未進士。出知汝州，庶政既平，鑿渠引水，灌田數千畝，世為民利。遷雲南提學副使，以公明稱。為人端凝樸茂，而不波逐於時流。家居無一語及公府事，惟以文行汲引後進。士知自檢者，至今式之。自號雲田，所著有《雲田集》。〔註20〕

彭綱生平行實據此可見。其人不僅工文，而且精於吏治。

7.「黃侍郎衷」條：「黃衷，字子和，南海人。□□□□進士，官至兵部右侍郎，致仕。」（《小傳》丙集 p369）

按：過庭訓《本朝分省人物考》卷一百十一有其傳，云：

> 黃衷，字子和，南海人。父瓊，居喪盡禮，以學行稱，士多從之遊。衷幼穎絕倫，三歲誦《孝經》，問「孝本天性，何別於天子諸侯」，瓊大異之。弘治丙辰登進士，授南京戶部主事，監江北諸倉，叕括積歲侵羨，得粟十餘萬。及督榷揚州，尋丁內艱，時僅四十日，輸銀九千三百餘兩，即前此一歲之入也。起復除戶部，晉員外郎，罹外艱，補南兵部，晉禮部郎中，歷轉兵、吏二部。與顧璘、陳沂輩以詩文擅名，出知湖州府，遷福建都轉運使，晉廣西督糧參政。繩奸有法，境內肅然。時徵古田，帥師由落容，斬首二千餘級，增

〔註19〕（清）朱彝尊《明詩綜》第2冊，中華書局2007年版，第1255頁。
〔註20〕（清）過庭訓《本朝分省人物考》，《續修四庫全書》第534冊，上海古籍出版社1996年版，第706頁。

俸一階。辛巳，擢雲南右布政，以徵芒市功轉左，尋擢右副都御史，巡撫雲南。薦賢黜貪，安民禦盜，清里役以節財力，復條陳地方利病八事，皆切機宜。移鎮湖廣，首劾巡守二人，奸吏多望風解去。修沔陽州龍淵、滄浪等隄，士民立碑以紀之。數月積粟八十餘萬石、銀四萬餘兩，特詔嘉獎。丙戌，以討賊功再蒙褒賚，晉工部右侍郎，改兵部右侍郎。抵家累疏乞休，不報。會有忌之者，竟以註誤削秩。或勸上疏自明，袁曰：「事久當白，何辯為？」久之，果詔復職致仕。卒年八十，所著有《矩洲文集》十卷、《詩集》十卷、《奏議》十卷、《海語》一卷行於世。〔註21〕

傳文另見焦竑《國朝獻徵錄》卷四十《兵部三》、阮元《道光廣東通志》卷二百七十六《列傳九》、史澄《光緒廣州府志》卷一百十五《列傳四》。

8.「朱員外琉」條：「琉，瀘州人。正德十一年進士，南京戶部員外郎。」（《小傳》丙集 p370）

按：《雍正雲南通志》卷十九《名宦》於臨安府載：「朱琉，字德嘉，四川瀘州人。正德間任知府，明敏持正。時郡中多盜賊，琉窮其淵藪，剪除殆盡，民賴以安。」〔註22〕可補其表字。

9.「袁通判公冕」條：「袁公冕，號西溪，章邱人。舉人，通判。」（《小傳》丁集上 p378）

按：《道光濟南府志》卷四十《選舉二》，弘治十七年甲子科舉人有袁公冕，云：「字伯瞻，章邱人。官河南汝寧通判。有傳。」〔註23〕同書卷四十九《人物五》：

袁公冕，字伯瞻，號西溪，弼之子。本家學，能為古文詞。宏治甲子舉於鄉。正德初，逆瑾欲致門下，力辭之。嘉靖癸未，除汝寧府除盜通判，人以為處非其地，公冕曰：「正其所宜。」前居是任者，多舞文破律，教賊妄扳以規利。公冕至，唯詰盜安民，外無餘事。張希者，大俠也，殺人，賄上下求解脫，公冕械致於廷，一訊

〔註21〕　（清）過庭訓《本朝分省人物考》，《續修四庫全書》第536冊，上海古籍出版社1996年版，第232～233頁。

〔註22〕　（清）鄂爾泰等監修、靖道謨等編纂《雍正雲南通志》，《景印文淵閣四庫全書》第569冊，臺灣商務印書館1986年版，第662頁。

〔註23〕　（清）王增芳、王鎮修，成瓘、冷烜纂《道光濟南府志》，《中國地方志集成》山東府縣志輯第2冊，鳳凰出版社2004年版，第277頁。

伏辜，斃賊酋張佐於獄。既而聞他盜有欲劫獄者，人服其智。會有
譖者，公覘知之，不與質，即拂衣浩然而歸。〔註24〕

傳前即為其父袁弼之傳，乃「成化戊戌進士，任刑部員外郎，有文名」〔註25〕。
袁弼有三子：公冕、崇冕、軒冕。

10.「徐永寧」條：「棡，字子瞻，閩縣人。嘉靖末，以易學名家，明
經歲貢。除茂名教諭，遷永寧知縣。有《徐令集》。燧、熿，其二
子也」（《小傳》丁集上 p410）

按：《杜集敘錄》著錄徐棡《分類杜詩》，並據其子燧《紅雨樓題跋》
中《分類杜詩跋》，考訂徐棡卒於萬曆二十八年（1590）。〔註26〕

實則，明代鄧原岳《西樓全集》卷十四有《徐子瞻令君傳》，載其生平頗
為翔實。據之可知徐棡號相坡居士，並記其卒年七十九歲，故其生年應為嘉
靖元年（1522）。〔註27〕

此外，黃虞稷《千頃堂書目》卷二十四、萬斯同《明史藝文志》著錄徐棡
《相坡文集》二卷又《詩集》二卷。

11.「張金」條：「金，字伯堅，江都人」。（《小傳》丁集中 p506）

按：檢《乾隆江都縣志》「文學」類載有其小傳，稱：

張金，字伯堅，邑諸生。博學能詩，家貧有節操，不俛仰世態。
謂其門人某曰：「貧也奈何？」某曰：「聞之天道不絕善人，先生幸
自寬。」金笑曰：「所恃者此耳。」後竟以貧終老。曾預修《嘉靖維
揚志》。〔註28〕

其後，《光緒增修甘泉縣志》卷十四《人物》「文苑」〔註29〕亦有張金小傳，所
載與《乾隆江都縣志》同。

〔註24〕 （清）王增芳、王鎮修，成瓘、冷烜纂《道光濟南府志》，《中國地方志集成》
山東府縣志輯第 2 冊，鳳凰出版社 2004 年版，第 534 頁。
〔註25〕 （清）王增芳、王鎮修，成瓘、冷烜纂《道光濟南府志》，《中國地方志集成》
山東府縣志輯第 2 冊，鳳凰出版社 2004 年版，第 534 頁。
〔註26〕 張忠綱、趙睿才、綦維、孫微《杜集敘錄》，齊魯書社 2008 年版，第 102～103
頁。
〔註27〕 （明）鄧原岳《西樓全集》，《四庫全書存目叢書》集部第 174 冊，齊魯書社
1997 年版，第 102～103 頁。
〔註28〕 （清）高士鑰監修，五格、黃湘纂輯《乾隆江都縣志》，《中國地方志集成》江
蘇府縣志輯第 66 冊，江蘇古籍出版社 1991 年版，第 294 頁。
〔註29〕 （清）徐成敫等修、陳浩恩等纂《光緒增修甘泉縣志》，《中國地方志集成》江
蘇府縣志輯第 43 冊，江蘇古籍出版社 1991 年版年版，第 591 頁。

12.「程伯陽」條:「王寅曰:『師道家貧,賣藥自給,詩多漫興,而沉思者自入法評。懷許仙則風韻幽閒,過雄路則意象悲壯。惜哉混跡塵市,故其詩道未光。』」(《小傳》丁集中 p524)

按:朱彝尊《明詩綜》卷六十三錄程伯陽詩一首,云:「伯陽,字師道,歙人。」〔註30〕陳田《明詩紀事》庚籤卷二十六亦錄其詩一首,云:「伯陽,字師道,休寧人。有《小樵山人集》」〔註31〕。據此可知程伯陽乃安徽休寧人。

13.「劉侃」條:「劉侃,字正言,京山人。」(《小傳》丁集下 p618)

按:《小傳》關於劉侃的記載較為簡略。董天工《武夷山志》卷十六《名賢上》載:「劉侃,字正言,京山人。嘉靖癸丑進士。由右藩轉左藩。有《新陽館集》。」〔註32〕朱彝尊《明詩綜》卷四十四錄劉侃詩一首,稱:「侃,字正言,京山人。嘉靖癸丑進士。由戶部郎中為知府。有《新陽館集》。」〔註33〕陳田《明詩紀事》己籤卷十一錄劉侃詩二首,稱:「侃,字正言,京山人。嘉靖癸丑進士。授戶部主事,歷郎中,出為成都知府,累官福建布政使。有《新陽館集》。」〔註34〕三書所載均指明了劉侃為嘉靖癸丑(三十年,1553)進士,並著有《新陽館集》。黃虞稷《千頃堂書目》亦著錄其《新陽館集》,然萬斯同《明史藝文志》、《嘉慶重修一統志》卷三百四十二著錄其集名為《新陽詩草》,所載稍有不同。

14.「江仲魚」條:「徐興公曰:『崇安諸生江仲魚,有碩人之致……』」(《小傳》丁集下 p661)

按:董天工《武夷山志》卷十七《名賢下》載:「江騰鱷,字仲魚,號五芝,崇安諸生也。徐𤋮嘗稱其『有碩人之致,武夷諸峰,各置筆硯,書帙隨意所適。有時道衣道冠,儼然羽流。嘗賦秋風懷友詩二十餘首,皆道侶漁樵猿鶴之屬,風塵之客不與焉。』惜早卒,編有《武夷山志》。」〔註35〕同卷「遺補」

〔註30〕 (清)朱彝尊《明詩綜》第 2 冊,中華書局 2007 年版,第 3165 頁。
〔註31〕 (清)陳田《明詩紀事》,上海古籍出版社 1993 年版,第 2713 頁。
〔註32〕 (清)董天工修撰,方留章等點校《武夷山志》,方志出版社 1997 年版,第 533 頁。
〔註33〕 (清)朱彝尊《明詩綜》第 2 冊,中華書局 2007 年版,第 2183 頁。
〔註34〕 (清)陳田《明詩紀事》,上海古籍出版社 1993 年版,第 2059 頁。
〔註35〕 (清)董天工修撰,方留章等點校《武夷山志》,方志出版社 1997 年版,第 564 頁。

中載：「江維楨，崇安人。萬曆間諸生。」〔註36〕

董天工分江騰鯉、江維楨為二人。今檢方彥壽《歷代武夷山志考略》，載江維楨《武夷山志》十卷《附錄》一卷，稱：

> 江維楨，又名騰鮮，字仲魚，號五芝，崇安人，萬曆間諸生。曾尋幽探勝，往來於武夷三十六峰之間。身著道衣道冠，儼然羽流。徐糊稱其為學問淵博的「碩人」。〔註37〕

可知江騰鯉、江維楨實為一人。

另外，《閩大記》卷46《文苑》中有程久傳，云：

> 同邑有丘雲霄，文名亦盛。以貢，官國子典籍、柳城知縣，大奎考終。雲霄嘗修《崇安縣志》，邑諸生藍溱、江維楨佐之。二生皆予門人也。〔註38〕

據此，則江維楨乃程久的門人，不僅編纂過《武夷山志》，還曾經協助丘雲霄編修《崇安縣志》。

二、填補無傳之闕漏

1.「謝貞」條，無小傳。（《小傳》乙集 p241）

按：《列朝詩集》乙集第八錄謝貞《咸陽古堞》詩一首〔註39〕，無傳。黃虞稷《千頃堂書目》卷十八著錄「謝貞《鶴鳴集》一卷」，並云：「字仕復，安福人。隱居不仕。善為五言詩，有高岑風。集稱青山謝貞。」〔註40〕萬斯同《明史藝文志》卷一百三十六同。

2.「王鎰」條，無小傳。（《小傳》丙集 p288）

按：《列朝詩集》丙集第七錄王鎰《宮詞》詩一首〔註41〕，無傳。陳田《明詩紀事》丁籤卷十五錄王鎰《夜坐》（對月坐來久懷人）詩一首，稱：「鎰，字

〔註36〕（清）董天工修撰，方留章等點校《武夷山志》，方志出版社1997年版，第582頁。

〔註37〕（清）方彥壽《歷代武夷山志考略》，《武夷山沖佑觀》附錄四，鷺江出版社1996年版，第262頁。

〔註38〕（清）王應山纂修《閩大記》，中國社會科學出版社2005年版，第604頁。

〔註39〕（清）錢謙益撰，許逸民、林淑敏點校《列朝詩集》，中華書局2007年版，第2696頁。

〔註40〕（清）黃虞稷撰，瞿鳳起、潘景鄭整理《千頃堂書目》，上海古籍出版社2001年版，第491頁。

〔註41〕（清）錢謙益撰，許逸民、林淑敏點校《列朝詩集》，中華書局2007年版，第3197頁。

美璞，莆田人。《蘭陔詩話》：『美璞少有至性，父母卒，廬墓六年。一夕樵人遺火燒山，大雨倏至，草廬無恙。又有雙虎馴擾於墓側，人稱為王孝子。』《列朝詩集》錄《宮詞》一首，未詳字里，不可不亟為表揚也。」〔註42〕

3.「曹布政嘉」條，無小傳。（《小傳》丙集p319）

按：《列朝詩集》丙集第十一錄曹嘉《聞雁》詩一首〔註43〕，無傳。過庭訓《本朝分省人物考》卷八十七有其傳，稱：「曹嘉，字仲禮，河南扶溝縣人。正德丁丑進士，由庶吉士授浙江道御史。建言，謫大明府推官。嘉靖元年起補原職，復謫禹城知縣，尋降茂州判官。後復御史，指謫宮闈，上命賜死，復昇樞以諫。十二年升山西提學副使，累升江西右布政致仕。」〔註44〕可知曹嘉乃抗顏直諫之人。孫奇逢《中州人物考》卷四《清直》所載差同。

4.「輔國將軍珵坖」條，無小傳。（《小傳》丙集p780）

按：《列朝詩集》於朱珵坖無傳，僅在「沈藩鎮國將軍恬烷」條載「子輔國將軍珵坖，字京甫，與珵琬、珵增、珵堨四人結於社，日課以詩，藩國於是稱多才矣。」〔註45〕朱彝尊《明詩綜》卷85錄朱珵坖詩一首，云：「珵坖，字京甫，恬烷子，封輔國將軍。有《玉林集》。」〔註46〕陳田《明詩紀事》甲籤卷二下錄其詩六首，云：「珵坖，字京甫，恬烷子，封輔國將軍。有《怡真亭稿》。田按：京甫詩多擬古，妙合音節。沁水王孫，當首屈一指。」〔註47〕二書記載朱珵坖的別集名有異。

今檢黃虞稷《千頃堂書目》卷十七著錄朱珵坖《玉林集》，云：「字京甫，恬烷子，輔國將軍。」〔註48〕而《怡真亭稿》未見有著錄，不知陳田依據何在。

〔註42〕（清）陳田《明詩紀事》，上海古籍出版社1993年版，第1372頁。
〔註43〕（清）錢謙益撰，許逸民、林淑敏點校《列朝詩集》，中華書局2007年版，第3526頁。
〔註44〕（清）過庭訓《本朝分省人物考》，《續修四庫全書》第535冊，上海古籍出版社1996年版，第442頁。
〔註45〕（清）錢謙益撰、錢陸燦輯《列朝詩集小傳》，上海古籍出版社1983年版，第779頁。
〔註46〕（清）朱彝尊《明詩綜》第2冊，中華書局2007年版，第4139頁。
〔註47〕（清）陳田《明詩紀事》，上海古籍出版社1993年版，第82頁。
〔註48〕（清）黃虞稷撰，瞿鳳起、潘景鄭整理《千頃堂書目》，上海古籍出版社2001年版，第446頁。

三、結語

　　明代作為中國古代文學史上重要的一個階段，尚有較多待發之覆。即以作家傳記而言，中華書局曾組織相關專家編寫、出版過一套《中國文學家大辭典》，包含了曹道衡、沈玉成《先秦漢魏晉南北朝卷》、周祖譔《唐五代卷》、曾棗莊《宋代卷》、鄧紹基、楊鐮《遼金元卷》、錢仲聯《清代卷》、梁淑安《近代卷》，上下通貫，唯獨缺少明代一部分。即此可見明代作家生平考述，尚有很大的研究空間。錢謙益《列朝詩集小傳》搜羅了二千餘位明代作家的傳記，其文獻價值自不待言。通過考訂其中的訛誤，增益書中記載的不足，能夠使其內容更加完整，以便發揮更大的學術價值。本文就管窺所及，對該書稍有補益，以期引起學界的進一步研究。

《詞綜補遺》闕文考補

摘　要

　　作為大型詞集，林葆恒《詞綜補遺》一書輯錄了大量的明清詞人詞作，極具文獻價值。然而，書中存在不少問題，其中，詞人小傳部分闕文較為顯著。通過爬梳載籍，對 34 位詞人的小傳闕文加以考補，並對小傳中存在的訛誤予以糾正。

關鍵詞：林葆恒；《詞綜補遺》；闕文；詞集

　　林葆恒（1872～1950），字子有，號訒庵，福建閩侯（今福州）人。林則徐侄孫。近代著名學者，以研治詞學而著稱。生平著述甚豐，如《閩詞徵》六卷、《集宋四家詞聯》等。其中，以《詞綜補遺》最為有名。

　　關於《詞綜補遺》的編纂緣起，林葆恒《例言》中明確指出，是有感於王昶《明詞綜》、黃燮清《國朝詞綜續編》、丁紹儀《國朝詞綜補》「不無遺漏」，目的在於「庶以完青浦、海鹽、無錫諸君未竟之緒，而昭代詞人，亦不隨雲煙以俱滅」。《明詞綜》12 卷，收錄 393 人、詞 603 首；《國朝詞綜續編》24 卷、《國朝詞綜補》58 卷，共收錄 2800 餘人、詞 8200 餘首。而《詞綜補遺》101 卷，選錄明清兩代詞人 4800 餘人，收錄詞作 8000 餘〔註1〕首。其中，大部分詞人，為前舉三書所未載，極具文獻價值。

　　該書的體例，以人繫詞，先列詞人小傳，再附以詞作。然而，由於涉及的

〔註 1〕林葆恒編，張璋整理《詞綜補遺》，上海古籍出版社，2005 年，第 1 頁。（按：林葆恒《凡例》稱「得四千四百餘人，詞七千三百餘首」，張璋整理本《詞綜補遺·前言》稱「抗戰勝利後，林氏又經兩載增補，累計得作者四千八百餘家，詞作八千餘首」。）

人物、作品較多，而書缺有間，以致在編纂過程中存有不少問題〔註2〕。就詞人小傳而言，內容包括名、字、里貫、著述等。翻檢傳記，不難發現此部分文本時有闕文，並間有訛誤。本文通過稽考相關典籍，對 34 位詞人的小傳闕文進行考補，並對相關的錯訛予以糾正。為方便讀者核對比較，先摘錄上海古籍出版社整理本《詞綜補遺》（文中簡稱《補遺》）相關條目的原文，並標出其卷數與頁碼，然後予以考證，條目原文以「□」表示缺字。

1. 馮湘，字靜容，□□□□人。玉峰消金橋妓。（《補遺》卷二 p65）

按：《補遺》並引《眾香詞》，稱馮湘「後為倭寇所戮」。今檢彭蘊璨《歷代畫史匯傳》卷 66《女史門》載：「馮湘，字靜香，崑山人。武進某相國姬，工蘭竹，善歌舞，為海寇所殺。」〔註3〕可知其為江蘇崑山人。

2. 馮蘭因，字玉芬，江蘇南匯人。同邑王□□室。有《鮫珠詞》。
（《補遺》卷二 p67）

按：胡文楷《歷代婦女著作考》著錄馮蘭因《鮫珠詞》，稱：「蘭因，字玉芬，江蘇南匯人，馮墨香女，王某妻」〔註4〕，亦不言其丈夫之名。今檢嶙峋編《閨苑奇葩》，載：「馮蘭因，字玉芬，南匯人，馮墨香女。幼受庭訓善吟，王正路室，夫婦不相得，活六十餘。有《靜寄軒詩鈔》、《鮫珠詞》，歸佩珊序。」〔註5〕據此可知其丈夫名王正路。

3. 宗孔思，字杏原，□□□□人。（《補遺》卷三 p99）

按：《嘉慶如皋縣志》卷 22《古蹟》載有「彈蕉館」，稱：「在城東李家池。邑人宗孔思聯吟處。屋數椽，地數弓，雉堞峙於東南，清流環於左右。孔思善操琴，有棕櫚一株，嘗鼓其下，越數年而為邱墟矣。」〔註6〕其詞見《全清詞·雍乾卷》第16冊，小傳云：「宗孔思，字杏原，江蘇如皋人。」〔註7〕

〔註2〕 謝永芳《整理本〈詞綜補遺〉匡補》，《黃岡師範學院學報》，2009 年第 2 期，第 95～101 頁。

〔註3〕 （清）彭蘊璨編《歷代畫史匯傳》，《續修四庫全書》第 1084 冊，上海古籍出版社 1996 年版，第 248 頁。

〔註4〕 胡文楷《歷代婦女著作考》，上海古籍出版社 1985 年版，第 499 頁。

〔註5〕 嶙峋編：《閨苑奇葩》，華齡出版社 2012 年版，第 216 頁。

〔註6〕 （清）揭受延等修，馬汝舟等纂《嘉慶如皋縣志》，《中國方志叢書》華中地方第九號，成文出版社 1970 年版，第 2160 頁。

〔註7〕 張宏生主編《全清詞》（雍乾卷）第 16 冊，南京大學出版社 2012 年版，第 8926 頁。

4. 江振鶼，字□□，□□□□人。（《補遺》卷三 p120）

按：李斗《揚州畫舫錄》卷 12 載：「江振鶼，字岷高。工詩畫。」〔註8〕王鋆《揚州畫苑錄》卷 1 所載同。據此可知江振鶼的表字，並且其里貫為江蘇揚州。

5. 龐椿，字□□，□□□□人。（《補遺》卷三 p135）

按：金一平著《柳洲詞派》載：「龐椿，字柄城。《詞選》卷四選其詞二首，《江城梅花引·秋閨》、《江城子·秋感》。皆為秋詞。」〔註9〕《柳州詞選》為清代戈元穎、錢士賁、錢煐、陳謀道等輯，共六卷，選錄柳州詞派諸人詞作。柳州詞派興起於明末清初，以曹爾堪、魏大中、魏學渠為代表，因浙江嘉善魏塘鎮有一名勝柳州亭而得名。可知龐椿乃浙江嘉善人。《全清詞·順康卷》第十六冊據《柳州詞選》錄入此二詞，小傳云「年里未詳」〔註10〕，可謂失之考索。

6. 徐喈，字儀仲，□□□□人。（《補遺》卷四 p160）

按：《補遺》據《蘭皋明詞選》錄其《蘇幕遮·夢懷》（晚花天）。此詞又見清代鄒祗謨《倚聲初集》卷 12〔註11〕，卷首《爵里一》中稱「徐喈，字儀仲，嘉興人」〔註12〕。可知徐喈乃浙江嘉興人。

7. 徐福，字鶴田，□□□□□人。（《補遺》卷五 p186）

按：《湖州市志》第 36 卷《叢錄·三國至民國著述目錄》載：「徐福《鶴田四六稿》1 卷、《豹隱集》2 卷、《豹隱集續編》1 卷、《鶴田詞》1 卷」〔註13〕。名徐福，著述冠以鶴田，似即此人，則徐福為浙江湖州人。

8. 徐驚鴻，字飛卿，□□□□人。有《秋水詞》。（《補遺》卷六 p240）

按：沈德符《萬曆野獲編》卷 23「女郎吟詠」條載：「昔徐昌穀紀金陵徐妓詩云：『楊花厚處春雲薄，清冷不勝單夾衣。』以為清婉絕倫。余近又見金陵徐驚鴻奇友遊楚云：『妾怨芳楊柳，橫枝在吹樓。折來欲有寄，游子在黃州。葉互參差影，花飛歷亂愁。林梢窺破鏡，何日大刀頭？』俱風雅可

〔註8〕（清）李斗著《揚州畫舫錄》，江蘇廣陵古籍刻印社 1984 年版，第 263 頁。
〔註9〕金一平著《柳洲詞派》，同濟大學出版社 2002 年版，第 327 頁。
〔註10〕張宏生主編《全清詞》（順康卷）第 16 冊，中華書局 2002 年版，第 9467 頁。
〔註11〕（清）鄒祗謨編《倚聲初集》，《續修四庫全書》第 1729 冊，上海古籍出版社 1996 年版，第 341 頁，第 202 頁。
〔註12〕（清）鄒祗謨編《倚聲初集》，第 202 頁。
〔註13〕王克文主編《湖州市志》，崑崙出版社 1999 年版，第 2144 頁。

誦，然皆北里種也。」〔註14〕另外，明代梅鼎祚《鹿裘石室集》卷七有《焦村湖舟中放歌同季方叔送徐飛卿歸金陵》詩。據此，徐驚鴻當為金陵人。其人善觀音舞，姚之駰《元明事類鈔》卷27《禮樂門》、王初桐《奩史》卷55《音樂門三》均有記載。徐元懋《古今印史》載「予嘗見明妓徐驚鴻書扇印文曰徐夫人」，陸紹曾《古今名扇錄》、厲鶚《詠印絕句》自注、黃體芳《醉鄉瑣志》、章學誠《丙辰札記》均加以援引。其為明人無疑。而《全清詞·順康卷》第20冊錄其詞二首：《菩薩蠻》（秋江半損芙蓉面）、《臨江仙》（自愛鳳頭能窄小）。小傳稱「徐驚鴻，字飛卿。江蘇蘇州名妓」〔註15〕，言其為蘇州人不知何據。

《補遺》又引《眾香詞》云：「驚鴻，眾以翩若驚鴻目之，由是得名。周公瑕曰：『徐字迺媚。世有衛夫人，吾將為王右軍泣矣。』又能左右手正反雙下，不失絲毫，稱為絕技。」今檢姚之駰《元明事類鈔》卷17《人品門》有「正反雙下」條，與此相近，稱：「明潘之恒《曲中志》：徐飛卿，一字翩。周公瑕曰：『翩字法迺媚。』又能正反手雙下，不失絲毫，稱為絕技。」〔註16〕據此，可知徐驚鴻另有表字曰「翩」。

9. 儲懋端，字□□，江南宜興人。（《補遺》卷六 p240）

按：江慶柏《清代人物生卒年表》載儲懋端，字孔規，號象岩。生於明萬曆十二年（1584），卒於清順治六年（1649）。〔註17〕錢海嶽《南明史》在《引用書目》中列有「《留都見聞錄》，明儲懋端，抄本」〔註18〕，則其著有《留都見聞錄》一書。

10. 吳正志，字之矩，□□□□人。有《雲起樓集》。（《補遺》卷八 p290）

按：張夏《雒閩源流錄》卷11有其傳，迻錄如下：「吳正志，字之矩。南直宜興人。父通政數世以上，皆名宦。之矩繇國子生，中萬曆乙酉鄉試，成己丑進士。初任刑部主事，才三月，上疏盡發諸要臣私狀，當軸大怒。既附重比，賴臺省公救釋，為宜君典史。旋以差歸。再起清河典史，移饒州司

〔註14〕（清）沈德符編《萬曆野獲編》，上海古籍出版社2012年版，第499～500頁。
〔註15〕張宏生主編《全清詞》（順康卷）第20冊，中華書局2002年版，第11855頁。
〔註16〕（清）姚之駰編《元明事類鈔》，《景印文淵閣四庫全書》第884冊，臺灣商務印書館1986年版，第285頁。
〔註17〕江慶柏編《清代人物生卒年表》，人民文學出版社2005年版，第778頁。
〔註18〕錢海嶽著《南明史》第14冊，中華書局2006年版，第5524頁。

李，召為儀部主事。疏不敢先，諸逐臣賜環，堅臥不出。與遠近鄉達為會講學，力持正論。久之始轉精膳員外郎，改光祿寺丞。復與朝議枘鑿，讁湖州司李，擢南刑部主事，晉郎中，遷江西按察司僉事，出鎮湖西，能悉心吏事，救荒弭盜，大著方畧。而家載米數千斛濟人，地方德之。遇屬吏甚恭，故人樂為用。自奉極涼，政暇，偕二三同志尋安節公講堂舊址，商略學問而已。未幾，解組歸，病卒。學者稱徹如先生。」〔註19〕

11. 吳見思，字□□，□□□□人。（《補遺》卷八 p297）

按：《補遺》據《今詞初集》錄其《憶王孫》（秋空漠漠雁聲稀）。《今詞初集》乃納蘭性德和顧貞觀編選的當代詞選，刻成於康熙十六年（1677），載錄清代立國以來三十年間的 184 位詞人的 600 餘篇詞作〔註20〕。

今檢《四庫全書總目》卷 174「別集類存目一」著錄《杜詩論文》五十六卷，稱「國朝吳見思撰。見思字齊賢，武進人。是編成於康熙壬子。」〔註21〕康熙壬子乃康熙十一年（1672），其存世時間與納蘭性德、顧貞觀同時。《今詞初集》所載之吳見思或即此人。

12. 吳□□，字沐庵。江蘇陽湖人。諸生。（《補遺》卷九 p349）

按：王韜《瀛壖雜志》卷 5 載：「毗陵之學，遠出吾吳上。吳門文士竟趨時習，空疏鮮實際。毗陵文士則皆樸學媚古，彬彬述撰，登作者之堂。近所見趙君惠甫，其一也。惠甫一字能靜，名烈文，陽湖人。庚申春間，避亂來滬。時以文字相切劘，謂余作偶而落筆，文采便自斐然，特尚有欠追琢處，然正不必苛索耳。嘗讀《漢書》三過，均有札記。尤喜覽釋氏書。同治初元，從軍於金陵。書局既開，延主校勘。近聞服官燕北，蒞任易州，當道頗加器重，必能一展其抱負已。同邑吳沐庵茂才，名新銘，為山子先生令孫。嗜酒，工詩詞。沉淪幕僚中，非其志也。」〔註22〕文中稱趙惠甫為陽湖人，而吳沐庵茂才與之同邑，和《補遺》所言併合。

13. 吳恩慶，字子述，□□□□人。（《補遺》卷九 p354）

按：《清代硃卷集成》於順天鄉試同治癸酉（十二年，1873）科載有吳恩

〔註19〕（清）張夏著《雒閩源流錄》，《續修四庫全書》第 536 冊，上海古籍出版社 1995 年版，第 536～537 頁。

〔註20〕張宏生《〈今詞初集〉與清初詞壇》，《南開學報》（哲學社會科學版），2008 年 第 1 期，第 113 頁。

〔註21〕（清）永瑢等著《四庫全書總目》，中華書局 1965 年版，第 1533 頁。

〔註22〕王韜著《瀛壖雜志》，嶽麓書社，1988 年版，第 149 頁。

慶檔案，稱：「吳恩慶，字祖同，號子述。行一。道光丙午七月初三日吉時生。江蘇蘇州府吳縣附貢生。民籍。指分浙江試用鹽經歷，補用知縣。」〔註23〕《補遺》稱其「字子述」，誤與其別號相混。

14. 吳宗鈺，字漚香，□□□□人。（《補遺》卷十 p384）

按：董玉書《蕪城懷舊錄》卷三載：「吳宗鈺，字玉才，別號漚香，晚署竹屋詞人，世居黃珏橋。工詩詞，精鑒別金石書畫，尤善岐黃之術。昔入卞制軍頌臣幕，歷遊湘、鄂、閩、嶠，覽勝興懷，多得江山之助。著有《漚香館詞鈔》十八卷、詩集十六卷。晚年僑寓海上，以醫終。」〔註24〕蕪城，即廣陵城，故址在今江蘇省江都縣境。可知吳宗鈺乃江蘇揚州人。

15. 朱萬年，字□□，貴州黎平人。萬曆□□舉人，山東萊州府知府，贈太常寺卿。（《補遺》卷十一 p416）

按：《明史》列傳178有傳，稱「朱萬年，黎平人。萬曆中，舉於鄉。」〔註25〕不言其表字及中舉時間。清代張含輝作《朱公祠記》，亦僅言其名諱，未及其他。今檢陳田《明詩紀事》辛籤卷2錄朱萬年詩一首，傳曰：「萬年，字鶴南，黎平人。萬曆己酉舉人。除定陶知縣，改中城兵馬司指揮，遷戶部主事。歷員外郎中，出為萊州知府。叛將孔有德圍萊，詭乞降，出城招撫。被執不屈，死之。贈太常少卿。乾隆中賜諡烈愍。」〔註26〕據此，可知朱萬年，字鶴南，萬曆己酉（1609）舉人。

16. 朱愚，字□□，浙江嘉善人。（《補遺》卷十一 p422）

按：徐象梅《兩浙名賢錄》卷2《儒碩》有其傳，云：「朱愚，字汝明，嘉善人。父鳳，司訓興化，歷官邵武教授，坐無寒氈，終身澹泊。愚博學善詩文，少負氣節，曾上書規郭縣令，郭為謝過，且表其書於門。平生議論侃侃，不苟言笑。後任松江府訓導，不受餽遺，清操凜然，說者稱愚能不頹父風。卒年七十有八。」〔註27〕此外，黃虞稷《千頃堂書目》卷23著錄朱愚《東齋遺稿》，注云：「字汝明。嘉善人。」〔註28〕沈季友《檇李詩繫》卷13

〔註23〕顧廷龍主編《清代硃卷集成》第110冊，成文出版社1992年版，第223頁。
〔註24〕（清）董玉書《蕪城懷舊錄》，江蘇古籍出版社2002年版，第179頁。
〔註25〕（清）張廷玉等著：《明史》第24冊，中華書局1974年版，第7450頁。
〔註26〕陳田著《明詩紀事》，上海古籍出版社1983年，第179頁。
〔註27〕（明）徐象梅著《兩浙名賢錄》，《續修四庫全書》第542冊，上海古籍出版社1995年版，第85頁。
〔註28〕（清）黃虞稷編《千頃堂書目》，上海古籍出版社，2001年版，第609頁。

選錄朱愚詩十一首，稱「愚字汝明，嘉善人。嘉靖乙卯貢，授魯府教授。歸隱，植梅數株，自號梅花東老，日嘯詠其下。有《東齋遺稿》」〔註29〕，亦可為參證。

17. 朱兆僖，字振鵬，號晉亭，□□□□人。（《補遺》卷十二 p445）

按：《補遺》據《芙蓉港詩詞話》錄朱兆僖《沁園春》詞（踐約而來），題為《仲夏過石樵桂香書屋，讀徐竹溪題句，並觀主人篆刻，愛莫能捨，因填此闋》。《芙蓉港詩詞話》乃徐涵撰。徐涵，字有容，號仲米，晚號竹溪，虞山（今江蘇常熟）人。是書僅一卷，共 23 則，書中雜記並世前輩及朋儕詩人詞事。其中，紀詞人詞事者，如云：「余表弟朱上舍兆僖，字振鵬，號晉寧，博雅多才，為填詞刻畫秀麗，騷騷乎闖入《珂雪詞》之堂奧。」則可知朱兆僖乃徐涵的表弟，其表字為「晉寧」，與《補遺》所載「號晉亭」稍有不同。又載：「兆僖博古工詩，並優詞筆，句必驚人，洵我里中之秦淮海也。有贈予《沁園春》一闋云：……敘事簡潔，琢句雅逸，抗步騷壇，詎能把袖而拍其肩也。」所謂「贈予《沁園春》一闋」〔註30〕，即《補遺》所錄之詞。

18. 朱靜庵，字□□，□□□□人。海寧周濟室。（《補遺》卷十三 p490）

按：馮夢龍《情史》卷 13《情憾類》載：「朱靜庵，海寧人，尚寶卿朱祚女，幼穎悟，工詩。嫁教諭周濟為妻，自傷非偶，情見乎詞。」〔註31〕何喬遠《名山藏》卷 89《列女記》載「教諭周濟妻朱靜庵，生成、弘間，博覽群書，酷嗜吟詠。所著有《靜庵集》，詞氣和平，筆力雄健，享壽八袠。」〔註32〕可知朱靜庵為海寧人，生活於明代成化、弘治年間。

朱彝尊《明詩綜》卷 86《閨門》錄朱妙端詩四首，小傳云：「妙端，字仲嫻，號靜菴，海寧人，尚寶卿朱祚女，光澤教諭周濟妻。有《靜菴集》。」〔註33〕黃虞稷《千頃堂書目》卷 28 著錄光澤教諭周濟妻朱妙端《靜庵集》十卷，云：「字仲嫻，海寧人。尚寶司卿朱祚女，與李昂妻陳氏倡和。」〔註34〕李格《民國杭州府志》卷 158《列女八·閨秀》載「朱靜庵，名妙端，字仲

〔註29〕（清）沈季友編《檇李詩繫》，《景印文淵閣四庫全書》第 1475 冊，臺灣商務印書館 1986 年版，第 316 頁。

〔註30〕譚新紅著《清詞話考述》，武漢大學出版社，2009 年版，第 283 頁。

〔註31〕（明）馮夢龍編《情史》，春風文藝出版社，1986 年版，第 354 頁。

〔註32〕（清）何喬遠著《名山藏》，福建人民出版社，2010 年版，第 2733 頁。

〔註33〕（清）朱彝尊編《明詩綜》第 8 冊，中華書局，2007 年版，第 4147 頁。

〔註34〕（清）黃虞稷編《千頃堂書目》，第 609 頁。

嫺，歸光澤教諭周濟。才情婉麗，工詩賦。壽八十卒。所著有《自怡集》。」
〔註35〕可知靜庵乃朱妙端之號，其表字為仲嫺，《補遺》誤將其號作本名。

　　另外，其夫周濟的表字，亦略可考索。褚人獲《堅瓠集》卷2「朱靜庵」
條載：「成化間。海寧朱靜庵教諭周汝航濟之妻。能詩」〔註36〕；《堅瓠四集》
卷2「吟詩止娶」條載：「嘉興女子朱靜庵。父亦士人。為教諭周汝航濟之妻。
能詩多佳句。」〔註37〕可知朱靜庵其夫名周濟，字汝航。《堅瓠四集》卷2稱
其為嘉興人，誤。

　　19. 胡□□，字杏村，□□□□人。(《補遺》卷十三 p490)

　　按：《補遺》所錄《蘇幕遮》(粉牆高)一詞，載鄒弢《三借廬贅譚》卷三
〔註38〕。《補遺》注云《三借廬筆談》，誤。今檢林損(1891～1940)有《胡杏
村壽序》，稱「先生世居瑞安之申明里」。壽序為胡杏村六十壽誕而作，時為庚
申年(1920)〔註39〕，據此推算，則胡杏村生年當為清咸豐十一年(1861)。

　　另外，孫延釗在《瑞安五黃先生繫年合譜》中載瑞安務農支會會友題名，
名中即有胡杏村，稱：「胡贊元，字杏村，附生」〔註40〕。孫延釗在《孫衣言
孫詒讓父子年譜》載務農會瑞安支會，亦載「胡杏村(贊元)」〔註41〕入會。
綜上，可知胡贊元，字杏村，浙江溫州人。

　　20. 胡余祿，字□□，□□□□人。(《補遺》卷十四 p528)

　　按：鄧漢儀《詩觀初集》卷9載胡余祿詩，卷首列有《天下名家詩觀選
目》，備載各卷所選詩人名錄，名下小字注明里貫。胡余祿名下標注「山東」
〔註42〕。陶煊、張璨《國朝詩的》山東卷之二錄其詩一首，名下注云「吉修。

〔註35〕 李榕編纂《民國杭州府志》第9冊，《中國方志叢書》華中地方199號，成文
　　　　出版社，1974年版，第3024頁。
〔註36〕 (清)褚人獲編《堅瓠集》，《筆記小說大觀》第15冊，江蘇廣陵古籍刻印社，
　　　　1983年版，第16頁。
〔註37〕 (清)褚人獲編《堅瓠集》，第119頁。
〔註38〕 鄒弢著《三借廬贅譚》，《續修四庫全書》第1263冊，上海古籍出版社，1996
　　　　年版，第645頁。
〔註39〕 (清)林損著；陳肖粟、陳鎮波編校：《林損集》，黃山書社，2010年版，第
　　　　1406～1407頁。
〔註40〕 孫延釗著《孫延釗集》，上海社會科學院出版社2006年版，第190頁。
〔註41〕 孫延釗著《孫衣言孫詒讓父子年譜》，上海社會科學院出版社2003年版，第
　　　　285頁。
〔註42〕 (清)鄧漢儀編《詩觀初集》，《四庫全書存目叢書補編》第39冊，齊魯書社
　　　　2001年版，第11頁。

濟寧人。」〔註43〕可知胡余祿的表字和里貫。

21. 須天祿，字□□，□□□□人。（《補遺》卷十六 p599）

按：今檢《全清詞‧雍乾卷》第16冊錄其詞一首，小傳云：「須天祿，字漢劉，江蘇江陰人。」〔註44〕闕字據此可補。

22. 梅雨清，字冷生，□□□□人。（《補遺》卷十七 p632）

按：《補遺》錄梅雨清《高陽臺‧題〈半陰桫填詞圖〉》。此詞今見潘國存編《梅冷生集》〔註45〕。據該書《前言》可知，梅雨清（1895～1976），乃浙江溫州城區人。

23. 陳龍正，字□□，浙江嘉善人。（《補遺》卷十七 p652）

按：黃宗羲《明儒學案》卷61《東林四》載「陳幾亭先生龍正」，云：「陳龍正，字惕龍，號幾亭。浙之嘉善人。」〔註46〕查繼佐《罪惟錄》列傳卷之十、陳鼎《東林列傳》卷11亦有其傳。

24. 陳文翊，字彥士，福建□□人。有《弦外詞》。（《補遺》卷十九 p716）

按：丁紹儀《國朝詞綜補》卷56錄有陳文翊《百字令‧字冢》，小傳云：「陳文翊，字彥士，長樂人。諸生。」〔註47〕《補遺》可謂失之眉睫。

25. 陳□□，字稚芝，□□人。（《補遺》卷十九 p720）

按：李駒《民國長樂縣志》卷14《選舉志》載：「陳士暘，字稚芝，日俞子。（崇禎）十七年貢。」〔註48〕似即其人，則陳稚芝乃福建長樂人。

26. 辛廣恩，字推子。河南□□人。（《補遺》卷二二 p840）

按：成瓘《道光濟南府志》卷27《職官五》於「淄川知縣」欄載：「辛廣恩，字推子。北直東明人。進士。（崇禎）十三年任。」〔註49〕李衛《雍正畿

〔註43〕（清）陶煊、張璨編《國朝詩的》，《四庫禁燬書叢刊》集部第157冊，北京出版社1997年版，第590頁。

〔註44〕張宏生主編《全清詞》（雍乾卷）第16冊，南京大學出版社2012年版，第8698頁。

〔註45〕梅冷生著、潘國存編《梅冷生集》，上海社會科學院出版社2006年版，第177頁。

〔註46〕（明）黃宗羲編《明儒學案》，中華書局2008年版，第1501頁。

〔註47〕（清）丁紹儀編《清詞綜補》，中華書局1986年版，第1078頁。

〔註48〕李駒纂《民國長樂縣志》，福建人民出版社1994年版，第497頁。

〔註49〕（清）王增芳、王鎮修；成瓘、冷烜纂《道光濟南府志》第1冊，《中國地方志集成》山東府縣志輯，鳳凰出版社2004年版，第537頁。

輔通志》卷62、65均稱其為「東明人」。北直東明,即今山東省東平縣,隸屬泰安市。《補遺》稱其為河南人,誤。

27. 倫鸞,字靈飛,□□□□人。有《玉函詞》。(《補遺》卷二三 p848)

按:《清人詞話》有其條目,載:「倫鸞(?~1927後)字靈飛,廣東番禺(今屬廣州市)人。杜鹿笙室。有《玉函詞》。」並迻錄了詞話中與之相關的材料。況周頤《玉棲述雅》評其詞「尤清婉可誦,氣格漸近沉著,不涉綺紈纖靡之習」。朱孝臧亦盛稱其詞「雅近宋人風格」。〔註50〕

28. 殷梯雲,字豫亭,□□□□人。(《補遺》卷二三 p856)

按:《吳中名醫錄》載有其傳記,稱:「殷梯雲,號豫亭,別署東溪漁隱,清末民國吳江縣人。附生,生於同治十一年(1872)。曾任平望禁煙局醫員、拒煙分會義務醫員。兼工詩詞。宣統年間加入中西醫學研究會。」〔註51〕稱其「號豫亭」,與《補遺》所載稍有不同。

其作品有《東溪漁隱吟草》三卷,柯愈春《清人詩文集總目提要》卷 52有著錄,稱:「梯雲字豫亭,江蘇吳江人。此集鈔本,三冊,中國社會科學院文學研究所藏。集中有《詠秋瑾女士》詩。詩約止於宣統末年。」〔註52〕可見殷梯雲為江蘇吳江人。

29. 孫朝棟,字惕生,□□□□人。有《映雪軒詞稿》。(《補遺》卷二四 p894)

按:《補遺》據《三借廬贅譚》錄孫朝棟《菩薩蠻》(秋來深院涼生韻)一詞。今檢鄒弢《三借廬贅譚》卷三有《孫惕生》條,載:「孫惕生朝棟,茂苑人,能吟,嘗以所著《映雪軒詞稿》就間錄其《巫山一片雲》:『秋來深院涼生韻……。』」〔註53〕明載孫朝棟為茂苑(即江蘇蘇州)人。其中,「孫惕生朝棟」中,「朝棟」為小字。依據慣例,可知孫惕生為名,朝棟為表字。

《補遺》名、字互置,誤。

30. 潘西鳳,字桐岡,□□新昌人。有《竹香亭詩餘》。(《補遺》卷二六 p958)

按:汪啟淑《續印人傳》卷二有《潘西鳳傳》,載:「潘西鳳,字桐岡,

〔註50〕 孫克強、楊傳慶、裴喆編著《清人詞話》,南開大學出版社 2012 年版,第 2078頁。
〔註51〕 俞志高編著《吳中名醫錄》,江蘇科學技術出版社 1993 年版,第 277 頁。
〔註52〕 柯愈春著《清人詩文集總目提要》,北京古籍出版社 2002 年版,第 1816 頁。
〔註53〕 鄒弢著《三借廬贅譚》,第 650 頁。

號老桐。浙江新昌縣人，僑寓廣陵。性篤實方古，愷悌無惎，識見卓越，曾
受業於良常王虛舟澍之門。」〔註54〕此處闕文當為浙江。

31. 潘敦儼，字清畏，江蘇江寧縣人。鐸子，欽賜舉人，□□道監察御
　　史。（《補遺》卷二六 p974）

按：《清史稿》列傳二百三十二有其傳，稱：「潘敦儼者，字清畏，籍江
寧，總督鐸子。以任子官工部郎中，遷御史」〔註55〕，亦不詳載其任御史之
地。今檢黃叔璥《國朝御史題名》於光緒二年（1876）載：「潘敦儼，字清
畏，號默禪江蘇江寧縣人。蔭生，由刑部郎中補授山東道御史。」〔註56〕可
知闕字為「山東」。中國第一歷史檔案館藏《清代官員履歷檔案全編》有其
同治九年（1870）履歷一份，載其年三十七歲〔註57〕，則其生於道光十三年
（1833）。

32. 潘靜淑，字□□，江蘇吳縣人。同邑吳翼燕室。有《綠草集》。（《補
　　遺》卷二六 p989）

按：吳翼燕，即吳湖帆（1894～1968），初名翼燕，字遹逡，更名萬，
字東莊，江蘇蘇州人。今檢陳玉堂編著《中國近現代人物名號大辭典》（續
編）載「潘樹春（1893〔光緒壬辰正月〕～1939）」，云：「女。字靜淑，號倩
庵，室名梅景書屋（與夫共用）。吳湖帆夫人。工詩詞。逝世後，湖帆為悼
念她而曾名吳倩。冒鶴亭撰有潘樹春小傳，刊於《國史館館刊》1 卷 2 號內。」
〔註58〕可知潘樹春為名，靜淑為表字。《補遺》名、字誤置。

33. 韓茂棠，字伯溪，□□□□□人。（《補遺》卷二七 p999）

按：韓茂棠，字柏谿，一字伯溪，別號湘靈子。浙江蕭山人。能詩，與
《著作林》雜誌主編陳蝶仙交好。著有《軒亭冤傳奇》。參左鵬軍《〈軒亭冤
傳奇〉作者考》〔註59〕。

〔註54〕（清）汪啟淑編《續印人傳》，清道光二十年海虞顧氏刻本。
〔註55〕趙爾巽編《清史稿》第 41 冊，中華書局 1977 年版，第 12463 頁。
〔註56〕（清）黃叔璥著《國朝御史題名》，《續修四庫全書》第 751 冊，上海古籍出版
　　　　社 1996 年版，第 379 頁。
〔註57〕秦國經主編《中國第一歷史檔案館藏清代官員履歷檔案全編》第 27 冊，華東
　　　　師範大學出版社，1997 年版，第 75 頁。
〔註58〕陳玉堂編著《中國近現代人物名號大辭典》（續編），浙江古籍出版社，2001 年
　　　　版，第 335 頁。
〔註59〕左鵬軍著《晚清民國傳奇雜劇文獻與史實研究》第六章《若干曲家曲目考辨》，
　　　　北京：人民文學出版社，2011 年，第 379 頁。

34. 錢畹鸞，字□□，□□□□人。（《補遺》卷二八 p1060）

按：錢畹鸞，為清代著名女性作家，迻錄其相關傳記如下：

> 錢宛鸞，字翔青，蘇州人，工詩善畫。《圖繪寶鑒續纂》翔青美姿
> 容，工翰墨，風流儒雅，擅絕三吳。今讀其詩，如「魂迷蝶枕三更
> 夢，腸斷花箋一紙詩」，又「翠屏斜倚思無奈，夢捉飛花過小橋」，
> 豈非自為寫照耶？《翠樓集》。（《國朝畫識》）〔註60〕

> 錢畹鸞，字翔青，吳人。善畫工詩，風流儒雅，擅絕三吳。《圖繪寶鑒
> 續纂》、《翠樓集》（《歷代畫史匯傳》）〔註61〕

《國朝畫識》、《歷代畫史匯傳》均援引《圖繪寶鑒續纂》、《翠樓集》的材料，
然而所載人名存有差異：一作「錢宛鸞」、一作「錢畹鸞」。今檢施淑儀《清代
閨閣詩人徵略》卷四、薛鳳昌《松陵女子詩徵》卷四、劉雲份《翠樓集新集》
均載其名為「錢宛鸞」。

《補遺》（p1058）另載有「錢宛鸞」詞一首，實則與「錢畹鸞」重收。

《詞綜補遺》保存了大量的詞作，並輯錄了相關的詞人傳記。不過，囿於
典籍的見聞，以致書中存有闕文，客觀上降低了該書的文獻價值。通過爬梳相
關載籍，考補書中的闕文，可以使其文本更加完善，進一步發揮其文獻價值，
便於相關研究者加以參考。本文選取了三十四位詞人的小傳進行考訂，增補闕
文，辨析訛誤，使之趨於準確和完整。不過，由於書缺有間，尚有一些條目未
能加以考訂，尚待後續研究工作的展開。

〔註60〕（清）馮金伯著《國朝畫識》卷十六，《續修四庫全書》第 1081 冊，上海古籍
出版社 1996 年版，第 696 頁。

〔註61〕（清）彭蘊璨著《歷代畫史匯傳》卷六十八，第 273 頁。

查慎行《周易玩辭集解》諸失舉例
——兼論史源學對易籍整理之重要性

摘　要

　　查慎行《周易玩辭集解》以徵引繁富著稱，但在徵引時，存有不足。本文從「標注史源有誤」，「以訛傳訛，不加考辨」，「引錄他書而不注明」，「以他人之說為自己之創論」，「妄改書名」，「糅雜諸說，僅標注一人」，「引錄他人之說，未究本源」七個方面加以指陳。另結合新出的《周易玩辭集解》整理本，運用史源學進行考察，從「探出處之本源」，「明引文之起止」，「見文本之差異」，「正標注之訛誤」四個方面予以辯證，指出史源學對纂輯類易籍的整理具有重要的意義。

關鍵詞：查慎行；《周易玩辭集解》；史源學；易籍整理

　　查慎行（1650～1727），浙江海寧人。康熙年間著名學者。「素以詩名天下，世之言詩者必宗之」〔註1〕，所創《敬業堂詩集》五十卷、《敬業堂詩續集》六卷聞名於世。另著《周易玩辭集解》十卷，收錄於《四庫全書》。且四庫館臣對之評價頗高，稱「慎行受業黃宗羲，故能不惑於圖書之學」，又稱「其言皆明白篤實，足破外學附會之疑」。進而指出「其說經則大抵醇正而簡明，在近時講《易》之家，特為可取焉」。〔註2〕其價值亦可據以想見。

　　作為浙江文化名人，其作品集也備受關注。2014年，浙江古籍出版社出版了張玉亮、辜豔紅先生整理的《查慎行集》（全七冊），作為《浙江文叢》之

〔註1〕　（清）陳世倌《周易玩辭集解序》，查慎行《周易玩辭集解》，中華書局，2020年，第11頁。

〔註2〕　（清）紀昀《欽定四庫全書總目》，中華書局，1997年，第62頁。

一種。《查慎行集》第一冊即《周易玩辭集解》，以文淵閣四庫全書本為底本進行標點。（以下簡稱「浙古本」）2017 年，中華書局又刊行了范道濟先生整理的《查慎行全集》（全二十冊），第 1～2 冊為《周易玩辭集解》。2020 年，此書又從《查慎行全集》中抽出單行，為《易學典籍選刊》之一種。底本為乾隆十九年豐府藏書本，以四庫全書本為參校本。（以下簡稱「中華本」。如無特殊說明，文中引文、頁碼均據此書。）浙古本係《周易玩辭集解》的首個整理本，有開創之功。中華本因採用年代更早的刻本作為底本，且在文字〔註3〕、斷句〔註4〕方面後出轉精，整理質量相對較好。但也存在一些錯誤（詳後。職是之故，本文引文，標點不盡依其書。）

對於《周易玩辭集解》一書的特色，沈廷芳所作序中有所指陳，稱「是書析理明暢，象數兼該，援據精洽，而考按總歸實義，洵足羽翼先儒，以裨後學」〔註5〕。本文擬就「援據精洽」展開討論。

就引書而言，范道濟先生在《前言》中（6頁）指出：

> 《周易玩辭集解》對《周易》經傳之辭的解說，正遵循這種「不偏狥一解，不妄立異同」的原則，「於前儒之言擇焉而精」，全書所採前儒之說，自《子夏易傳》至清初錢飲光等約四百家，並對前人之說一一檢申，然其所是，駁其所非。

《周易玩辭集解》旁徵博引，排比諸家之說，並加以平議，是其優點所在。特別是有些言論，僅見此書中。如書中四引朱啟莊說〔註6〕，他書未見有徵引此人此說者。這是值得肯定的。但是引書約四百種，數量龐大，自然訛誤難免。

〔註3〕補闕字。卷五《蹇》九五，浙古本云「□濟時艱」。（193 頁）「□」，中華本不缺，作「弘」。（310 頁）

正誤字。卷五《明夷·象》，浙古本引「張幼子曰」（177 頁），中華本作「張幼于」（285 頁）。幼于乃張獻翼的表字。張獻翼著有《讀易紀聞》六卷。又如卷七《革》上六，浙古本云「陸續曰」（244 頁），中華本作「陸績曰」（392 頁）。

〔註4〕卷六《損》初九，浙古本云：「《黃氏日抄》云：『三說雖不同，而皆主於初九自損以應六四，惟來矣鮮曰己者，我也。今從之。』」（200 頁）《黃氏日抄》九十五卷，乃宋人黃震所撰。來矣鮮即來知德，明人，著《周易集注》十六卷。《黃氏日抄》自然不可能引用來矣鮮之說，故此處引號標注起止有誤。中華本（322 頁）引至「以應六四」，是。

〔註5〕中華本第 14 頁。

〔註6〕卷一《乾·象》（35 頁）、卷二《需》初九（83 頁）、《否·象》（126 頁）、卷三《謙》卦辭（144 頁）。

范先生將引書下限定為清初錢飲光，而書中三引「午亭陳氏曰」〔註7〕。午亭陳氏即陳廷敬（1638～1712），乃查慎行同時之人，年代較錢澄之（1612～1693，字飲光，著《田間易學》）為晚。

至於「對前人之說一一檢申」，則更為不然。通過對《周易玩辭集解》全書進行史源學的追溯考察，可以發現在引文方面存在大量的問題，申論如下。

一、《周易玩辭集解》諸失舉例

（一）標注史源有誤

卷五《明夷·彖》（285頁）：

> 張幼于曰：「大難，關天下之難。內難，家離也。此文王與箕子不同處。」

按：張獻翼，字幼於，著《讀易紀聞》六卷，書中未見此語。熊過《周易象旨決錄》卷三《明夷》：「大難，關天下之難。內難，一家難也。」〔註8〕又見潘士藻《讀易述》卷六《明夷》、焦竑《易筌》卷三《明夷》、曹學佺《周易可說》卷三《明夷》，僅《讀易述》注明係引用《象旨》。

（二）以訛傳訛，不加考辨

卷二《小畜》九三（110頁）：

> 「輻」，《釋文》作「輹」。項平庵曰：「輻，車轑也。輹，車軸轉也。輻以利輪之轉，輹以利軸之轉。輻無脫理，若輹則有脫時，車不行則脫矣。」

按：項平庵即項安世。檢項安世《周易玩辭》卷二《小畜·輻字》：

> 《小畜》九三「輿說輻」，陸氏《釋文》云：「本亦作『輹』。子夏、虞翻傳皆作『輹』。」安世按：輻無說理，必輪破轂裂而後脫也。與下之輹乃有脫時，車不行則脫之。今畜道止於不行，非有破裂之象，恐與《大壯》、《大畜》同作「輹」字為長。〔註9〕

兩相比較，所引「輻，車轑也。輹，車軸轉也。輻以利輪之轉，輹以利軸之轉」數語，《周易玩辭》本無。尋其緣由，當是未核檢《周易玩辭》原書，而是據胡廣《周易傳義大全》卷四《小畜》轉引而致。《周易傳義大全》曰：

〔註7〕 卷一《坤》卦辭（51頁）、卷二《屯》初九（70頁）、《小畜》上九（112頁）。
〔註8〕 （明）熊過《周易象旨決錄》，明嘉靖四十一年熊迴刻本。
〔註9〕 （宋）項安世《周易玩辭》，山東友誼書社，1991年，第117頁。

平菴項氏曰：「『輹』，陸氏《釋文》云：『本亦作輹。』按：
輹，車轅也。輹，車軸轉也。輹以利輪之轉，輹以利軸之轉。然
輹無說理，必輪破轂裂而後可說。若輹則有說時，車不行則說之
矣。《大畜》、《大壯》皆作『輹』字。」〔註 10〕

又卷十《下繫辭》（585 頁）：

項平甫曰：「德之薄、知之小、力之少，皆限於稟而不可強，聖
人豈厚責以不能哉？亦責其貪位而不量己，過分而不勝任耳。」

按：項安世《周易玩辭》並無此語，實出楊萬里《誠齋易傳》卷十八《繫辭
下》：

德之薄者尚可積而厚，知之小者不可強而大，力之少者不可勉
而多，聖人亦豈責天下之人皆德厚而不薄、皆知大而不小、皆力多
而不少哉？責其貪位而不量己，過分而不勝任耳。量力而負，其人
不跌；量鼎而受，其足不折。今也鼎足之弱而鼎實之豐，有不折己
之足、覆人之餗、敗己之身者乎？足之折、身之敗，自取之也；餗
之覆，彼何辜焉。〔註 11〕

其致誤之由，則是據潘士藻《讀易述》卷十三《繫辭下傳》引錄、《讀易述》
稱「項氏曰」〔註 12〕。其後，又見焦竑《易筌》卷五《繫辭下傳》，稱「《玩
辭》」〔註 13〕；又見張振淵《周易說統》卷十一《繫辭下傳》，稱「項平菴曰」
〔註 14〕。另外，又見張次仲《周易玩辭困學記·繫辭下傳》，未言係引用。

（三）引錄他書而不注明

卷七《漸·彖》（416 頁）：

惟其「止而巽」，所以「動不窮」。下「止」則凝靜不擾，上「巽」
則相時而動。以此而「進」則「得位」，以此而「往」則「有功」。
所謂「漸之進」者如此，所謂「貞」之「利」者如此。

按：張次仲《周易玩辭困學記·漸》：

故「止」則凝靜不擾，「巽」則相時而動。以此而「進」則「得

〔註 10〕（明）胡廣《周易傳義大全》，景印文淵閣四庫全書第 28 冊，商務印書館，
1986 年，第 166 頁。
〔註 11〕（宋）楊萬里《誠齋易傳》，宋刻本。
〔註 12〕（明）潘士藻《讀易述》，明萬曆三十四年潘師魯刻本。
〔註 13〕（明）焦竑《易筌》，明萬曆刻本。
〔註 14〕（明）張振淵《周易說統》，明萬曆四十三年石鏡山房刻本。

位」，以此而「往」則「有功」。所謂「漸之進」者如此，所謂「貞」
之「利」者如此。〔註15〕

可知此一節「下『止』則凝靜不擾」以下數語是出自《周易玩辭困學記》，
而未加注明。其中，「以此而『進』則『得位』，以此而『往』則『有功』」
係楊時之說〔註16〕，《周易玩辭困學記》引之亦未言。

《周易玩辭集解》屢引張次仲《周易玩辭困學記》，稱「張待軒曰」30次
（另，「張待軒云」1次），稱「《困學記》曰」17次（另，「《困學記》有云」
1次），稱「張元岵曰」8次。但引《周易玩辭困學記》之說而未注明的，還有
多處。張次仲（1589～1676）與查慎行同為海寧人，故所引獨多。

（四）以他人之說為自己之創論

不獨引錄他書而不注明，甚且攘他人之說為自己之創論。

卷六《姤》九三（349頁）：

> 愚按：姤以一陰遇五陽，三亦與初遇者，《姤》三即《夬》四，
> 故取象同。人坐則臀在下，故《困》於初言之；行則臀在中，故《夬》
> 《姤》於三、四言之。

按：「姤以一陰遇五陽，三亦與初遇」，出蘇濬《生生篇·姤》。〔註17〕「坐則
臀在下，故《困》於言之；行則臀在中，故《夬》《姤》於三、四言之」，出焦
竑《易筌》卷三《姤》。〔註18〕

又，卷八《兌》九二（456頁）：

> 愚竊按：二承、比陰柔之六三，所以不能無悔。由其陽剛中實，
> 非道不悅，而有感孚之誠，故「吉」而「悔亡」。二之「孚」似當
> 指三。小象於初曰「行未疑」，於二曰「信志」，兩爻互看，為初易，
> 為二難。初去三尚遠，不特志可信，行亦不涉於可疑；二與三最近，
> 行則未免致疑，惟志則可以自信。故同為吉，占較初多「悔亡」二
> 字。

按：其中，《易筌》卷四《兌》：「初去三遠，不特志可信，而行亦未涉於可疑。

〔註15〕 （明）張次仲《周易玩辭困學記》，清康熙八年刊本。
〔註16〕 （元）董真卿《周易會通·周易經傳集程朱解附錄纂注卷十·漸》、胡廣《周
易傳義大全》卷十九《漸》引之。
〔註17〕 （清）蘇濬《生生篇》，清道光二十二年蘇廷玉刻本。
〔註18〕 （明）焦竑《易筌》，明萬曆刻本。

二去三近，行雖不免於可疑，而志則可信。」〔註19〕

又，卷九《上繫辭》（508頁）：

> 愚按：（下略）「貴賤」、「剛柔」、「變化」又從「乾坤」中標出，
> 在文、周卦、爻中初無此名目，獨有「吉凶」二字耳，非「貴賤」等
> 與「乾坤」並列也。

按：焦竑《易筌》卷五《繫辭上傳》：

> 《大傳》首提出「乾坤」二字，若「貴賤」、「剛柔」、「變化」，
> 卦爻中原無此名目，獨有「吉凶」二字耳。此皆夫子《象傳》、《象傳》
> 中標出。六十四卦總是一乾坤，而此等乃其中所具之對象。夫子闡論
> 乾坤而並及之耳，不可以「貴賤」等與「乾坤」並列也。〔註20〕

可知此乃節略《易筌》之說。

（五）妄改書名

卷八《豐》上九（444頁）：

> 《像抄》曰：「豐、旅之義，隨照隨止。《豐》四動體，動於明
> 上，明動不相遇便『蔀』。《旅》三止體，止於明下，止明不相麗便
> 焚。《豐》上遠二，明窮於外動；《旅》初遠五，明窮於內止。動之明
> 主在內，是謂豐。家蔀則內無所歸，窔奧鬼幽。止之明主於外，是
> 謂旅。『次焚』則外無所往，有同孤鳥。」

按：錢一本《像象管見》卷四下《豐》：

> 《豐》四動體，動於明上，兩主有遇方為行，明動不相遇便蔀。
> 《旅》三止體，止於明下，一矢無亡是終止，止明不相麗便焚。《豐》
> 上遠二，明窮於外動；《旅》初遠五，明窮於內止。動之明主在內，
> 是為豐。家蔀，則內無所歸，縱以為居，闃其無人，窔奧鬼幽。止
> 之明主在外，是為旅。「次焚」則外無所往，縱有所往，無一為僕，
> 有同孤鳥。反覆豐、旅之義，隨動隨止，明與不明，可以審所自處
> 矣。〔註21〕

妄改《像象管見》為《像抄》。

〔註19〕（明）焦竑《易筌》，明萬曆刻本。
〔註20〕（明）焦竑《易筌》，明萬曆刻本。
〔註21〕（明）錢一本《像象管見》，常州先哲遺書本。

（六）糅雜諸說，僅標注一人

卷五《晉》上九（284頁）：

> 趙汝楳曰：「卦以柔進得名，故柔爻多吉。初極下，二猶在地，皆欲進而未能。三始出地上，率眾柔俱進。晉之為晉，六三當之。五為接柔之主，四以剛居下。上以居外，嚴毅如角，不得不伐以正之。此六爻之情也。」

按：潘士藻《讀易述》卷六《晉》：

> 金賁亨曰：「卦內柔爻多吉之道，不利於剛也。」

> 趙汝楳曰：「卦以柔進得名。然初極下，二猶在地，皆欲進而未能。至三始出地上，率眾柔與之俱進。晉之為晉，六三當之。五為接柔之主，四以剛居下，以畏伏如鼠為正。上以剛居外，不得不伐以正之。此六爻之情也。」〔註22〕

故知此處實乃糅雜金賁亨、趙汝楳之說，而概標以「趙汝楳曰」。

（七）引錄他人之說，未究本源

卷二《訟·象》（90頁）：

> 項平甫曰：「天一生水，始本同氣，一麗於形，天上行，水下潤，天道西轉，水流東注，遂成天淵之隔。女子爭桑，而吳、楚連兵；羊斟爭羊，而宋師敗績。『君子以作事謀始』，防於未違行之先也。」

按：張次仲《周易玩辭困學記·訟》：

> 項平甫曰：天一生水，其始本同一氣，一麗於形。天上行，水下潤，天道西轉，水流東注，遂有天淵之隔。繇是觀之，天下事不可以細微而不謹也，不可以親昵而不敬也。禍難之來，夫豈在大？女子爭桑，而吳楚連兵；羊斟爭羊，而宋師敗績。〔註23〕

可知《周易玩辭集解》乃據《周易玩辭困學記》錄文。然《周易玩辭困學記》所引並非全是項平甫之說，而是糅雜了潘士藻之說，分列於下：

> 乾陽生於坎子，坎水生於天一，乾坎本同氣而生者也。一動之後，相背而行，遂有天淵之隔。由是觀之，天下之事不可以細微而不謹也，不可以親暱而不敬也。禍難之端，夫豈在大？曹劉共飯，

〔註22〕（明）潘士藻《讀易述》，明萬曆三十四年潘師魯刻本。
〔註23〕（明）張次仲《周易玩辭困學記》，清康熙八年刊本。

地分於匕箸之閒；蘇史滅宗，忿起於笑談之頃。謀始之誨，豈不深
切著明乎？作又屬乾，謀又屬坎。（項安世《周易玩辭》卷二《訟‧
大象》）〔註24〕

　　天一生水，其始本同一氣，一麗於形，天上行，水下潤，天道
西轉，水流東注，是天與水相違而行也。……謀始莫要於自訟，訟
雖行違於終，實始謀之不慎。或以是非求勝，其界別於毫芒；或以
利害相攘，其隙開於微眇。如女子爭桑而吳楚連兵，羊斟爭羊而宋
師敗績，可鑒也。（潘士藻《讀易述》卷二《訟》）〔註25〕

故此處僅有中間「遂有天淵之隔。繇是觀之，天下事不可以細微而不謹
也，不可以親昵而不敬也」為項平甫之說，前後均為潘士藻之說。

　　又，卷七《豐》初九（432頁）：

　　焦弱侯曰：「『初』以『四』為配主，『四』以『初』為夷主，
上下之詞也。自下並上曰『配』，如妻之仰而配於夫。自上並下曰
『夷』，如明之夷而入於地。」

按：此語見《易筌》卷四《豐》。然此非焦氏創論。檢項安世《周易玩辭》卷
十一《豐‧配主夷主》：

　　初以四為配，四以初為夷，上下異辭也。自下並上曰「配」，如
妻之配乎夫人，帝之配乎天帝也；自上並下曰「夷」，如丘之夷而入
乎川，日之夷而入乎地也。〔註26〕

可知，《易筌》實引自《周易玩辭》而未加注明。另外，《周易玩辭》首句
乃襲自郭雍《郭氏傳家易說》卷六《豐》，曰：「是以初以四為配主，四以初為
夷主。」〔註27〕

二、史源學對易籍整理之重要性

　　宋元明清，有很多易籍，一方面薈萃諸家之說，同時間附己見。有些典籍
有引必注，讓人對於引文一目了然，如沈起元《周易孔義集說》、姜寶《周易
傳義補疑》、葉良佩《周易義叢》等。與此同時，還有一些易籍，雖然有一部
分文字注明係某人某書之說，但也有相當多的文字雖為引文，卻未曾加以標

〔註24〕（宋）項安世《周易玩辭》，第93頁。
〔註25〕（明）潘士藻《讀易述》，明萬曆三十四年潘師魯刻本。
〔註26〕（宋）項安世《周易玩辭》，第424～425頁。
〔註27〕（宋）郭雍《郭氏傳家易說》，清武英殿聚珍版叢書本。

注。後人不察，往往會產生誤引的情況。如前舉第七種失誤即是。

筆者近來從事史源學考《易》，深感在諸如此一類纂錄性質的易籍的整理過程中，除了常規的版本校讎之外，還需要進行史源學的考察。

所謂史源學的方法，就是逐條逐句查考全書文本。經過這樣一番深入的正本清源的考辨工作之後，全書的文本，孰為引文，孰為己說，孰為甲說，孰為乙說，一目了然，清清楚楚。一方面補充了部分引文闕注的缺陷，同時也糾正了原書的訛誤。這一方面能夠看出文本的來源，作者在引用時是如何剪裁的；更為重要的是，可以確定引文的起止範圍，並能校正文本的錯訛。茲以《周易玩辭集解》為例，加以說明。

（一）探出處之本源

《泰》六五（123頁）：

> 按，《京房易傳》載「帝乙歸妹」之詞曰：「無以天子之尊而乘諸侯，無以天子之富而陵諸侯，往事爾夫，必以禮義。其務自貶損，以無加於娣」云云。

按：帝乙歸妹之辭見王應麟《困學紀聞》卷一《易》、趙汝楳《周易輯聞》卷二《泰》、馮椅《厚齋易學》卷十《易輯傳第六·泰》，至「必以禮義」止。

檢焦竑《易筌》卷四《歸妹》：

> 京房載帝乙歸妹之辭曰：「無以天子之尊而乘諸侯，無以天子之富而驕諸侯。往事爾夫，必以禮義。」其務自貶損，以無加於娣，可以想見。〔註28〕

焦氏之說，《周易玩辭困學記·歸妹》引之。可知「其務自貶損，以無加於娣」乃焦氏之說，非帝乙歸妹之辭。

又，卷七《艮》六四（413頁）

> 王伯厚云：「偃身為躬，見躬而不見面。『止諸躬』即所謂『艮其背』也。」

按：茲將相關文獻列於下：

熊過《周易象旨決錄》卷四《艮》：

> 王伯厚云：「偃身為躬，見躬而不見面。」《說文》：「躬，從呂從身。」呂，背脊也。猶言艮諸其背耳。爻言艮身，則其義不止无咎也。

〔註28〕　（明）焦竑《易筌》，明萬曆刻本。

而僅曰无咎，故象以止躬明之，以四之位正可當背故也。〔註29〕

潘士藻《讀易述》卷九《艮》：

《象旨》：「『止諸躬』，王伯厚云：『偃身為躬，見躬而不見面。』
《說文》：『躬，從呂從身。』呂，背脊也。猶言艮諸其背耳。爻言艮
身，其義不止无咎也。而僅曰『无咎』，故《象》以『止躬』明之，
以四之位正可當背故也。」〔註30〕

焦竑《易筌》卷四《艮》：

伯厚云：「偃身為躬，見躬而不見面。」《說文》：「躬從呂從身。」
呂，背脊也，其說與艮背合。

張次仲《周易玩辭困學記·艮》：

王伯厚曰：「偃身為躬，見躬而不見面。」〔註31〕

錢澄之《田間易學》卷三《艮》：

王伯厚云：「偃身為躬，見躬而不見面。止躬即所謂艮背也。」

〔註32〕

可知《周易玩辭集解》乃據《田間易學》引王伯厚之說。但與熊過、潘
士藻、焦竑、張次仲之書比較，王伯厚之說實只「偃身為躬，見躬而不見面」
兩句，「止躬即所謂艮背也」乃錢澄之概括熊過之說，非王伯厚之說。

王伯厚之說原出《困學紀聞》卷一《易》：

《艮》六四「艮其身」，《象》以「躬」解之。偃背為躬，見背
而不見面。朱文公詩云：「反躬艮其背。」止於所不見，止於至善
也。〔註33〕

（二）明引文之起止

卷二《訟》上九（94頁）：

馮厚齋曰：「初不言訟，杜其始也。上不言訟，惡其終也。上
與二爭三而有訟，二歸逋，三從上，則上居勝勢矣。乾為圜，《荀
九家》『乾為衣』。中爻互巽，為繩，『鞶帶』之象。凡命服，先束
革帶，乃加大帶，鞶帶乃命服之飾。訟者得勝，豈有『受服』之理？

〔註29〕 （明）熊過《周易象旨決錄》，明嘉靖四十一年熊迴刻本。
〔註30〕 （明）潘士藻《讀易述》，明萬曆三十四年潘師魯刻本。
〔註31〕 （明）張次仲《周易玩辭困學記》，清康熙八年刊本。
〔註32〕 （清）錢澄之《田間易學》，黃山書社 1998 年版，第 512 頁。
〔註33〕 （宋）王應麟《困學紀聞》，上海古籍出版社 2015 年版，第 17 頁。

『或錫之』者，假設之詞。縱或有其事，終必見褫。況萬萬無其事乎？中爻離，為日，朝之象。本爻居外卦之終，『三褫』之象。『褫』，奪也。夫子復發周公言外之旨，謂不奪『亦不足敬』，其辱有更甚於褫者矣。終凶所不必言。」

按：范先生以整段皆為馮氏之說。檢馮椅《厚齋易學》卷七《易輯傳第三》：「初不言訟，杜其始也；上不言訟，惡其終也。」〔註34〕反引號當至此而止。

接著幾句實出自錢澄之《田間易學》卷二《訟》，曰：「《見易》曰：『上與二爭三而訟，二歸逋，三從上，是上之訟勝，有受服之象。』」

又，卷二《履》六三（116頁）：

《黃氏日抄》云：「蔡節齋謂兌有虎象，三為兌終，故曰『尾』。一說，虎屬金之一陰，故兌有虎象，『咥人』主九四言。晦庵指外卦之乾陽，而下卦之兌履之。合從晦庵。」蓋六三自為虎，不應自履其尾也。今從之。

按：黃震《黃氏日鈔》卷六《讀易·履卦》「履虎尾」：

蔡云：「兌有虎象，三為兌終，故曰『虎尾』。」徐云：「虎屬金之一陰，故有『虎』象。『不咥人，亨』主九四言之。」此說視諸家為詳。然晦庵云：「以陰攝陽，所以曰『履虎尾』。」是虎又指外卦之乾陽，而下卦之兌履之也。若據六三、九四皆言「履虎尾」，則合從晦庵。蓋六三若自為虎之尾，不應虎自履其尾也。〔註35〕

故「今從之」以上皆為《黃氏日抄》之文。

又，卷二《泰》九三（122頁）：

《黃氏日抄》云：「程、朱皆以孚為所期之信，楊龜山主人臣食祿而言，以『勿恤其孚』為不阿意，以取信於上。惟徐氏云：『勿憂而孚矣。』今從徐解。」

按：《黃氏日鈔》卷六《讀易·泰卦》「勿恤其孚」：

程、朱皆以孚為所期之信，龜山主人以食祿而言，以「勿恤其孚」為不阿意，以取信於上。惟徐云：「勿憂而孚矣。」以下爻「不戒以孚」例之，又覺簡易。

〔註34〕（宋）馮椅《厚齋易學》，《中國古代易學叢書》第十卷，中國書店1998年版，第146頁。

〔註35〕（宋）黃震《黃氏日鈔》，元後至元刻本。

故「今從徐解」乃查慎行之觀點，非《黃氏日抄》之文。

卷七《革》上六（392頁）：

楊誠齋曰：「觀六爻之辭，知聖人之懼革也。初戒革之早，二戒革之專，三戒革之躁，四戒革之疑，上戒革之過。惟五不待占而決，是以善謀人國者，與其輕變以速禍，寧安靜而無功。」

按：范先生以整段皆為楊氏之說。實則此係拼接二說而成，非獨楊萬里之說。

> 觀六爻之辭，益知聖人之懼革也。初九戒革之蚤，六二戒革之專，九三戒革之躁，九四戒革之疑，上六戒革之過。五者之戒詳矣，然後九五不待占而決也。（楊萬里《誠齋易傳》卷十三《革》）〔註36〕

> 嗟夫！謀人國者，寧安靜而無功，無寧輕變以速禍哉！（蘇濬《生生篇·革》）

故反引號當至「惟五不待占而決」至。另外，蘇濬之說，又見曹學佺《周易可說》卷四《革》、何楷《古周易訂詁》卷五《革》，均不言係引用。

（三）見文本之差異

卷六《益》上九（335頁）：

> 林次崖曰：「偏辭猶云一偏說話也。究言之，一定有擊之者，乃危之之詞。自外來歸，咎在致其來上。」

按：林希元《易經存疑》卷六《益》：

> 求益不已，豈特莫益之而已哉！其莫益之者，猶從其求益之偏辭而言也。若究而言之，則又有擊之者矣，豈但莫益之而已哉！〔註37〕

文本差異頗大。

（四）正標注之訛誤

卷十《說卦傳》（631頁）：

> 《埤雅》：「乾陽，故馬蹄圓；坤陰，故牛蹄坼。馬，陽物也，起先前足，臥先後足；牛，陰物也，起先後足，臥先前足。龍，蟄物也，遇陽則奮；雞，羽物也，遇陰則入。豕性剛躁，陽在內也；雉羽文明，陽在外也。內柔而附人，外剛而善御者，狗也；內剛而喜觸，

〔註36〕（宋）楊萬里《誠齋易傳》，宋刻本。

〔註37〕（明）林希元《增訂易經存疑的稿》，清康熙刻本。

外柔而樂群者，羊也。」

按：范先生以整段皆為《埤雅》之說。實為糅雜數家之說。

《埤雅》：「乾，陽物也，故馬蹄圓。坤，陰物也，故牛蹄坼。……馬，陽物，故起先前足，臥先後足。牛，陰物，故起先後足，臥先前足。（張次仲《周易玩辭困學記·說卦傳》）

馬性健，其蹄圓，乾象；牛性順，其蹄拆，坤象。龍，蟄物，遇陽則奮，震之一陽動於二陰之下者也；雞，羽物，遇陰則入，巽之一陰伏於二陽之下者也。豕性剛躁，陽剛在內也；雉羽文明，陽明在外也。狗，止人之物；羊，悅羣之物。此遠取諸物如此。（來知德《周易集注》卷十五《說卦傳》〔註38〕）

剛而善御，柔而附人者，狗也。狠而善觸，說而不能害人者，羊也。（龔原《周易新講義》卷十《說卦傳》〔註39〕）

其中，所引《埤雅》之說，見陸佃《埤雅》卷三《釋獸·牛》，稱「《造化權輿》云」〔註40〕，原見項安世《周易玩辭》卷十五《說卦·馬牛》。故此處當標《造化權輿》為宜。

綜上所述，我們在充分肯定查慎行《周易玩辭集解》一書價值的同時，也要看到書中存在一些問題。從文獻學的角度而言，要釐清這些問題，就需要運用史源學的方法加以剔抉。從這個意義上講，《周易玩辭集解》雖然已經有了兩個整理本，但還需要做更加深入的整理工作，以期為學界提供一個更為精準的文本。同時，這也為以後的纂輯類易籍的整理工作提供一種方法。

〔註38〕 （明）來知德《周易集注》，上海古籍出版社1990年版，第402頁。

〔註39〕 （宋）龔原《周易新講義》，清佚存叢書本。另，熊過《周易象旨決錄》卷七《說卦傳》、潘士藻《讀易述》卷十五《說卦傳》引此語。

〔註40〕 （宋）陸佃《埤雅》卷三《釋獸》，明成化刻嘉靖重修本。

七部清人詩話考甄

摘　要

　　清代詩話數量龐大，內中尚有許多待發之覆。蔣寅先生《清詩話考》乃集大成之作，嘉惠學林至深。然而，上編《清詩話待訪書目》中所著錄的部分詩話，由於典籍亡佚，部分清詩話難以詳加考索，以致偶有訛誤，或是作者誤題，或是作者佚名，或是將非詩話著作誤作詩話。通過考訂，可知《明詩紀事》的作者為毛晉，而非滎陽悔道人；《榕陰詩話》實乃杭世駿《榕城詩話》之誤；《辦香堂詩話》、《西樵詩話》、《見聞隨錄》、《深柳堂詩話》的作者並非「佚名」，均可考實，依次為林正青、顧有孝、劉文蔚、李子翮；《翠樓集詩話》乃劉雲份《翠樓集》書前的小傳而已，並非詩話著作。

關鍵詞：《清詩話考》；詩話；書目；清代學術；目錄學

　　詩話作為一種極富民族特色的文學批評形式，自宋代開始崛起，至清代而極盛，數量已逾千種。學界對此，多有考索。其中，蔣寅先生《清詩話考》乃集大成之作。該書分上下兩編，備錄有清一代詩學研究專書，內容豐贍，迄今已刊行兩版，為清代詩話研究提供了極大便利〔註1〕。上編有《清詩話待訪書目》，收錄待訪書目共 506 種（初版為 503 種）。每書均有解題，內容包括該書之著錄情況及撰者事蹟。正如作者《自序》所言：「收亡佚不傳之書」，並「勾稽其作者事蹟和書的內容，略存吉光片羽」〔註2〕。

〔註1〕該書的不足，可參潘靜如《〈清詩話考〉待訪書目辨正》，《中國韻文學刊》，2014
　　　年第 1 期，第 39～42 頁；陳開林、苗貝貝《〈清詩話考〉待訪書目撰者事蹟補
　　　正》，《瀋陽大學學報》，2015 年第 5 期，第 39～42 頁；陳開林《〈明人詩品〉
　　　考論》，《西華師範大學學報》，2015 年第 6 期，第頁。
〔註2〕蔣寅《清詩話考》，中華書局 2007 年版，第 5 頁。

　　然而，由於待訪的詩話已經亡佚，僅靠他書轉錄的隻言片語，難以考索；加之清代文獻浩如煙海，各處記載時有差異，因此，蔣先生在輯錄過程中，偶有訛誤，或是作者誤題，或是作者佚名，或是將非詩話著作誤作詩話。本文通過參稽相互資料，針對《清詩話考》「待訪書目」著錄的七部詩話加以考辨，釐清了一些疑義，以就正於方家。

一、《明詩紀事》

　　《清詩話考》載《明詩紀事》卷數不詳（序號 1018），稱「滎陽悔道人撰，《汲古閣校刻書目補遺》列於未刻書目。」〔註3〕

　　按：滎陽悔道人乃鄭德懋。茲錄其傳記如下：

> 　　鄭德懋，字應雲，諸生。自少穎異，博學強記，經史源流，無所不窺。雪鈔露纂，至老不倦。擁書萬卷，朝夕研究。晚年彙集諸儒之說，作《論語集說》。又選本朝古文，以鴻詞、經學為兩大宗，旁及諸家，搜羅甚富。邑中自乾隆以來諸名人詩文，輯成稿本。自稱悔道人。（《同治蘇州府志》〔註4〕）

> 　　鄭德懋，字應雲，昭文張墅人。諸生。博學強記，雪鈔露纂，至老彌篤。應省試，已入轂，以三場溢格被斥，遂決意進取。移居城東新巷，擁書萬卷。取康熙詞科諸人著作，擇其尤雅者，手纂一編，邑中自乾隆以來諸名人詩文，輯成稿本。晚自稱悔道人。無子，年八十六卒，遺書散佚殆盡。李芝綬述。（《光緒常昭合志稿》〔註5〕）

> 　　鄭文學德懋，字應雲，號聞箏道人。天姿奇拔，博古有文，人皆歎其不偶於時。（單學傅《海虞詩話》〔註6〕）

鄭德懋（1767～1853）〔註7〕好藏書，雅嗜目錄版本之學，曾網羅汲古閣毛氏

〔註3〕《清詩話考》，第 133 頁。

〔註4〕李銘皖等修，馮桂芬等纂《同治蘇州府志》卷一百三《人物三十》，《中國方志叢書》華中地方第 5 號，成文出版社 1970 年版，第 2453 頁。

〔註5〕鄭鍾祥、張瀛修，清龐鴻文等纂《光緒常昭合志稿》卷三十二《人物志十·書家》，《中國地方志集成》，江蘇府縣志輯 22，江蘇古籍出版社 1991 年版，第 562 頁。

〔註6〕單學傅《海虞詩話》卷九，《續修四庫全書》第 1706 冊，上海古籍出版社 1996 年版，第 64 頁。

〔註7〕《光緒常昭合志稿》稱鄭德懋「年八十六卒」，而江慶柏《清代人物生卒年表》據鄭光祖《虞東鄭氏家乘·兄希喬傳》載其生卒年為 1767～1853 年，得年 87歲。見江慶柏《清代人物生卒年表》，人民文學出版社 2005 年版，第 527 頁。

藏書、刻書史料，撰《汲古閣刻板存亡考》一卷，輯《汲古閣校刻書目補遺》一卷，又撰《汲古閣主人小傳》。同治年間，顧湘刻《小石山房叢書》，將《汲古閣主人小傳》置於毛晉《汲古閣校刻書目》之前，連同《汲古閣刻板存亡考》、《汲古閣校刻書目補遺》，付之梨棗，以廣流傳。

其中，《汲古閣校刻書目補遺》題署「滎陽悔道人輯、同里顧湘參校」，其內容分兩部分，第一部分著錄《道藏八種》、《山居小玩十種》等書，共計十六種，後曰：「以上皆汲古閣校刻原本，偶遺其頁數，未詳，俟補」；第二部分著錄《明四秀集》、《明詩紀事》、《明方輿勝覽錄》等書，共計十八種，後曰：「以上皆汲古閣主人自著未刻，邑中好事者間有藏本，因附著之」〔註8〕。據此可知，《明詩紀事》乃「汲古閣主人自著未刻」之書，作者當為汲古閣主人毛晉。蔣先生失之考索，因《汲古閣校刻書目補遺》題署為滎陽悔道人所輯，而錯認為《明詩紀事》乃滎陽悔道人所著。

此外，毛晉的相關傳記資料亦可作參證。陳瑚（1613～1874）有《確庵文稿》四十卷，乃清康熙毛氏汲古閣刻本。卷十六有《為毛潛在隱居乞言小傳》一文，為研究毛晉的第一手資料，歷來備受學界關注。文中載錄毛晉著述頗詳，稱：「所著有《和古人詩》、《和今人詩》、《和友詩》、《野外詩》若干卷、《題跋》若干卷、《虞鄉雜記》若干卷、《隱湖小識》若干卷，所輯有《方輿勝覽》若干卷、《明詩紀事》若干卷、《國秀》、《隱秀》、《弘秀》、《閨秀》等集、《海虞古文苑》、《今文苑》若干卷」〔註9〕，所載與《汲古閣校刻書目補遺》近同。《為毛潛在隱居乞言小傳》乃陳瑚為慶賀毛晉六十歲生辰而作，所言當可信。

趙宏恩《乾隆江南通志》卷一百六十五《人物志》有毛晉傳，亦稱：「所著有《明詩紀事》等書。」〔註10〕陳田《明詩紀事》辛籤卷二十八載毛晉詩二首，小傳引吳梅村、馮班、陳瑚的相關文字，後附按語，云：「子晉嘗輯《明詩紀事》，未見傳本。」〔註11〕俱可證明《明詩紀事》為毛晉所著。

〔註8〕鄭德懋《汲古閣校刻書目補遺》，《叢書集成續編》第71冊，上海書店出版社1994年版，第731頁。

〔註9〕陳瑚《確庵文稿》，《四庫全書禁燬叢刊》集部第184冊，北京出版社1997年版，第394頁。

〔註10〕趙宏恩《乾隆江南通志》，《景印文淵閣四庫全書》第511冊，臺灣商務印書館1986年版，第750頁。

〔註11〕陳田《明詩紀事》，上海古籍出版社1993年版，第3476頁。

二、《榕陰詩話》

《清詩話考》載《榕陰詩話》卷數不詳（序號 1020），稱「佚名撰，鄭傑輯《國朝全閩詩錄》卷五、卷七、續編卷九引之。」〔註12〕

按：《榕陰詩話》，除蔣先生言及《國朝全閩詩錄》徵引之外，尚被他書所引，如鄭方坤《全閩詩話》徵引多達三十七處、黃錫蕃《閩中書畫錄》亦徵引了三處。

其中，《全閩詩話》卷八收錄人物中有徐琰（字翰卿），援引的材料分別出自《列朝詩集》、《情史》、《明詩綜》〔註13〕。鄭琰見錄《列朝詩集》丁集卷十，錢謙益所撰小傳較長，茲迻錄相關內容如下：

> 徐興公《榕陰詩話》云：鄭翰卿工七言，少游邊疆，集中多悲壯語。如「馬邑吹笳烽子急，雁門獵火健兒歸」、「霜色慾將關樹折，河聲如帶戍樓奔」、「馬行空磧聞嘶斷，人度殘冰過語喧」、「沙磧到天歸馬少，朔雲連海遠鴻低」、「劍戟已消兵後火，骷髏猶泣戰時創」、「回中曉灶吹霜飯，磧裏宵衣踏月行」、「磧上陰雲連塞黑，關前落日帶沙黃」、「亂山獨馬嘶殘月，遠磧離鴻叫曙霜」、「胡騎分營來漢冢，蕃河流水到秦川」等句，令人讀之有封狼居胥之志。〔註14〕

此段材料又見陳田《明詩紀事》庚籤卷二十七〔註15〕。朱彝尊《明詩綜》卷六十三著錄鄭琰，小傳中稱「徐興公云：鄭翰卿工七言，少游邊疆，集中多悲壯語」〔註16〕，與錢謙益所言相同，引文顯為同一出處，只是隱去書名《榕陰詩話》而已。錢謙益編輯《列朝詩集》，對有明一代文獻極為嫻熟，明言《榕陰詩話》的作者為徐興公，必有確據。

徐興公即徐𤊹（1570～1642），初字惟起，更字興公，閩縣人，有《鼇峰集》二十六卷。《列朝詩集》丁集卷十五、《明詩綜》卷六十五、《明詩紀事》庚籤卷三均著錄其人其詩。徐𤊹另有《榕陰新檢》十六卷，最後一卷題為《詩話》。陳慶元先生指出：「如將《榕陰新檢》中《詩話》輯出，以《榕陰詩話》之名獨刊，亦無不可。」〔註17〕近人吳文治先生主編《明詩話全編》，第七

〔註12〕《清詩話考》，第133頁。
〔註13〕鄭方坤《全閩詩話》，福建人民出版社2006年版，第418頁。
〔註14〕錢謙益《列朝詩集》，中華書局2007年版，第5080～5081頁。
〔註15〕《明詩紀事》，第2738頁。
〔註16〕朱彝尊《明詩綜》，中華書局2007年版，第3180頁。
〔註17〕陳慶元《徐𤊹著述編年考證》，《文獻》，2007年第4期，第84頁。

冊中輯有《徐𤊹詩話》共四十五則。然而輯錄不全，如《榕陰新檢》中《詩話》一卷即未收入〔註18〕，錢謙益所引一則亦失輯。據此可知徐𤊹確曾著有《榕陰詩話》〔註19〕一書。

然而，這一則材料乃是轉引錢謙益《列朝詩集》，除此之外，《全閩詩話》所引的其他三十六則材料，均稱《榕陰詩話》，未曾言及作者。其中，所論及的人物多為清代人，如：

> 《二藍集》，閩人無知者。何氏《閩書》：「藍仁有《藍山集》、藍智有《藍澗集》。」竹垞嘗輯入《詩綜》中，以為十子之先。閩中詩派，實其昆友倡之。集本合刻，吳明經煒嘗於吳門買得《藍山集》。（卷六《藍仁》）

> 朱國漢，字為章，晚號獨星居士。少孤，事母以孝聞。崇禎甲申，變聞狂走，登故越王臺址。（卷八《朱國漢》）

> 諸邦協，字克一，綏安人。康熙壬子孝廉。（卷九《諸邦協》）

> 張遠，字超然，閩縣人。領康熙己夘鄉薦第一，遊京師，與竹垞、初白諸人唱和甚富。（卷九《張遠》）

> 郭雍，字仲牧，福清人。康熙癸巳舉於鄉。（卷九《郭雍》）

> 晉安鄭荔鄉方坤，與兄石幢方城先後成進士，有《卻掃齋倡和集》，妥帖排奡，最擅奇警。（卷九《伯兄石幢先生》）

> 海寧查侍讀嗣璪，同梅定九、朱字綠、張青雨過建灘作詩，曲盡形險。（卷十二《建灘》）

所載多為清人。另外，卷九所引李光地、其弟李光坡等，所論均緣清人而發。而徐𤊹早在明崇禎十五年（1642）即已過世，顯然不可能記載清代人物之事。這三十六則引文所稱的《榕陰詩話》與徐興公《榕陰詩話》顯然並非一書。

杭世駿（1696～1773）著有《榕城詩話》三卷，《清詩話考》在《清詩話

〔註18〕《徐𤊹著述編年考證》，第84頁。
〔註19〕《榕陰新檢》卷九《妖怪》，據《草澤篇》載有鄭琰之事，題為《山鬼夜唫》，云：「鄭琰字翰卿，夜泊白石頭，全弟兄和沽酒，共酌沙中。時月色微明，聞喃喃唫詠來者。琰曰：『月夜吟詩，必非俗客，可呼偕飲。』起視四向，寂寞無人。頃復有剝啄聲，數步許，隱隱云：骨在江頭枕碧流，閩中猶憶別離愁。可憐沙際黃昏月，長伴孤魂泣野秋。為之毛髮俱竦，三奠江干。」（徐𤊹《榕陰新檢》，《續修四庫全書》第547冊，上海古籍出版社1996年版，第713頁。）

見存書目》、《清詩話經眼錄》中均有論述。今比照《全閩詩話》所引的 36 則材料,除去卷二引「鄭俠」一則以外〔註20〕,其餘 35 則均見杭世駿《榕城詩話》〔註21〕。可見,《全閩詩話》中所引的《榕陰詩話》一書,即是杭世駿《榕城詩話》。

杭世駿所著詩話名為《榕城詩話》,書前所載汪沆《序》、全祖望《題辭》、書後所載朱文藻《跋》均同,並無題作《榕陰詩話》一說。鄭方坤誤題書名,不知何據。

《全閩詩話》作為福建的大型詩話,影響較大,以致其誤題的書名對後人產生了誤導。如:謝章鋌(1820~1903)著有《論詩絕句三十首》,在《序言》中提到:

> 其論詩諸作,若杭大宗之《榕陰詩話》、徐延祚之《閩遊詩話》,率多掛漏踳駁。若杭大宗之《榕陰詩話》、徐延祚之《閩遊詩話》,率多掛漏路駁。最善者,則鄭荔鄉之《全閩詩話》,徵引數十百種,條舉件繫,其體本於《資暇錄》、《日下舊聞》,誠著書之雅裁,而談藝之淵萃也。〔註22〕

謝章鋌高度評價了《全閩詩話》,稱之為「著書之雅裁,談藝之淵萃」。同時,又以訛傳訛,亦稱杭世駿的著作為《榕陰詩話》〔註23〕。楊鍾羲(1865~1940)《雪橋詩話餘集》卷八〔註24〕全文引錄謝氏此篇序文。陳田《明詩紀事》甲簽卷十六載曹仁詩十六首,小傳稱「杭世駿《榕陰詩話》:『《二藍集》,閩人無知者』」,書名亦沿此誤〔註25〕。

───────────────

〔註20〕 《全閩詩話》卷二所引「鄭俠」一則,乃出自宋代周應合《景定建康志》卷四十八《鄭介夫傳》,其後入明萬曆刻本《西塘集·附錄》。此則文字不見今本《榕城詩話》,當為鄭方坤誤記。

〔註21〕 鄭傑輯《國朝全閩詩錄》所引三則、黃錫蕃《閩中書畫錄》所引三則,均包舉在《全閩詩話》所引的三十六則之內。《全閩詩話》卷六錄所引「藍仁」一則,亦見《四庫全書總目》集部卷 22 著錄藍智《藍澗集》、《明詩紀事》甲簽卷十六,均稱「杭世駿《榕城詩話》」;《全閩詩話》卷八錄所引「謝在杭小影」一則,亦見《明詩紀事》庚簽卷一,稱「杭世駿《榕城詩話》」。

〔註22〕 清謝章鋌著;陳慶元、陳昌強、陳煒點校《謝章鋌集》,吉林文史出版社 2009 年版,第 240 頁。

〔註23〕 謝章鋌在《樾亭雜纂序》中稱杭世駿「於是作《榕城詩話》焉」,無誤。見《謝章鋌集》,第 155 頁。

〔註24〕 楊鍾羲撰集、劉承幹參校《雪橋詩話餘集》,北京古籍出版社 1992 年版,第 556 頁。

〔註25〕 《明詩紀事》,第 323 頁。(按:注②中,《明詩紀事》引杭世駿《榕城詩話》

　　《中國古代詩文名著提要》（詩文評卷）著錄鄭方坤《全閩詩話》，並稱「書中所採《榕陰詩話》多則，其書不傳，可供輯佚」〔註26〕，現在既已明瞭《榕陰詩話》乃杭世駿《榕陰詩話》之訛，輯佚之說也就失去立論之基了。

三、《瓣香堂詩話》

　　《清詩話考》載《瓣香堂詩話》卷數不詳（序號1150），稱「撰人不詳，有林正青鈔本，郭柏蒼《全閩明詩傳》卷四十八許友條引一則。」〔註27〕

　　按：瓣香堂乃林佶所建。

　　　　瓣香堂，在烏石山東。《乾隆府志》云：「林佶別館，自為記。」

　　《烏石山志》云：「清康熙間林佶建，祀宋曾鞏，今兼祀郡人曹學佺、

　　陳一元、徐燉。」清查慎行有詩。〔註28〕

謝章鋌詞《百字令·瓣香堂謁曾南豐像》中亦稱：「堂創議自林鹿原舍人，今以配食。」〔註29〕

　　考劉永松、郭柏蒼《烏石山志》卷七《人物》有林遴（字敏子，一字立軒）傳，附其子、孫傳。林遴有二子：林侗（字同人）、林佶（字吉人）。林正青乃林佶之子，傳云：

　　　　正青字洙雲，侯官貢生，亦讀書荔水莊，後考職州判刑部山西

　　司，出理小海場鹽務。與許考功均、謝閣學道承、陳府尹治滋尤善。

　　著有《榕海舊聞》、《瓣香堂詩話》、《鹽法志》（曾在廣陵梅花書院修

　　鹽法志）。〔註30〕

　　傳文明言林正青著《瓣香堂詩話》。並且在「與許考功均、謝閣學道承、陳府尹治滋尤善」一句下，附有劉永松、郭柏蒼的注文，引錄了《瓣香堂詩話》的二則內容：

　　　　二處均不誤。此處誤題書名，可能是輯錄資料乃轉抄他人，而並未檢原書所

　　　　致。）

〔註26〕傅璇琮總主編《中國古代詩文名著提要》（詩文評卷），河北教育出版社2009
　　　　年版，第382頁。

〔註27〕《清詩話考》，第166頁。

〔註28〕李厚基等修，沈瑜慶、陳衍等纂《民國福建通志》第2冊，《中國地方志集成》
　　　　省志輯·福建11，鳳凰出版社2011年版，第116頁。

〔註29〕謝章鋌《謝章鋌集》，第473頁。

〔註30〕劉永松、郭柏蒼《烏石山志》，《中國方志叢書》華中地方第272號，成文出版
　　　　社1975年版，第598～599頁。

古梅、德泉皆吉人外甥。洙雲《瓣香堂詩話》:「康熙辛丑自都將南回,謝子古梅到寓餞送。余曰:『丈夫非無淚,不灑別離筵』,古梅遂以詩四首書箋送行。今檢《古梅集》只存首章,曰:『君有雨親在帝畿,望雲我亦夢慈闈,與君同是未歸客,君即言歸交俱摯。』又記其次篇曰:『安得中山千日酒,醒來恰好話相思。』啟行日,古梅來送,自辰至午,不發一言,及余車行歸余寓,闔門大慟,至晚始歸。」又云:「雪邨居士,餘石交也。己酉春在祠部,以餘名應舉,嗣清查於江南,薦墨未乾,玉樓賦召余過揚州,有『望雲我覺仙霞近,遺愛人思吏者賢』。思親懷友,不勝感慨之矣。」〔註31〕

蔣先生言《瓣香堂詩話》「有林正青鈔本」,實則林正青即該書作者。

茲錄林正青相關傳記如下:

（林）正青,字洙雲,號蒼岩,侯官人。康熙間歲貢生,官小海場大使。有《瓣香堂詩集》。〔註32〕

林正青,字洙雲,號蒼岩,閩縣人。佶子。諸生,官淮南小海場鹽大使。能傳其父學,留心文獻,熟悉掌故。其文雖未足名家,進退頗有法度,詩亦親切可誦,撰《瓣香堂詩集》一卷、《文集》一卷、佐修《福建府志》□卷。〔註33〕

林正青,字洙雲,侯官人。祖直隸開州知府遜,父內閣中書佶,佶從長洲汪琬、澤州陳廷敬遊。著述有義法。正青傳其學,留心文獻,熟掌故,著《榕海舊聞》、《榕海詩話》,凡若干卷,顧其書多散佚不傳。〔註34〕

正青,字洙雲。佶子。官淮南小海場大使。有《瓣香堂集》、《榕海舊聞》、《榕海詩話》、《小海場志》。〔註35〕

謝章鋌、《臺灣霧峰林氏族譜》均載林正青著《榕海詩話》。此書八卷,見載《清詩話考》下編《清詩話經眼錄》（序號77）,未審與《瓣香堂詩話》是否同書異名。

〔註31〕《烏石山志》,第599頁。

〔註32〕鄭傑《全閩詩錄》續集卷七,福建人民出版社2011年版,第614頁。

〔註33〕劉聲木撰,徐天祥點校《桐城文學淵源考》,黃山書社1989年版,第91頁。

〔註34〕謝章鋌《小海場鹽大使林正青別傳》,載《謝章鋌集》,第149頁。

〔註35〕《臺灣霧峰林氏族譜》,《臺灣文獻史料叢刊》第九輯,臺灣大通書局1987年版,第56頁。

四、《西樵詩話》

　　《清詩話考》載《西樵詩話》卷數不詳（序號 1160），稱「佚名撰，廖景文《罨畫樓詩話》卷一引。王鳴盛輯《苕岑集》卷七有邵玘，字桷亭，號西樵。江蘇青浦人。貢生，有《醉經軒存草》。朱震有《振陽樓閒眺次邵西樵韻》、《題西樵柳陰樂釣圖》，或即其人。」〔註36〕

　　按：蔣先生推斷《西樵詩話》的撰者可能是邵玘，其依據是邵玘號西樵。此說立論基礎稍顯薄弱。清代人物，字號與西樵有關的，不在少數，比如王士祿（字子底，號西樵，見《國朝詩人徵略》卷二）、鍾錫圭（字介伯，號西樵，見《兩浙輶軒錄》卷三十五）等。

　　今檢《同治蘇州府志》卷一百三十八《藝文三》著錄顧有孝著作多種，其中即有「《西樵詩話》一卷」〔註37〕。同書卷一百六《人物三十三》有其傳，載：

> 　　顧有孝，字茂倫。少任俠，遊華亭陳子龍之門。子龍死國難，有孝亦謝諸生隱去。為人開美，長身玉立，善談論，喜交遊。家釣雪灘，陋巷蓬門，四方賓，至無虛日，有孝傾身攬接。明末，吳中詩習多漸染鍾、譚。有孝與徐白、潘陸、俞南史、周安、顧樵輩，揚搉風雅，一以唐音為宗，所選《唐詩英華》盛行於世，詩體為之一變。繼又有《五朝詩英華》、《明文英華》諸選，雅好汲引，人有寸長，必詻嗟激賞，寒素多依以揚聲，故雖布衣窮屠，而名聞海內。〔註38〕

卷一百四十八《雜記五》又援引朱彝尊《靜志居詩話》，載：

> 　　顧有孝處士甄綜百家之詩，開雕分授，盛行於時。賓至輒留，江左有薰菜孟嘗君之目。由其胸無柴棘，故月旦同辭。晚自稱雪灘釣叟，松陵女子沈關關刺繡作《雪灘濯足圖》，一經裝池，過江人士以不與題辭為恨。〔註39〕

　　二處記載各有側重。另外，徐釚《南州草堂集》卷二十五《雪灘頭陀傳》，傳主即是顧有孝，載「頭陀年七十一，長於余十有七歲」〔註40〕。《清史列傳》卷七十一《文苑傳二》有徐釚傳，稱其「（康熙）四十七年卒，年七十

〔註36〕《清詩話考》，第 168 頁。
〔註37〕《同治蘇州府志》，第 3294 頁。
〔註38〕《同治蘇州府志》，第 2508 頁。
〔註39〕《同治蘇州府志》，第 3503 頁。
〔註40〕徐釚《南州草堂集》，清康熙三十四年刻本。

三」。徐釚卒於康熙四十七年（1708），可推知其生年為明崇禎九年（1636）。
再根據徐釚的記載，可知顧有孝的生卒年為 1619～1689 年。

　　《西樵詩話》今雖不存，除廖景文《罨畫樓詩話》卷一有徵引外，惠棟
（169～1758）注《漁洋精華錄集注》亦徵引了二則，並明言作者為顧有孝。
卷三《送家兄同無言遊吳越二首》五律，第二首首句「吾家王吏部」句下，
惠注云：

> 顧茂倫《西樵詩話》：「趙赤霞曰：子底清英秀上，有俯視一切之
> 氣，而歉然善下，故其為詩，蕭音累氣，遠謝筆端。澹婉澄鮮，如秋
> 水自瀾，晴雪時舞。至於微奇佐雅，則又蒸栗截肪，爛然滿目，可實
> 不可名焉。近體家法輞川，情詞之美，上錯齊梁，五七言鬱激俊宕，
> 兼資李杜，而杼軸日新，自成大雅，謂不雄視百代，得乎？〔註41〕

卷五《題新樂縣驛壁寄宋荔裳》七律，頷聯「名忝應劉七才子」句下，惠注按
語云：

> 顧有孝《西樵詩話》：「西樵昆季同荔裳、周量諸公後先倡和，
> 不減嘉靖七子，琅琊二王，西樵固不愧元美，而阮亭視敬美則超乘
> 而上之。嗚呼，盛哉！〔註42〕

前一則轉錄趙赤霞之論，後一則品評王士祿、王士禛之詩歌成就，頗得其實。
顧有孝的詩學，據此可窺一斑。

五、《見聞隨錄》

　　《清詩話考》載《見聞隨錄》卷數不詳（序號1180），稱「佚名撰，《全浙
詩話》卷四十四、四十七引三則。」〔註43〕

　　按：《見聞隨錄》撰者不詳，除《清詩話考》之外，《中國古代詩文名著
提要》（詩文評卷）著錄陶元藻（1716～1801）《全浙詩話》，稱「唯引書不注
作者姓氏，遂致如《儼齋詩話》、《風雅閒談》、《見聞隨錄》、《古香齋詩話》、
《山居詩話》、《紅亭詩話》、《芸亭詩話》等及多種筆記不知作者為誰，此其
體例欠缺處」〔註44〕，亦云作者不明。

〔註41〕王士禛著，惠棟、金榮注《漁洋精華錄集注》，齊魯書社 2009 年版，第 312
　　　　頁。
〔註42〕《漁洋精華錄集注》，第 478 頁。
〔註43〕《清詩話考》，第 171 頁。
〔註44〕《中國古代詩文名著提要》（詩文評卷），第 438 頁。

　　《全浙詩話》對《見聞隨錄》徵引達 10 次之多，其中卷三十六引 2 次、卷四十引 1 次、卷四十一引 1 次、卷四十二引 1 次、卷四十三引 1 次、卷四十四引 3 次、卷四十七引 1 次。除蔣寅先生所言「《全浙詩話》卷四十四、四十七引三則」，統計稍有闕漏。

　　《全浙詩話》所引《見聞隨錄》的內容，其中六則又載阮元（1764～1849）《兩浙輶軒錄》。《全浙詩話》卷四十四據《見聞隨錄》引錄的仇兆鰲的傳記，又見平步青（1832～1896）《霞外捃屑》卷二《丹經錯認》一條。《霞外捃屑》共十卷，第二卷專記時事，引文稱「劉文蔚《見聞隨錄》」〔註45〕。平步青治學態度嚴謹，所言當可信。謝國楨先生在《平景孫事輯》中稱《霞外捃屑》一書「博採眾說，頗資異聞」〔註46〕，即此可見。

　　陶元藻《全浙詩話》卷四十九載：「（劉）文蔚字豹君，號柟亭，山陰諸生。」〔註47〕而阮元《兩浙輶軒錄》卷二十八所載較為詳盡，迻錄如下：

　　　　劉文蔚，字伊重，一字豹君，號柟亭。山陰優貢生。正誼第三子，著《石駟山人詩集》。

　　　　《越風》：山人為宛委先生第三子，性真摯，與人交未嘗有所忤戚。友告急者，雖家無餘資，必力圖以應。久困棘闈，舉優入太學，譽滿都門。以親病，南返，教授里中。又曾主講睢陽文正書院，數年歸，南北門下士科第相繼，而山人獨以明經老。韻語之工，能貫通古作家風旨，而自出性靈。自弱歲至白頭，與餘論詩，最同臭味。〔註48〕

此傳，並載張維屏《國朝詩人徵略》卷三十三〔註49〕，字句稍有刪省。宛委先生即劉正誼，劉文蔚為其第三子，與兄劉大申、劉大觀並有文名，「在西園社中有『三劉』之目」〔註50〕。高學安先生輯錄有《劉文蔚小傳》，可資參考〔註51〕。

〔註45〕平步青《霞外攟屑》，上海古籍出版社 1982 年版，第 112 頁。
〔註46〕謝國楨《明清筆記談叢》，上海書店出版社 2004 年版，第 245 頁。
〔註47〕陶元藻編，俞志慧點校《全浙詩話》，中華書局 2013 年版，第 1437 頁。
〔註48〕阮元，楊秉初輯；夏勇等整理《兩浙　軒錄》，浙江古籍出版社 2012 年版，第 1945 頁。
〔註49〕張維屏《國朝詩人徵略》，中山大學出版社 2004 年版，第 497 頁。
〔註50〕《兩浙　軒錄》，第 1944 頁。
〔註51〕劉文蔚編選；楊業榮新注《唐詩合選》，廣西人民出版社 1986 年版，第 503～505 頁。

六、《深柳堂詩話》

《清詩話考》載《深柳堂詩話》（序號 1291），稱「佚名撰，張維屏《藝談錄》徵引。」〔註52〕

按：張維屏（1780～1859），字子樹，號南山，別號松心子，晚號珠海老漁。廣東番禺人。嘉道年間著名詩人，與黃培芳、譚敬昭並稱「粵東三子」。生平著述頗豐，著有《聽松樓詩鈔》、《松心文鈔》等。他編選的《國朝詩人徵略初編》六十卷、《國朝詩人徵略二編》六十四卷，為著名的詩話彙編，極具文獻價值。另外，還輯有《藝談錄》二卷，據學者考證，此書「似是《國朝詩人徵略》初編、二編之補輯。」〔註53〕

《清詩話考》云《深柳堂詩話》被《藝談錄》徵引，今檢《國朝詩人徵略二編》卷四十九馮國倚條中，亦見徵引：

> 外祖磻泉公掌教八旗義學，垂三十年，門下士經義之外，多嫻騎射。南山師贈以詩，有云：「笑我灌園聊學圃，喜君傳道有千城。濟時才具需文武，豈獨紛綸說五經。」《深柳堂詩話》〔註54〕

馮國倚，字磻泉，號覺林，廣東南海人。此處所引《深柳堂詩話》，文稱「外祖磻泉公」，可知該書作者為馮國倚之外孫；又稱「南山師」，則其復為張維屏之門生無疑。在引用《深柳堂詩話》之後，《國朝詩人徵略二編》又引用了《聽松廬詩話》的材料，云：

> 廣州城內禪寺以光孝為最古，六榕次之。馮磻泉所居及講舍，介在兩寺之間。一日，余與子蕭訪磻泉，遂同遊兩寺。賦詩云：「孤塔撐空夕照陰，六榕樹老近訶林。東吳尚有研經地，南漢空餘佞佛金。宦海早歸清興在，精廬常到古懷深。外孫句好題黃絹，竹杖芒鞋約共尋。」《聽松廬詩話》〔註55〕

《聽松廬詩話》乃張維屏自著。其中，「外孫句好題黃絹」句下有注：「君外孫李子蕭茂才工詩」，則李子蕭即為馮國倚之外孫。

再檢邱煒菱《五百石洞天揮麈》卷七有李子蕭傳，云：

> 李子蕭廣文，受業鄉先正張南山先生之門最久，終身佩服，言必稱師，故淵源甚正。同門中除番禺馮子良詢、臨桂倪雲臞鴻兩司

〔註52〕《清詩話考》，第 198 頁。
〔註53〕《中國古代詩文名著提要》（詩文評卷），第 532 頁。
〔註54〕《國朝詩人徵略》，第 1060 頁。
〔註55〕《國朝詩人徵略》，第 1060 頁。

馬，宜可率偏師成一隊。在日頗持門戶，盛標榜。此自詞人習氣則
然，不必深為之詬也。所輯《柳堂師友詩錄》高三尺許，為詩二百
餘家。一時知好及後進輩，倚以流傳者，定屬不尠。間附題詞，出
以鄭重，多可存者。〔註56〕

傳稱李子黼「受業鄉先正張南山先生之門」，又與《深柳堂詩話》中「南山
師」之稱相符。張維屏自己的著述《聽松廬詩話》中引用學生的詩話，極具
可信度。因此，《深柳堂詩話》的作者為李子黼，當無疑義。

七、《翠樓集詩話》

《清詩話考》載《翠樓集詩話》卷數不詳（序號1481），稱「佚名撰，薛
鳳昌《松陵女子詩徵》卷四錢宛鶯條引。」

按：《翠樓集詩話》，薛鳳昌《松陵女子詩徵》卷四錢宛鶯條曾有引用，
云：

> 翔青美姿容，工翰墨，風流儒雅，擅絕三吳。今讀其詩，如「魂
> 迷蜨枕三更夢，腸斷花箋一紙詩」，又「翠屏斜倚思無奈，夢捉飛花
> 過小橋」，豈非自為寫照耶？

費善慶、薛鳳昌編纂的《松陵女子詩徵》，共十卷，收錄明清時期吳江以
沈氏家族女子為主創作的詩歌兩千餘首。1918年，由吳江費氏花萼堂印行。
其後，施淑儀《清代閨閣詩人徵略》卷四載錢宛鶯，所引與此相同〔註57〕。

然而，此則材料在其他書中亦見徵引，出處稍有不同。如：

> 錢宛鶯，字翔青，蘇州人，工詩善畫。《圖繪寶鑒續纂》翔青美姿
> 容，工翰墨，風流儒雅，擅絕三吳。今讀其詩，如「魂迷蜨枕三更
> 夢，腸斷花箋一紙詩」，又「翠屏斜倚思無奈，夢捉飛花過小橋」，
> 豈非自為寫照耶？《翠樓集》。（《國朝畫識》）〔註58〕

> 錢畹鶯，字翔青，吳人。善畫工詩，風流儒雅，擅絕三吳。《圖
> 繪寶鑒續纂》、《翠樓集》（《歷代畫史匯傳》）〔註59〕

〔註56〕邱煒萲《五百石洞天揮麈》，《續修四庫全書》1708冊，上海古籍出版社1996
年版，第173～174頁。

〔註57〕載王英誌主編《清代閨秀詩話叢刊》第3冊，鳳凰出版社2010年版，第1859頁。

〔註58〕馮金伯《國朝畫識》卷十六，《續修四庫全書》第1081冊，上海古籍出版社
1996年版，第696頁。

〔註59〕彭蘊璨《歷代畫史匯傳》卷六十八，《續修四庫全書》第1084冊，上海古籍出
版社1996年版，第273頁。

二書所引錢宛鸞傳記均言出自《翠樓集》，與《松陵女子詩徵》、《清代閨閣詩人徵略》所稱《翠樓集詩話》，稍有不同。

《翠樓集》乃明代女性詩歌總集。《四庫全書總目》入「總集類存目四」，卷一九四有提要，曰：

> 《翠樓集》三卷，國朝劉之份編。之份字平勝，里籍未詳。是
> 集選明代閨閣之詩，分初集、二集、新集，集各一卷。其族裏別編
> 於前。朱彝尊《靜志居詩話》嘗譏其「真贗交錯」云。〔註60〕

《翠樓集》的作者，該書前有自序，題署「淮南劉雲份」，而《四庫總目提要》作劉之份、朱彝尊《靜志居詩話》作劉之汾〔註61〕。然翁方綱、李一氓、朱則傑均認為作者為劉雲份，字平勝，又號青夕，乃淮南（江蘇淮陰）人〔註62〕。《翠樓集》共選輯明代著名婦女100餘人，詩700餘首。每集之前有作者簡介。錢宛鸞見《翠樓集新集》，傳曰：

> 錢宛鸞，字翔青，吳縣人。美姿容，工翰墨，風流儒雅，擅絕
> 三吳。今讀其詩，如「魂迷蜨枕三更夢，腸斷花箋一紙詩」，又「翠
> 屏斜倚思無奈，夢捉飛花過小橋」，豈非自為寫照耶？〔註63〕

前舉諸書所引，與此正相同。可知《松陵女子詩徵》、《清代閨閣詩人徵略》所稱《翠樓集詩話》，實出自此書。然此書前所列，僅為小傳，本無詩話之名。《翠樓集詩話》此稱，實乃無中生有，妄立書名而已。

清代詩話數量龐大，僅《清詩話待訪書目》著錄的506種待訪書目，就有待進一步的考訂。這一方面期待典籍的被發現，同時也有賴於相關文獻記載的考索。通過相關研究，不僅釐清了一些疑義，也有利於推進清代詩話、詩學研究的開展。

〔註60〕永瑢《四庫全書總目》，中華書局1965年版，第1770頁。

〔註61〕朱彝尊《靜志居詩話》卷二十三《閨門》，人民文學出版社1990年版，第717頁。

〔註62〕翁方綱撰，吳格整理《翁方綱纂四庫提要稿》，上海科學技術文獻出版社2005年版，第1111頁；李一氓《一氓題跋》，三聯書店1981年版，第163頁；朱則傑《清詩考證》，人民文學出版社2012年版，第267～268頁。

〔註63〕劉雲份《翠樓集》，《四庫全書存目叢書》集部第395冊，齊魯書社1997年版，第174頁。

《清詩話考》待訪書目撰者事蹟補正

摘　要

　　蔣寅先生《清詩話考》上編有《清詩話待訪書目》，收錄「亡佚不傳之書」凡 506 種。每書均有解題，內容包括該書之著錄情況及撰者事蹟。關於撰者事蹟多言「未詳」、「不詳」。筆者參閱前賢著述，爬梳載籍，對其中 26 位撰者的生平、著述予以勾稽，以補其闕，並糾正其訛誤。

關鍵詞：清詩話考；詩話；書目；清代學術

　　蔣寅先生《清詩話考》備錄有清一代詩學研究專書，內容豐贍，迄今刊行兩版，嘉惠學界。上編《清詩話待訪書目》（以下簡稱「《待訪書目》」），收錄待訪書目共 506 種（初版為 503 種）。作者《自序》指出「收亡佚不傳之書」，並「勾稽其作者事蹟和書的內容，略存吉光片羽」〔註1〕。然該書涉及面廣，加之清代文獻浩如煙海，蔣先生在輯錄過程中，闕漏難免，《待訪書目》及作者事蹟不無可補之處。《待訪書目》中所列詩話今尚存而實未亡佚者，潘靜如先生《〈清詩話考〉待訪書目辨正》〔註2〕曾條舉數則，予以辨正〔註3〕。

　　本文僅就作者事蹟略作補正。由於《待訪書目》中所列之書今多不傳，撰

〔註1〕蔣寅《清詩話考》，中華書局 2007 年版，第 5 頁。

〔註2〕潘靜如《〈清詩話考〉待訪書目辨正》，《中國韻文學刊》，2014 年第 1 期。

〔註3〕除潘先生提及之外，尚有可補之處。如《清詩話待訪書目》著錄《明詩綜詩話》5 卷（編號 1359），蔣寅先生稱「江靖輯，徐世昌《書髓樓藏書目》卷四著錄。此書當亦係輯錄朱彝尊《明詩綜》中詩話而成，不見傳本。」按：《明詩綜詩話》，不分卷，天津圖書館藏有清乾隆四年江溶抄本。今已收入《天津圖書館孤本秘籍叢書》刊行。

者生平隱晦不彰，故書中多言「事蹟未詳」、「事蹟不詳」。其實，部分人物在方志中有傳記可循，前賢著作亦偶有論及。本文論列 23 人，稽考其資料，以就正於學界。

一、《全宋詩話》

《待訪書目》1148 條著錄《全宋詩話》，沈勉之撰。

按：《清詩話考》稱此書「未見著錄」，沈勉之著此書的依據僅見沈廷芳《拙隱齋集》卷 6《家勉之兄招同丁靜者王載揚歸愚叔樊成弟集寓齋納涼四首》一詩。今檢阮元《兩浙輶軒錄》卷 17 有其傳，云：

> 沈榮仁，字勉之，號篤師，歸安人。樹本長子。雍正癸卯進士，官翰林院編修、四川學政。著《壽山亭詩略》。陳焯曰：「篤師先生詩集宏富，僅得見其底本三冊，分年編輯。已無首尾，中多缺佚。惜不得其編定之本。」〔註4〕

據此，則沈榮仁乃本名，勉之乃其表字。柯愈春《清人詩文集總目提要》（上冊）著錄其《碧浪篤師詩略》一卷〔註5〕

另外，以《全宋詩話》名書的詩話，清代較多。《清詩話考》還著錄有鍾廷瑛《全宋詩話》十三卷（728 條）、孫濤《全宋詩話》十二卷（729 條）、林恒《全宋詩話》（1030 條）三種。而阮元《兩浙輶軒錄》卷 25 有沈炳巽傳，稱：

> 沈炳巽，字繹旃，號權齋。歸安貢生，炳震弟。著《水經注集釋訂譌》四十卷、《續唐詩話》一百卷、《全宋詩話》一百卷、《詞科掌錄》。歸安沈炳震難弟曰：「炳巽繹旃工詩，著有《補正水經》。」〔註6〕

沈炳巽《續唐詩話》一百卷，《清詩話考》已著錄（714 條）。然而，其《全宋詩話》一百卷，《清詩話考》卻失載。

二、《古詩十九首合解》

《待訪書目》1439 條著錄《古詩十九首合解》1 卷，陳乃梓撰。言「《山

〔註4〕（清）阮元《兩浙輶軒錄》，《續修四庫全書》第 1683 冊，上海古籍出版社 1996 年版，第 559 頁。

〔註5〕柯愈春《清人詩文集總目提要》，北京古籍出版社 2001 年版，第 538 頁。

〔註6〕（清）阮元《兩浙輶軒錄》，《續修四庫全書》第 1684 冊，上海古籍出版社 1996 年版，第 58 頁。

東通志》卷一四六藝文志著錄」，並言「事蹟未詳」。

按：今檢《山東通志》卷146，《古詩十九首合解》後有文「陳乃梓撰。乃梓，見子部道家類。」查同卷道家類，著錄「《莊子內七篇合意》，陳乃梓撰。」後有其生平介紹：「乃梓，字琴堂。招遠人。乾隆間歲貢。」招遠市，今隸屬山東省煙台市。

三、《雨中消夏錄》

《待訪書目》1443條著錄《雨中消夏錄》2卷，姚興泉撰。言「姚氏安徽桐城人，事蹟不詳。」

按：今考柯愈春《清人詩文集總目提要》（中冊）著錄《龍眠雜憶》8卷：

> 姚興泉撰。興泉生於乾隆二十九年（1764），卒年不詳。字問樵，號盧堂，安徽桐城人。縣學增生。所撰《龍眠雜憶》八卷，……姚永樸《重印龍眠雜憶序》稱所著《盧堂集》、《一枕窩詩集》諸書，佚而不傳。〔註7〕

另外，馬其昶《桐城耆舊傳》卷7有姚文熊傳，傳中云：「曾孫興泉，字問樵，號盧堂。諸生。以賦落花詩知名，人稱落花先生，有《一枕窩詩》三卷」〔註8〕。「落花先生」之稱，可補柯愈春先生之說。

四、《騷人筆談》、《詩話集覽》

《待訪書目》1447條著錄《騷人筆談》、1448《詩話集覽》，房甲山撰。言「房甲山字一峰，山東東阿人。歲貢生。有《孔子年表》、《名人考》、《駒隙日記》。」

按：此處對房甲山生平介紹甚為簡略。今考民國二十三年《東阿縣志》卷11《人物志》，有其傳：

> 房甲山，字一峰。歲貢生。邑之魚山人也。幼而好學，年十七補弟子員，旋以優等食餼。甲山學以經史為宗，而於天文、曆數、地理、繪圖等書，靡弗究心。中年以後，友教四方，講論之暇，日以著述為事。年八十一卒。著有《天文析疑》、《日月躔度》、《星宿列張》各若干卷，俱有圖。又有《地球辨說》、《地輿考》、《郡邑地理沿革》、《歷代世系》、《歷代年表》、《春秋年表》、《孔子年表》、《經

〔註7〕柯愈春《清人詩文集總目提要》，北京古籍出版社2001年版，第998頁。
〔註8〕（民國）馬其昶《桐城耆舊傳》，黃山書社1990年版，第249頁。

籍考》、《名人考》、《博物詳釋》、《騷人筆談》、《詩話集覽》、《世事雜錄》、《醫方雜錄》、《魚山志》、《地輿臥遊圖》、《駒隙日記》等書。甲山教授生徒，力戒流俗浮薄之習，遊其門者，持己接人，循循然悉有規矩。奈學豐遇嗇，終身未博一第，士論惜焉。〔註9〕

房氏一生行誼，由此可窺其大概。生平著述頗豐，《待訪書目》只提及《孔子年表》、《名人考》、《駒隙日記》三種，不夠全面。

五、《剪燭詩話》

《待訪書目》1454 條著錄《剪燭詩話》，董承濂撰。言「楊泰亨等纂《光緒慈谿縣志》著錄。董承濂字睫巢，一字荘溦。」

按：今覆檢《光緒慈谿縣志》，原文作「董承濂號睫巢，一號荘溦。」《清詩話考》誤將「號」作「字」，以致字、號混淆。

此外，清代董景沛增訂《純德彙編續刻》，在「題詠」內選錄有董承濂詩，詩前有其簡要介紹，稱「董承濂字荘溦，號睫巢，庠生」〔註10〕，所載又不盡同，亦可備一說。

六、《紅樹山房詩話》

《待訪書目》1455 條著錄《紅樹山房詩話》，董麟撰。未言其生活年代。

按：清陸鳳藻輯《小知錄》，書前有錢大昕（1728～1804）、董麟序。二序均作於嘉慶甲子（1804 年）。董麟題署為「嘉慶甲子仲春，竺雲第董麟拜撰」，據作序時間可知其大致的存世時間。

七、《古詩十九首箋釋》

《待訪書目》1456 條著錄《古詩十九首箋釋》1 卷，劉紹權撰。言「事蹟未詳」。

按：今考《江西編著人物傳略》有其傳：

> 劉紹權（？～1723），字宗衡。南昌人。諸生。著有《心遠堂集》。〔註11〕

〔註9〕（民國）周竹生修、（民國）靳維熙總裁《續修東阿縣志》，《中國方志叢書》華北地方 364 號，成文出版社 1976 年版，第 151～152 頁。

〔註10〕董景沛《純德彙編續刻》，《叢書集成續編》第 45 冊，新文豐出版公司 1997 年版，第 676 頁。

〔註11〕黃日星，姜欽雲編《江西編著人物傳略》，江西人民出版社 1994 年版，第 266 頁。

另外，《江西古今書目》亦載其《心遠堂集》2 卷、《古詩十九首箋釋》。《古詩十九首箋釋》不言卷數。

八、《詩標》

《待訪書目》1457 條著錄《詩標》1 卷，伍斯璜撰。言「事蹟未詳」。

按：今考清歐陽泉、戴宗炬纂《道光來安縣志》卷 9《名宦》有其小傳：

> 伍斯璜，字非石，江西新建人。康熙甲午五經中式，雍正八年任縣事。每奉委鄰縣查辦事件，訊鞫疑獄，綽有能聲。時邑志久未修，與教諭項世榮開局纂輯，教前志加詳焉。調任銅陵。〔註12〕

另外，中國第一歷史檔案館藏《清代官員履歷檔案全編》第 13 冊，收有伍斯璜履歷一份，自稱：

> 臣伍斯璜，江西南昌府新建縣人，年四十一歲，康熙五十三年舉人。〔註13〕

伍斯璜編入《奏為雍正十三年八月官員引見事》。雍正十三年（1735 年），時年 41 歲，則其生年為康熙 34 年（1695 年）。

九、《讀杜心知》

《待訪書目》1458 條著錄《讀杜心知》，王鶴江撰。言「事蹟未詳」。

按：今考《杜集敘錄》亦著錄此書，其文曰：

> 王鶴江，字岷始。清華亭（今上海松江）人，一說涇縣（今屬安徽）人。康熙五十八年（1719）充貢生。生平見《（光緒）金山縣志》。著有《讀杜心知》，《（光緒）松江府續志·藝文志》、安徽《涇縣志·藝文志》均著錄，已佚。〔註14〕

王鶴江充貢生的時間，張慧劍編《明清江蘇人年表》亦據《（光緒）金山縣志》定作「康熙五十八年」。今考清朱棟編纂《朱涇志》，亦有王鶴江的相關記載：

> 魯烈婦祠在萬安橋。康熙三十六年，邑明經孫奇珩、王鶴江、

〔註12〕（清）歐陽泉、戴宗炬《道光來安縣志》，《中國地方志集成·安徽府縣志輯》第 35 冊，江蘇古籍出版社 1998 年版，第 640 頁。

〔註13〕秦國經主編《清代官員履歷檔案全編》，華東師範大學出版社 1997 年版，第 703 頁。

〔註14〕張忠綱、趙睿才、孫微等編著《杜集敘錄》，齊魯書社 2008 年版，第 360 頁。

張慧諸君子請於冀郡尊嶸，捐貲創建。乾隆五十年，旌表節婦程恭人，重修。(卷二《節孝祠》)〔註15〕

《讀杜心知》王明經鶴江撰(卷三《藝文志》)〔註16〕

由著錄的《讀杜心知》一書，可知《朱涇志》所載王鶴江與《待訪書目》所錄當為一人。然《朱涇志》卷五《選舉表》載孫奇珩為康熙41年貢生、王鶴江為康熙56年貢生。與前舉「康熙58年」不同。

十、《杜詩評》

《待訪書目》1459條著錄《杜詩評》，朱絟撰。言「事蹟未詳」。

按：今考《杜集敘錄》亦著錄此書，其文曰：

朱銓(1760－1831)，周采泉《杜集書錄》誤作「朱絟」。字倫甄。清崑山(今屬江蘇)人。父元載，諸生。少嗣族父廷煥，後家貧，授經洞庭東山。迨迭遭本生父母及期喪，念門祚衰，遂人都。肄業國學，兩試北闈不售。時總憲實光鼐、閣學翁方綱、太史張問陶皆器重之，招致幕下。復念嗣母春秋高，乃南歸。未幾，嗣母卒，喪葬盡禮。為人孝友，待孤寡恩誼兼隆，見善勇為邑中，如水旱助賑勸募，修葺學宮，設灑掃會，協修縣志，不避勞怨，銓皆與焉。長身鵠立，美鬚髯，工詩善奕，兼寫竹枝，尤精堪輿家言。道光十一年卒，年七十二。事蹟詳見《(光緒)昆新兩縣續修合志・人物傳・耆碩》。著有《杜詩評》，《(民國)崑山縣志・藝文志》著錄。已佚。〔註17〕

據此，《清詩話考》亦將「朱銓」誤作「朱絟」。

十一、《截肪詩話》

《待訪書目》1460條著錄《截肪詩話》，王泂撰。言「王泂，湖南衡陽人。有《擬古樂府》二卷。」

按：今考《湘人著述表》，有其生平簡介及著述：

王泂，字酌齋，清衡陽人。乾隆間在世。習程氏《易》，解詞

〔註15〕 (清)朱棟纂，郭子建標點《朱涇志》，上海社會科學院出版社2005年版，第20頁。

〔註16〕 (清)朱棟纂，郭子建標點《朱涇志》，上海社會科學院出版社2005年版，第39頁。

〔註17〕 張忠綱、趙睿才、孫微等編著《杜集敘錄》，齊魯書社2008年版，第427頁。

賦，工詩古文。

> 《擬古樂府》二卷、《啟蒙圖鈔》、《周易遵案》三卷、《截肪詩話》一卷、《典故聿新》一卷、《銅臺新編》二卷。〔註18〕

此處《啟蒙圖鈔》不明卷數。而《衡陽縣圖志》卷10《藝文》載「《啟蒙圖鈔》一卷（王泂撰）」〔註19〕，可補《湘人著述表》之缺。

十二、《李杜詩評》

《待訪書目》1461 條著錄《李杜詩評》，李天昶撰。言「事蹟未詳」。

按：今考《衡陽縣圖志》卷10《藝文》，其著述頗豐，茲順次逐錄如下：

> 1.《周易集注管參》、2.《周易錯綜解》、3.《周易異同解義》、4.《書經傳義集說纂要》、5.《詩經異同彙纂》、6.《儀禮注疏集解纂要》、7.《禮記注疏集解纂要》、8.《學庸章旨解》、9.《春秋捷》、10.《四書疑義研》、11.《七經經解》、12.《治平策要》、13.《全楚人才考》、14.《左傳文批點》、15.《歷朝古文選》、16.《李杜詩評》。〔註20〕

另據李靈年，楊忠主編《清人別集總目》載，李天昶尚有《敝帚集》，乾隆41 年（1776）刻本，藏湖南省圖書館。

十三、《紅棉山館詩話》

《待訪書目》1462 條著錄《紅棉山館詩話》，何藜青撰。言「何藜青字杞南，廣東南海人。諸生」。

按：今考清潘飛聲輯《粵東詞鈔三編》，錄何藜青《綺羅香》詞一首，詞前小傳云：

> 何藜青，字子南，一字杞南，南海人。增生。有《紅棉山館詩鈔》，詞附。由此可見其表字存有異說。〔註21〕

又據清林伯桐纂、陳澧續纂《學海堂志》記載，學海堂同治八年（1869）專課肄業生共計二十名，何藜青為其中之一。

〔註18〕尋霖、龔篤清《湘人著述表》，嶽麓書社 2010 年版，第 62 頁。

〔註19〕（清）彭玉麟修，（清）殷家儁、羅慶蘋纂《同治衡陽縣圖志》，嶽麓書社 2010 年版，第 374 頁。

〔註20〕（清）彭玉麟修，（清）殷家儁、羅慶蘋纂《同治衡陽縣圖志》，嶽麓書社 2010 年版，第 366~371 頁。

〔註21〕（清）許玉彬、沈世良輯選《粵東詞鈔》，鳳凰出版社 2012 年版，第 410 頁。

十四、《說杜擇粹》

《待訪書目》1465 條著錄《說杜擇粹》，謝聖鞠撰。言「事蹟未詳」。

按：今考清代史澄《光緒廣州府志》卷 130《列傳十九》有其傳，其文曰：

> 謝聖鞠，字德沛，市橋人。乾隆三十九年優貢，四十二年丁酉科舉人。六十年，大挑一等，以知縣分發河南，署商丘，補宜陽，以廉幹慈惠稱。教匪起，練勇為備，賊不敢近。奉檄督理南陽軍餉，應期立辦。尤善聽訟，不事刑求，惟諭以情理，民各欣然散去，囹圄為空。以母老乞歸，母終，服闋，聖鞠亦卒。著有《春暉堂稿》、《宜陽補志》、《說杜擇粹》、《梅影軒雜志》、《篆法真本》、《文選薈評》、《記事元珠》、《惺惺篇》、《解頤小紀》、《宦歸紀程》等書，凡數十卷。次子光輔，字煌佐。嘉慶九年甲子舉人，臨高教諭。幹濟有父風。海賊張保為亂，掠市橋。光輔與從弟光國騰霄出貲募勇以守。有訛言賊已登岸者，光輔執而戮之，人心大定。乃親率丁壯，飛櫂出戰，獲賊目。賊遂遁。道光元年，預修《廣東通志》。雷瓊道張育春復聘修《瓊州府志》。所著有《鷗波草堂詩草》。光國，字利賓，乾隆五十七年壬子舉人。〔註22〕

《杜集敘錄》亦著錄此書，內容即據此傳敷衍而成。

另劉彬華（1771～1829）纂《嶺南群雅》初集二，有其記載：

> 謝聖鞠，字□□，一字虹亭。番禺人。乾隆丁酉舉人，官宜陽知縣。著有《春暉堂稿》。《玉壺山房詩話》：「虹亭有詩名，所作不自珍惜。《春暉堂稿》乃其令子掇拾成編，多所闕佚。摘錄數章，以存梗概。」〔註23〕

後來張維屏輯《國朝詩人徵略》，卷 44 亦有其小傳：

> 謝聖鞠，字德沛，號虹亭。廣東番禺人。乾隆四十二年舉人，官知縣。有《春暉堂稿》。〔註24〕

後並引《嶺南群雅》，與前舉文句略有出入。引文曰：「虹亭早有詩名，然隨

〔註22〕（清）史澄《光緒廣州府志》第 3 冊，《中國方志叢書》第 1 號，成文出版社1966 年版，第 314～315 頁。

〔註23〕（清）劉彬華纂《嶺南群雅》，清嘉慶十八年玉壺山房刻本。

〔註24〕（清）張維屏《國朝詩人徵略》，中山大學出版社 2004 年版，第 658 頁。

手散佚。聞《春暉堂稿》乃其令嗣漁璜孝廉掇拾成編。」「虹亭」一說為其表字，一說為其別號，今不可定。《光緒廣州府志》言其「次子光輔，字煌佐」，則漁璜孝廉或為其長子。

十五、《桑門詩話》

《待訪書目》1466 條著錄《桑門詩話》，釋惟虛撰。言「事蹟未詳」。

按：今考陳嘉榆、王闓運纂《光緒湘潭縣志》卷 8 有其傳：

> 釋惟虛，字璩門，文敏族人也。師醴陵田子湘、龍巖諸僧，故善詩。至惟虛，俊逸類李白，過其老宿遠甚。性輕傲，不喜接俗人，避居空靈岸。楊翰、張修府官湖南監司，當時文吏無及者皆傾倒，惟虛復去，歸龍巖。摧巖為和，人更欽重之。前惡之者，推服無閒。詩初效寶月、貫休，後更愛寒山，亦工書畫，時有寄凡者。益放誕，為時所指謫。中歲悔悟，去之岐山參恒志還依。惟虛於龍巖，搜刻釋子法書於石，曰《釋門遺跡》。〔註25〕

卷 10 著錄其書，有《桑門詩話》、《藏暉閣詩》10 卷、《空靈記》。

釋惟虛與田子湘的交誼，又見《光緒湖南通志》卷 255《藝文志十一》，著錄醴陵田子湘撰《三雅山房詩集》四卷，後有介紹：

> 卷首有道光丙午湘潭李湘甲序，及同治元年釋惟虛跋。惟虛受詩法於子湘，嘗手錄其詩數百首。先是子湘嘗屬湘潭王榮蘭為定其詩，子湘旅死，無子，稿為人竊去。惟虛乃以平日所錄刊為此編。故卷端亦題《竊餘草》云。〔註26〕

同治元年即 1862 年，釋惟虛活動時代在此前後。

《湘人著述表》，亦載其生平簡介及著述：

> 釋惟虛，字璩門，龍巖寺僧。性輕傲，不喜接俗人。詩初效寶月、貫休，後更愛寒山。詩風俊逸類李白。亦工書畫。
>
> 《藏暉閣詩》一卷、《桑門詩話》、《空錄記》〔註27〕

此傳記部分似節錄《光緒湘潭縣志》而成，然所載《藏暉閣詩》卷數不同，「一卷」或為「十卷」之誤。

〔註25〕（清）陳嘉榆、王闓運《光緒湘潭縣志》，嶽麓書社 2010 年版，第 366 頁。
〔註26〕（清）李翰章、裕祿《光緒湖南通志》，嶽麓書社 2010 年版，第 5083 頁。
〔註27〕尋霖、龔篤清《湘人著述表》，嶽麓書社 2010 年版，第 1143～1144 頁。

十六、《玉屏詩話》

《待訪書目》1467 條著錄《玉屏詩話》，張光泰撰。言「事蹟未詳」。

按：今考《湘人著述表》，有其生平簡介及著述：

張光泰，清善化人。

《周易集注》、《詩義緒餘》、《春秋集注》、《玉屏詩話》〔註28〕

以上四種著作均見載《光緒湖南通志》卷 258《藝文志十四》。

十七、《硯農詩話》

《待訪書目》1468 條著錄《硯農詩話》4 卷，周耀祥撰。

按：考《湘人著述表》，提及「周耀祥，字繹臣」，可補《清詩話考》之缺。

十八、《竹半閣詩話》

《待訪書目》1470 條著錄《竹半閣詩話》，葉吟撰。言「葉吟，浙江慈谿人。事蹟未詳」。

按：《竹半閣詩話》，今不存。然而汪啟淑《水曹清暇錄》卷 8 曾有徵引，云：

己巳秋，宣武門外酒家早起數錢，半皆紙剪。慈谿葉天樂有詩云：「美酒零沽斗十千，當爐少婦夜深眠。曉來不信逢魑魅，驚探囊中半紙錢。」又：「高樓明月集華裾，誰料青蚨屬子虛。市有醉人稱瑞兆，市多酒鬼更何如。」見《竹半閣詩話》。〔註29〕

汪啟淑（1728～1800），主要生活於清乾隆時期，與杭世駿（1696～1773）、厲鶚（1692～1751）、程晉芳（1718～1784）、翁方綱（1733～1818）諸人交好。《水曹清暇錄》引錄《竹半閣詩話》，所載之事發生在「己巳」年，當指乾隆十四年（1749）。葉吟即生活於此一時期。

另外，引文稱「慈谿葉天樂」，天樂或為其表字。毛奇齡有《葉氏分書詩韻序》，稱「葉氏分書詩韻者，慈谿葉天樂用八分書而書近世所習用之詩韻也」〔註30〕，則其人又善書。

〔註28〕尋霖、龔篤清《湘人著述表》，嶽麓書社 2010 年版，第 548 頁。

〔註29〕（清）汪啟淑《水曹清暇錄》，北京古籍出版社 1998 年版，第 113～114 頁。

〔註30〕（清）毛奇齡《西河文集》，商務印書館 1937 年版，第 403 頁。

十九、《詩文正論》

《待訪書目》1470 條著錄《詩文正論》，唐成珀撰。言「清常寧人，有《松溪集》」。

按：今考《湘人著述表》，有其生平簡介及著述：

唐成珀（1745～？），原名牧楚，字松溪，清常寧人。縣學增貢生。

《息閒子內外篇》十二卷、《詩文正論》、《松溪集》。〔註31〕

另楊廷福、楊同甫編《清人室名別稱字號索引》記息閒子乃其別號。《息閒子內外篇》十二卷、《詩文正論》、《松溪集》均著錄於《光緒湖南通志》。

二十、《古詩考異》

《待訪書目》1471 條著錄《古詩考異》4 卷，李德騫撰。

按：今考《湘人著述表》，有其生平簡介及著述：

李德騫，字闓壇，號補堂，清常寧人。李文昊子。縣學諸生‧道光十二年（1832）因平徭有功，加六品銜。

《律呂蒙鑰》二卷、《松公日鈔》二卷

《闓壇文稿》三卷、清成豐三年（1853）木活字本；清咸豐五年（1855）百果山房刻本。

《古濤考異》四卷、《四書摭遺》三十卷、《琴事類林》八卷、《洋泉平瑤紀略》一卷，《縣志》載：「瑤人趙金隴作亂，德騫從大師平之，因述其軍中方略為此書。洋泉，其所居地名也。」〔註32〕

據《洋泉平瑤紀略》，則「平徭有功」中「徭」當作「瑤」。其父李文昊（1765～？），嘉慶元年（1796）舉賢良方正，清代著名藏書家。《湘人著述表》亦有著錄。

二十一、《奎堂詩話》

《待訪書目》1472 條著錄《奎堂詩話》，奎星撰。言「事蹟未詳」。

按：今考張陽松編《邵東古文選集》（第一輯）載有其族人禹俞所撰《禹奎堂先生傳》，記載奎星生平行實頗詳。其文曰：

〔註31〕尋霖、龔篤清《湘人著述表》，嶽麓書社 2010 年版，第 869 頁。

〔註32〕尋霖、龔篤清《湘人著述表》，嶽麓書社 2010 年版，第 194 頁。

同治改元之七年，歲在戊辰，五月二十三日，族前輩奎堂先生終於薰香草堂。時先大父資政公由鄂乞終養歸，聞訃，越二百里臨奠，親為成主而去。是固先大父之誼篤宗盟，而公之高風雅操，令人欽感，亦覘一斑也。

公諱星，字心鏡，號奎堂。誕之先，姚尹慈人仰視星有聲，俄墜入懷，驚而寤，喜以名之。少聰警，伺倜負大志。弱冠補博士弟子員，文名藉甚，尤工吟詠。曾祖余蘭，祖文也，樂善好施，考龍舟繼之，家以衰。有兄三，伯仲早卒，叔力農。公授徒里中，藉佐親膳，一室雍睦。斂才就舉子業，冀博顯揚，院試輒超等，八冠其曹，不獲食餼，屢薦秋闈不售。公既自傷其遇，而高堂復見背，乃築草堂於祠旁以居，絕意進取，自號薰香居士。

無何，洪秀全自金田起兵，道湘楚，蹂躪半天下。公乃整飭族綱，纂修族牒，申明家訓，隱寓練族之法。咸豐己未，石達開撲寶慶，公復襄練團勇，共解城圍。事平，郡守延董同善堂局，務規畫周詳，敵不敢復窺邵境。公謀孔多，而賞不之逮。

歸，日與諸弟子朝夕吟哦，肆志於詩古文辭，以自攄其生平卓犖之氣。其從遊者如楊脩職等，皆以詩文顯，且登賢書。公竟以諸生終。所著有《薰香草堂賦》八卷，《白雪山房詩抄》八卷，《同聲集詩》十六卷，《說詩解頤》八卷。

贊曰：書云孝友，是亦為政。奚假浮名，貴適我性。其學既傳，其才未競。祥符謫仙，詩與之競。

禹星的表字，一般著述均言「字奎堂」，如《清人著述表》、《湘雅摭殘》卷十等。此傳為其族人所作，且年代相接，言其「字心鏡，號奎堂」，當有確據。

二十二、《延禧堂詩話》

《待訪書目》1475 條著錄《延禧堂詩話》1 卷，陳傳洛撰。言「事蹟未詳」。

按：今考劉文淇《清溪舊屋文集》卷 10《先府君行略》，提及其父「女一，適同縣附學生員陳傳洛」，則劉文淇有一姊、或妹嫁與陳傳洛。日本學者小澤文四郎撰《儀徵劉孟瞻（文淇）先生年譜》，據劉文淇《先府君行略》

言「姊適同縣附學生員陳傳洛」〔註33〕，明謂陳傳洛之妻乃劉文淇之姊，未知何據。不過，郭象升先生對小澤先生此年譜評價甚高，稱「精審詳確，可傳之作也」、「考證之詳，魄力之大，固吾土所不逮也，歎觀止焉」〔註34〕，則作此論，必有確據。小澤先生進而指出：「陳傳洛行實未詳。按：《續纂揚州府志‧藝文志》，傳洛著有《春軒漫筆》、《延禧堂集》」〔註35〕。

二十三、《意林詩話》

《待訪書目》1477 條著錄《意林詩話》，孫謀撰。言「事蹟未詳」。

按：今考清潘衍桐《兩浙輶軒續錄》卷 43 有其傳：

> 孫謀字意林，海鹽諸生。舊《志》：謀工詩，兼精岐黃。寓郡城十餘年，遠近求醫者踵相接。然日與儕輩論詩，吟興不懈。晚年歸鄉里，與黃燮清、吳廷燮、何岳齡諸人結社聯吟，為名流所推重。輯有《全唐詩補》、《意林詩話》。〔註36〕

孫謀「與黃燮清、吳廷燮、何岳齡諸人結社聯吟」，而江慶柏先生《清代人物生卒年表》載有黃燮清、吳廷燮、何岳齡的生卒年，分別為 1805～1864 年、1865～1947 年，1805～？年〔註37〕，據此則孫謀生活時代大約可見。

二十四、《吟窗揮塵錄》

《待訪書目》1478 條著錄《吟窗揮塵》6 卷，王燮陶撰。言「事蹟未詳」。

按：清王彬修、徐用儀纂《光緒海鹽縣志》卷 17《人物傳四》「文苑」有其傳：

> 王燮陶，字琴舫，廩生。好學工詩。授徒數十年，士林重其行誼。著有《塔影樓詩稿》十六卷，駢體文一卷，《吟窗揮塵錄》六卷。〔註38〕

〔註33〕（日）小澤文四郎《儀徵劉孟瞻文淇先生年譜》，《近代中國史料叢刊》第 804 冊，文海出版社 1966 年版，第 17 頁。

〔註34〕山西省圖書館編《郭象升藏書題跋》，山西古籍出版社 2007 年版，第 44 頁。

〔註35〕（日）小澤文四郎《儀徵劉孟瞻文淇先生年譜》，《近代中國史料叢刊》第 804 冊，文海出版社 1966 年版，第 17 頁。

〔註36〕（清）潘衍桐《兩浙輶軒續錄》，《續修四庫全書》第 1686 冊，上海古籍出版社 1996 年版，第 626 頁。

〔註37〕江慶柏《清代人物生卒年表》，人民文學出版社 2005 年版，第 705、313、330 頁。

〔註38〕（清）王彬修，（清）徐用儀纂《光緒海鹽縣志》，《中國地方志集成‧浙江府縣志輯》21，上海書店出版社 1993 年版，第 923 頁。

《吟窗揮塵》與《吟窗揮塵錄》卷數相同，當是一書。

二十五、《幽芳齋詩話》

《待訪書目》1479 條著錄《幽芳齋詩話》，陸擷湘撰。言「事蹟未詳」。

按：今考柯愈春《清人詩文集總目提要》（中冊）著錄《吟秋室詩》2 卷，稱：

> 陸擷湘撰。擷湘字畹香，浙江嘉善人。所撰《吟秋室詩》二卷，稿本，有李萬秋序，俞錦題識，嘉善圖書館原藏，今歸浙江圖書館。別本《吟秋室詩》一卷，輯入《二陸詩鈔》，清鈔本，中國國家圖書館藏。〔註39〕

陸擷湘生平及著述由此可見一斑。

而潘衍桐《兩浙輶軒續錄》卷 35 載：「陸擷湘，字畹香，嘉善人。著《夢香室詩鈔》。」〔註40〕《夢香室詩鈔》，《清人詩文集總目提要》未載，可補其缺。

二十六、古詩億

《待訪書目》1483 條著錄《古詩億》1 卷，姜炳章撰。言「事蹟未詳」。

按：《古詩億》一書的作者實乃姜炳璋，《清詩話考》誤作姜炳章。姜炳璋，字石貞，號白岩，象山人。乾隆甲戌（1754）進士，清代著名經學家，傳見《清史列傳》卷 68《儒林傳》、徐世昌《清儒學案》卷 201、劉聲木《桐城文學淵源考》卷 2。所著《詩序補義》收入《四庫全書》。陳漢章《民國象山縣志》卷 18《藝文考》，著錄姜炳璋所撰作品甚多，中有《古詩億》1 卷，並為之作題跋二篇〔註41〕，對之評價頗高。

清代是詩話創作的集大成時期，數量龐大。部分作品以手稿或鈔本的形式流傳，未曾付梓，逐漸亡佚。由於文本的消亡、記錄的失載，使得部分詩話的作者、內容撲朔迷離。這為後人留下了巨大的研究空間。本文在前人的研究基礎上略加考索，以期有所匡正。囿於典籍的存佚、見聞的限制，有待考訂的條目還很多，尚待學界進一步的探索。

〔註39〕柯愈春《清人詩文集總目提要》，北京古籍出版社 2001 年版，第 550 頁。

〔註40〕（清）潘衍桐《兩浙輶軒續錄》，《續修四庫全書》第 1686 冊，上海古籍出版社 1996 年版，第 326 頁。

〔註41〕陳漢章《民國象山縣志》，方志出版社 2004 年版，第 1038 頁。